O TRABALHO COMO CATEGORIA CONSTITUCIONAL DE INCLUSÃO

NOEMIA PORTO

Doutoranda em Direito, Estado e Constituição pela UnB e Juíza do Trabalho (10ª Região)

O TRABALHO COMO CATEGORIA CONSTITUCIONAL DE INCLUSÃO

LTr

LTr EDITORA LTDA.

© Todos os direitos reservados

Rua Jaguaribe, 571
CEP 01224-001
São Paulo, SP — Brasil
Fone (11) 2167-1101
www.ltr.com.br

Produção Gráfica e Editoração Eletrônica: RLUX
Projeto de capa: BRIGITTE STROTBEK
Impressão: PROL ALTERNATIVA DIGITAL

LTr 4749.2
Março, 2013

Dados Internacionais de Catalogação na Publicação (CIP)
(Câmara Brasileira do Livro, SP, Brasil)

Porto, Noemia
   O trabalho como categoria constitucional de inclusão / Noemia Porto. — São Paulo : LTr, 2013.

   Bibliografia
   ISBN 978-85-361-2480-3

   1. Brasil — Constituição (1988) 2. Cidadania 3. Direito constitucional 4. Direito do trabalho 5. Direitos fundamentais 6. Direito sociais 7. Justiça do trabalho 8. Mercado do trabalho 9. Relações de trabalho I. Título.

12-15292   CDU-342.7:331

Índice para catálogo sistemático:

1. Direitos sociais fundamentais : Relações de trabalho : Direito constitucional do trabalho 342.7:331

*Para Ana Paula, Hannah, Ian e Fernando
em cujos olhos enxergo as razões pelas quais
a vida é uma experiência que vale a pena.*

AGRADECIMENTOS

Ao Tribunal Regional do Trabalho da 10ª Região e aos seus magistrados que souberam compreender a importância do tempo dedicado ao aperfeiçoamento e possibilitaram meu afastamento da jurisdição para a vivência do mestrado. Esta obra é fruto das reflexões desse período e das atualizações necessárias, em razão da dinâmica do tema, feitas posteriormente, no decorrer dos anos 2011 e 2012.

Ao meu orientador no mestrado Professor Doutor Cristiano Paixão por ter partilhado tão generosamente durante a pesquisa seus vastos conhecimentos e pela possibilidade de convivência com um acadêmico de brilho intelectual diferenciado.

Ao Observatório da Constituição e da Democracia e ao subgrupo Sociedade, Tempo e Direito, e seus pesquisadores, nos quais pude participar de debates de grande envergadura e exercitar o juízo crítico sobre problemas do cotidiano da sociedade, do Judiciário e da Constituição. Da prática da pesquisa e da extensão surgiram várias das ideias que compõem este trabalho.

Ao Ricardo Machado Lourenço Filho, Paulo Henrique Blair de Oliveira e Aline Lisbôa, os quais se dispuseram a ler o trabalho, comentá-lo e corrigi-lo. As ponderações lúcidas de grandes amigos possibilitaram reconhecer minhas limitações, mas também minhas potencialidades, para lidar com o tema escolhido entre trabalho, cidadania, democracia, constituição, miséria e exclusão.

Às brilhantes, fortes e corajosas amigas, companheiras na trajetória universitária da Pós-Graduação, Mariana Barbosa Cirne e Carolina Costa Ferreira por jamais permitirem qualquer nível de conformismo ou de aceitação "com as coisas como elas são".

Aos Professores Doutores Fla Wiecko de Castilho e Menelick de Carvalho Netto pela inspiração colhida durante as aulas do mestrado que foram fundamentais para a definição não apenas do tema de pesquisa, mas de boa parte da bibliografia utilizada.

Ao Professor Dr. Márcio Túlio Viana pelas reflexões críticas inspiradoras de um novo modo de pensar os trabalhadores, os sindicatos, o Direito do Trabalho e a Justiça do Trabalho, e que gentilmente leu este trabalho e apresentou observações não apenas pertinentes, mas muito valiosas.

Registro, ainda, meu reconhecimento pelas contribuições dos membros participantes da banca de avaliação do mestrado Professores Drs. Ricardo Marcelo

Fonseca e Gabriela Neves Delgado que lançaram observações e questionamentos que foram incorporados nesta obra.

Um abraço especial é devido à Sra. Maria Isabel Caetano dos Reis. No decorrer das pesquisas para o mestrado, e depois de um bom acúmulo de leitura, por ideia do meu orientador, Professor Doutor Cristiano Paixão, procedi à sua entrevista em caráter aberto e aprofundado, em razão de presidir o SINDILIMPEZA. Sua vivência de militância em favor dos terceirizados no Distrito Federal e o compartilhamento dessas experiências foram decisivos para me possibilitar enxergar com lente amplificada, e de forma mais sensibilizada, o tema da precarização do trabalho. Devo a ela diversos "pontos de chegada" dos raciocínios relacionados à terceirização de serviços.

Finalmente, mas não menos importante, dirijo-me à Universidade de Brasília por tudo o que esta instituição representa na formação do pensamento crítico. Foi na universidade que encontrei não apenas o ambiente favorável, mas também o estímulo necessário para rever absolutamente tudo.

SUMÁRIO

Prefácio 11

Introdução 13

Capítulo 1 — Proteção ao trabalho contida na fórmula dual do contrato e as tendências de flexibilização 27

    1.1. Organização Flexível do Trabalho: o fenômeno da terceirização de serviços 28

    1.2. A Intermediação de mão de obra entre a Limitação e a Permissão na jurisprudência do Tribunal Superior do Trabalho 38

    1.3. Terceirização de Serviços: questões atuais e a permanência de vias de imposição jurídica de tratamento discriminatório 71

Capítulo 2 — Mudanças no Modo de Acumulação Capitalista: desafios à inter-relação entre trabalho e cidadania 86

    2.1. Dimensões Constitucionais do Trabalho e da Cidadania 86

    2.2. Novas Morfologias do Trabalho e do Modo de Acumulação Capitalista 96

    2.3. A Emergência de uma Classe Desproletária e a Redução da Proteção Social 107

Capítulo 3 — Metamorfoses sociais e o surgimento da marginalidade avançada ... 126

    3.1. Precarização: os riscos do trabalho como mercadoria 126

    3.2. Marginalidade, Pobreza e os Desafios à Cidadania 135

    3.3. Direito Fundamental do e ao trabalho: possibilidades a partir da proteção versada na Constituição de 1988 153

Conclusão 173

Referências Bibliográficas 185

PREFÁCIO

O trabalho assalariado é uma das marcas da sociedade moderna. Com o gradativo desaparecimento das formas arcaicas de controle da mão de obra, o pagamento da força de trabalho por meio de uma contraprestação pecuniária se transforma na principal modalidade de prestação de serviços.

A história do trabalho na modernidade revela, por outro lado, uma grande variedade no nível de proteção social alcançado pelos trabalhadores. Entre os contratos de natureza privada, similares aos pactos civis, dos primeiros tempos da Revolução Industrial e a proteção individual e coletiva de uma massa de trabalhadores na indústria, como visto nos países da Europa Ocidental e dos gigantes asiáticos no período que antecedeu a crise do petróleo dos anos de 1970, há uma série de situações intermediárias, tanto no tempo como no espaço.

A tendência contemporânea, contudo, é de fragmentação e precarização. Novas modalidades de contratação, que fraturam a relação direta — de corresponsabilidade — existente entre empregado e empregador fazem com que a cadeia produtiva envolva cada vez mais insegurança e riscos para o trabalhador. E as sucessivas crises financeiras e econômicas que marcam este início de século XXI acabam por gerar um impacto considerável na proteção do trabalho humano. O exemplo recente da Espanha, que vem aprovando reformas legislativas direcionadas à redução da tutela estatal e legal sobre o trabalho humano, surge como uma lembrança da fragilidade do compromisso de alguns atores sociais e políticos com a proteção do trabalhador.

O livro que aqui se apresenta, da autoria de Noemia Porto, traz um diagnóstico dessa situação precária do trabalho contemporâneo. Com notável capacidade de articulação de categorias, conceitos e teorias do direito e da sociedade, a autora propõe uma análise crítica acerca do instituto da terceirização, que é um dos desdobramentos mais visíveis — e abrangentes — da desregulamentação do trabalho.

Uma das principais virtudes do livro é a abordagem constitucional. Ao observar o mundo do trabalho sob a perspectiva dos direitos fundamentais e do constitucionalismo contemporâneo, Noemia Porto explicita a conexão histórica entre trabalho e cidadania, entre reivindicação social e conquistas no plano normativo. Fica evidenciado que a dimensão constitucional dos direitos sociais também pertence ao campo da história, ou seja, é necessário examinar as manifestações — que produzem sentido — das instituições encarregadas de dizer o direito em questões do trabalho para que se possa aferir o grau efetivo de proteção social vivenciada em cada sociedade.

No caso do Brasil contemporâneo, a autora verifica uma dificuldade do Poder Judiciário, em especial do Tribunal Superior do Trabalho, referente à discussão aberta sobre o papel da Constituição no direito do trabalho. A análise das decisões e da transformação da jurisprudência do TST nos revela um conjunto de silêncios e leituras anacrônicas, que tem por consequência o esvaziamento dos direitos, como se não existissem, desde 1988, as condições para a experiência do Estado Democrático de Direito no Brasil.

Essa é apenas uma das valiosas contribuições trazidas pela obra de Noemia Porto. Outras poderiam ser aduzidas: a preocupação com os mecanismos de inclusão, a leitura interdisciplinar das diversas estratégias de precarização, o instigante diálogo entre o direito do trabalho e a criminologia crítica. Cada um desses temas encontra um tratamento apropriado ao longo do livro, que demonstra, ainda, articulação e coerência internas.

Esse conjunto de fatores faz com que o livro aqui apresentado consiga transmitir, antes de tudo, o êxito de uma determinada atitude da pesquisadora/autora: a capacidade de reinvenção e renovação. Os leitores, acadêmicos, profissionais do direito e atores do mundo do trabalho são os maiores beneficiários dessa iniciativa.

Brasília, novembro de 2012

Cristiano Paixão
Universidade de Brasília

INTRODUÇÃO

A Constituição de 1988 representa etapa importante na consolidação dos direitos trabalhistas como direitos sociais fundamentais. Essa consolidação se expressa, por exemplo, quando, ao contrário dos textos anteriores, há inserção do tema no Título destinado aos Direitos Fundamentais, não mais se vinculando à Ordem Econômica e Financeira. Neste contexto democrático, o trabalho não deve ser tratado como mero evento econômico, mas como expressão da liberdade e do exercício de um direito.

Se de uma parte houve expressivos avanços com o advento da Constituição de 1988, de outra, deve ser considerado que a ordem econômica pressiona por outras e renovadas formas de contratação do trabalho humano, seguindo uma lógica de desconstitucionalização, desregulamentação e flexibilização.

Há tensões evidentes entre o que representa a Constituição para os direitos sociais fundamentais e as demandas do capitalismo de mercado, as quais, aliás, ficam evidentes a cada nova onda de crises financeiras mundiais, como as experimentadas em tempos recentes em 1997 (*Crise Financeira Asiática*), 2008/2009 (*Crise dos Mercados Financeiros*) e 2011/2012 *(Crise Europeia)*. Não se trata de eventos isolados, pontuais, que demandem apenas ajustes que possam garantir, para o futuro, a sua inocorrência. Segundo o diagnóstico de David Harvey, "as tendências de crise do capitalismo se ampliam e aprofundam-se cada vez mais" (2006. p. 39).[1]

Se por um lado a Constituição do Brasil aponta para um sistema jurídico que reconhece a proteção ao trabalho como direito fundamental, por outro, a realidade do mercado de trabalho avança no sentido da desconstitucionalização desse direito,[2] na medida em que se articula em torno de práticas de contratação de

---

(1) Referindo-se especificamente às normas internacionais de caráter protetivo, a Organização Internacional do Trabalho (OIT) alerta que muitas vezes elas são percebidas como custosas para o sistema da economia. Todavia, constatou-se na *crise financeira asiática* de 1997 que o desemprego foi duplicado em muitos dos países afetados. Os graves efeitos da crise sobre os trabalhadores foram agravados justamente porque diversos desses países eram carentes de sistemas de proteção social (especialmente no que concerne ao seguro-desemprego e ao seguro médico), de políticas ativas de mercado de trabalho e de diálogo social. Por isso, há necessidade de se caminhar no sentido do reforço dos sistemas de proteção social para minorar o impacto negativo das crises econômicas sobre as pessoas que trabalham (2005a. p. 09-10).

(2) Ocorre desconstitucionalização quando, em processos não tão visíveis, mas realmente ameaçadores, há ruptura ou interrupção da normatividade da Constituição e do próprio direito através de argumentos

trabalhadores que possibilitem a precarização de garantias trabalhistas, como forma de redução do custo com a mão de obra.

A OIT, ao definir o papel de suas normas no plano internacional, expressa a preocupação com a tentação de governos e de empregadores de reduzirem o nível de proteção presente em normas trabalhistas para se beneficiarem de maior vantagem comparativa no comércio internacional (2005a. p. 08).

Os discursos públicos[3] que circulam, e se transformam em senso comum, são no sentido de que o trabalho regulamentado atrapalha o sistema da economia. A mentalidade flexibilizadora das relações de trabalho se alinha com a crença de que a economia de mercado, atuando livremente, é que pode gerar desenvolvimento e riqueza para todos. Fica evidente o atrelamento dos direitos sociais e econômicos à regulação do mercado, com riscos para os direitos humanos, num processo de "monetarização" das relações de trabalho. Trata-se, em síntese, do mito do mercado de trabalho autorregulado.

No primeiro semestre de 2009, a revista do Tribunal Superior do Trabalho teve artigos de doutrina publicados em torno do tema específico da jornada de trabalho. Um deles, do Prof. José Pastore da Universidade de São Paulo (USP), pretendia responder à seguinte indagação: *Redução de Jornada Gera Emprego?* Na análise ali empreendida, embora o tema encontre guarida na Constituição, nenhuma referência há a ela. Na verdade, tanto a questão da jornada de trabalho, quanto uma breve referência às férias dos trabalhadores, foram analisadas na perspectiva do custo da mão de obra e dos riscos na relocação de empresas, que se movimentam em busca de lugares economicamente mais vantajosos para

---

econômicos, políticos, de proporcionalidade, de ponderação, ou de outros. No Caderno n. 15 da Série *Pensando o Direito* se encontra a versão na íntegra da pesquisa denominada *Observatório do Judiciário* (2009), conduzida pela Universidade de Brasília (UnB) e pela Universidade Federal do Rio de Janeiro (UFRJ). No trabalho desenvolvido sob o seguinte título: *Jurisdição Constitucional e Concentração do Acesso à Justiça: "a voz que vem de cima"* (p. 126-161), os autores (GUIMARÃES, Aline Lisbôa Naves... et al.) promovem análise crítica do papel da jurisdição constitucional, e especificamente do Supremo Tribunal Federal, a partir de uma entrevista concedida pelo Ministro Gilmar Ferreira Mendes ao jornal "Valor Econômico", publicada em 18 de outubro de 2007, e denunciam a possibilidade de corrupção das normas pelos fatos. O seguinte trecho é bastante elucidativo sobre a desconstitucionalização como um processo que enfraquece a normatividade da constituição e do direito: "A subordinação da eficácia das normas a contingências políticas e econômicas constitui uma estratégia oculta ou latente de desconstitucionalização. Com base em argumentos políticos e econômicos, a normatividade da constituição e do direito como um todo é corrompida. Permite-se, assim, uma espécie de violação 'juridicamente ordenada' dos direitos dos cidadãos, justificada a partir de critérios como reserva do possível, proporcionalidade, razoabilidade, ponderação, adequação meios/fins, governabilidade e estabilidade econômica" (BRASIL, Ministério da Justiça, Secretaria de Assuntos Legislativos. Universidade de Brasília — Unb/Universidade Federal do Rio de Janeiro — UFRJ. *Série Pensando o Direito — Observatório do Judiciário*, n. 15/2009, p. 130/131).
(3) Com suporte em Wacquant, considera-se debate público aquele que é produzido pelo discurso jornalístico e político-administrativo, podendo ser incluídos explicitamente o judicial e o intelectual (2005. p. 116).

estabelecer suas filiais. Não houve, sobre a questão da jornada legal, consideração crítica na perspectiva dos direitos. E concluiu-se que "gerar empregos depende de três fatores concretos — e não artificiais — a saber: crescimento econômico sustentado, educação de boa qualidade e legislação trabalhista amigável" (2009. p. 111). *Legislação trabalhista amigável* recebe o significado de legislação flexível e que não obste o desenvolvimento econômico das empresas, ainda que a custo pessoal dos trabalhadores, já que salvando as fábricas é possível manter os empregos. O Professor da Universidade de São Paulo quando destaca fatores *concretos* traz embutida uma crítica à legislação trabalhista protetiva, que seria então *artificial* e contraproducente. Curiosamente, porém, o mesmo autor elenca entre os fatores *não artificiais* uma forma de interferência do Estado, ou seja, uma lei, mas desde que *amigável*.

Denunciam Rosa & Marcellino (2009) que, a despeito do compromisso social e de bem-estar, especialmente para os necessitados, presente na Constituição de 1988, o modelo político-econômico que vem se consolidando como paradigma incorpora a lógica, difundida inclusive na academia, acerca do custo dos direitos, numa espécie de ascensão do econômico sobre o jurídico, como fica evidente na teoria da *Análise Econômica do Direito* (AED) (p. 173-179). "Há uma rearticulação interna do Direito pela intervenção externa (e decisiva) da Economia" (p. 181).

Do mesmo modo, em fevereiro de 2009, foi apresentada na Câmara dos Deputados a PEC n. 341/2009 que, em suma, pretendia retirar da Constituição de 1988 seus supostos excessos, a fim de que se apresentasse como um texto sintético. Pela proposta, o atual art. 7º da Constituição passaria a ter a seguinte redação: "Lei disporá sobre a garantia dos trabalhadores" e o art. 8º a seguinte: "As atividades sindicais serão previstas em lei". O objetivo da proposta de emenda era o de promover a modificação de dispositivos constitucionais retirando do texto matéria não constitucional. Nesse sentido, promovida a exclusão de matérias da Constituição Federal (desconstitucionalização), continuariam em vigor os dispositivos correspondentes até a sua substituição por legislação complementar ou ordinária posterior.

Constava na justificação da proposta de reforma constitucional a exaltação à Constituição costumeira norte-americana, identificando-se a necessidade de retorno "à pureza do conteúdo constitucional". Embora tenha se afirmado a pertinência na manutenção dos direitos e das garantias fundamentais, eram assim considerados apenas os que decorrem do atual art. 5º da Constituição, numa evidente visão de relevância apenas para os chamados direitos humanos clássicos. Distinguindo Constituição em sentido formal e material, a justificação estruturava-se na necessária aproximação satisfatória com o autêntico conteúdo constitucional, que o autor pretendia fosse reconhecido como sendo o que ele mesmo delimitava na proposta. Sobreveio, inclusive, parecer favorável, embora com dois substitutivos, da Comissão de Constituição, Justiça e Cidadania (julho de 2009), por não se vislumbrar ofensa às limitações formais, circunstanciais e materiais presentes no art. 60. O relator, deputado Sérgio Barradas Carneiro (PT/BA), acrescentou, ainda, a inviabilidade de manutenção da Constituição com a extensão com a qual foi concebida, característica que, aliás, geraria insegurança jurídica, em razão das diversas reformas constitucionais que foram implementadas desde a promulgação do texto original em 1988.

A referida proposta foi arquivada em 31 de janeiro de 2011 nos termos do art. 105 do Regimento Interno da Câmara dos Deputados, ou seja, em face da finalização da legislatura.

O que se observa claramente é a ameaça aos direitos sociais de conteúdo trabalhista, justamente tendo como premissa a de que constituem excesso.[4]

Todavia, não se trata de uma perspectiva ou de uma visão parlamentar momentânea e ocasional. Há um cenário que precisa ser descortinado quanto às dificuldades institucionais no trato dos direitos sociais como direitos fundamentais.

De fato, mais recentemente, em setembro de 2011, um dia após a aprovação de sua criação pelo TSE, o Partido Social Democrático (PSD) lançou manifesto defendendo uma revisão constitucional exclusiva e criticando os "remendos constitucionais". Nos termos do manifesto, e a despeito da nomenclatura expressa na sigla, o partido defende a iniciativa e a propriedade privadas e a economia de mercado, como o regime capaz de gerar riqueza e desenvolvimento. Fala-se, ainda, que o Brasil precisa se modernizar, tornando-se mais ágil, libertando-se das impossibilidades e oferecendo, verdadeiramente, igualdade de oportunidades àqueles que querem se profissionalizar, gerir o próprio negócio e vencer na vida. A despeito do destaque à iniciativa privada, não há referência no manifesto ao valor social do trabalho. Os direitos sociais aparecem na prioridade de assistência aos desamparados. O silêncio nas manifestações iniciais do partido quanto à questão trabalhista aponta no sentido de que o desenvolvimento econômico ali propugnado não virá acompanhado do compromisso com a melhoria da condição social dos trabalhadores. Essa melhoria será destinada "naturalmente" aos vencedores num sistema caracteristicamente de meritocracia individual. Ives Gandra Martins saiu em defesa da Constituinte exclusiva e destacou a necessidade de se promover a adequação dos encargos trabalhistas à realidade o que, dentre outros aspectos, dotaria o País de instrumentos viáveis para o progresso e a concorrência internacional. Nesse sentido, foi apresentada pela senadora Kátia Abreu (PSD-TO) PEC que, acrescentando o art. 98 ao Ato das Disposições Constitucionais Transitórias, possibilita a realização da revisão constitucional por meio de uma

---

(4) A PEC supramencionada procura promover a desconstitucionalização dos direitos sociais. O termo desconstitucionalização, nesta hipótese, é utilizado na perspectiva de uma proposta explícita de modificação constitucional que pretende retirar determinados temas, ao menos formalmente, do alcance e do *status* constitucional.

Câmara Revisional exclusiva. Tal proposta contou com o número suficiente de assinaturas para sua tramitação no Senado Federal.[5]

Como se nota, a hipótese de "modernização" do Estado brasileiro passaria pela redução do âmbito normativo de proteção aos trabalhadores.[6] Tais propostas de alteração constitucional contrariam, portanto, a reivindicação do direito ao trabalho como direito fundamental.

José Eduardo Faria (2008. p. 59) aborda como sendo uma das tendências do direito contemporâneo o enfraquecimento progressivo do Direito do Trabalho, isso porque

> seu alcance e sua estrutura têm sido profundamente afetados pela volatilidade e mobilidade dos capitais e pelas mudanças ocupacionais e organizacionais subjacentes ao fenômeno da globalização econômica. Com a crescente informatização das linhas de produção, o avanço da terceirização e o advento de novos modos de inserção no mundo do trabalho, a mão de obra progressiva se desloca para o setor de serviços e a ideia de "emprego industrial" subjacente à legislação trabalhista entra em crise. Como o setor de serviços se caracteriza pela flexibilidade operativa e pelos diferentes critérios de aferição de produtividade, ele tende a exigir formas mais maleáveis de contratação e formalização das relações trabalhistas do que as vigentes no âmbito do setor industrial.
>
> Essa combinação entre flexibilidade operativa, heterogeneidade das estruturas de emprego no setor terciário e despadronização nas formas

---

(5) Informações disponíveis em: <http://www.dcomercio.com.br/index.php/politica/sub-menu-politica/75222-psd-da-a-largada-para-rever-a-constituicao>; e <http://noticias.uol.com.br/politica/2011/09/28/em-manifesto-psd-critica-improvisacoes-oportunistas-e-defende-nova-constituinte-em-2014.jhtm>. Acesso em: 17 de outubro de 2011. *A Desconstitucionalização dos Direitos Trabalhistas e o Problema da Normatividade da Constituição* encontra-se discutido em artigo constante na seguinte obra coletiva: PORTO, Noemia A. G. In: LORENZETTI, Ari Pedro, *et al*. Coordenadores. *Direito e processo do trabalho na atualidade*: estudos temáticos em homenagem aos 20 anos da Amatra 18. São Paulo: LTr, 2012).

(6) A PEC n. 341/2009 e a Proposta de Reforma que preveja a possibilidade de Revisão Constitucional não são exemplos isolados. Também tramitou no Congresso Nacional, com parecer favorável, à unanimidade, da Comissão de Constituição e Justiça, a PEC n. 157/2003, que propunha um procedimento diferenciado de revisão constitucional, culminando com o referendo popular. Seus defensores alegavam a vantagem de a proposta promover uma espécie de *modernização* da Constituição, permitindo sua atualização periódica, com o apoio da vontade do povo. Nota-se a insistência na ideia equivocada de que a Constituição de 1988 teria supostos *excessos*, que deveriam ser *sanados* por um procedimento de revisão. Para Cristiano Paixão, "o problema é que essa revisão é inteiramente desprovida de legitimidade, por completa falta de discussão pública e pertinência em relação ao momento político e social vivido no País. Não há um momento constitucional em curso. As razões que impeliram o Constituinte de 1987-1988 a romper com a ordem então estabelecida — redemocratização do Brasil, fim do regime opressivo, abertura da participação política a setores até então excluídos, necessidade de redefinir a identidade constitucional — continuam válidas. Uma Constituição é um processo, e não um projeto acabado" (2006b. p. 5).

jurídicas de contratação trabalhista atinge a essência da legislação laboral. Na medida em que se multiplicam os contratos a termo, a subcontratação, o trabalho em domicílio e formas novas de remuneração com base na produtividade, levando o antigo trabalhador com carteira assinada a assumir a figura jurídica de "microempresário", a proteção assegurada aos "hipossuficientes" é esvaziada pela livre negociação entre as partes formalmente "iguais". Deste modo, quanto mais os contratos de locação de serviços moldados na melhor tradição do direito privado tomam o espaço anteriormente ocupado pelas normas padronizadoras da legislação laboral, mais o Direito do Trabalho tende a desfigurar e a se "civilizar", ou seja, mais se confunde e se funde com o Direito Privado.

No caso do Direito do Trabalho, especialmente o contrato, que tem por objeto o dispêndio da força de trabalho, ambienta, ao mesmo tempo, tanto as demandas por direitos como as da economia, e que cotidianamente se revelam paradoxais. Por isso mesmo, o contrato de trabalho constitui importante ponto de observação sobre as exigências de proteção e as tendências de desregulamentação.

A principal produção legislativa brasileira endereçada a regular as relações de trabalho data de 1º de maio de 1943. Trata-se do Decreto-lei n. 5.452, ainda em vigor, que aprovou a Consolidação das Leis do Trabalho (CLT).

As normas jurídicas ali dispostas podem ser analisadas de acordo com um eixo central, que procura lhes conferir coerência, qual seja, a proteção ao trabalho se constrói no âmbito do contrato de emprego, firmado, expressa ou tacitamente, entre o(a) trabalhador(a) e o(a) empregador(a), no qual se fazem presentes os pressupostos da não eventualidade, pessoalidade, subordinação jurídica e onerosidade.[7]

Ao lado das tensões entre trabalho e economia, e atuando de forma a elas relacionada, a produção de conhecimento no campo especializado do Direito do

---

(7) A doutrina trabalhista costuma dedicar considerável espaço à análise do significado e do alcance de tais pressupostos. Não é objetivo deste trabalho confrontar tais construções dogmáticas, mas apenas identificar o grau de importância que o contrato de emprego possui no âmbito da construção de conhecimento nesta área especializada. De todo modo, se pode dizer, resumidamente, que a não eventualidade pressupõe certo caráter de permanência do trabalho prestado, ainda que o contrato seja de curta duração. Quanto à pessoalidade, exige-se que o trabalho seja prestado por pessoa física que não se faça substituir, de maneira intermitente, por outro trabalhador. É que a contratação deve ocorrer em razão da pessoa para a prestação de serviços, e não de certo e determinado trabalho. A subordinação jurídica, por sua vez, é considerada o pressuposto mais relevante, e relaciona-se à sujeição do empregado(a) ao empregador(a), ao(à) qual compete dirigir a prestação pessoal dos serviços do(a) primeiro(a). O modo de realização da prestação dos serviços sujeita-se ao poder de direção do contratante. Por fim, a onerosidade vincula-se ao valor econômico atribuído à atividade laboral, pelo que não seriam de emprego, por exemplo, as situações de trabalho voluntário ou filantrópico (DELGADO, 2008a. p. 287-305).

Trabalho permanece centrada no contrato de emprego, cujos pressupostos estão definidos nos arts. 2º e 3º da CLT.[8] Este tipo de pacto é considerado, senão o único, ao menos o mais importante evento no âmbito das relações de trabalho.

As reflexões formuladas pela vasta literatura trabalhista, e por autores de épocas diversas, expressam a interpretação prevalente de que a existência do contrato de emprego é que possibilita a incidência de normas sociais trabalhistas protetivas. O contrato de emprego seria, então, a condição de possibilidade para a aludida incidência.

Alice Monteiro de Barros (2005. p. 200) afirma que "o Direito do Trabalho brasileiro, à semelhança de outros países, caracterizou-se no curso de sua elaboração por um núcleo que é o contrato de trabalho subordinado". Mauricio Godinho Delgado (2008a. p. 287), ao mencionar que a denominação da espécie (relação de emprego) é normalmente feita pelo gênero (relação de trabalho), esclarece que essa tendência se originou "da incontestável hegemonia fático-jurídica da relação empregatícia no universo de todas as relações de trabalho". Para Orlando Gomes & Elson Gottschalk (2002. p. 69), "o conceito de empregado é de suma importância no Direito do Trabalho, porque é ele o *destinatário* das normas protetoras que constituem este Direito".[9]

Considera-se, é certo, que há outras formas de ocorrência do dispêndio de energia humana que objetive um resultado útil, como, por exemplo, nos casos de trabalhadores autônomos, eventuais, empreiteiros, liberais, estagiários, avulsos etc. Mas, para essas hipóteses, a doutrina distingue relação de trabalho, como gênero, da relação de emprego, enquanto espécie.

---

(8) "Art. 2º Considera-se empregador a empresa, individual ou coletiva, que, assumindo os riscos da atividade econômica, admite, assalaria e dirige a prestação pessoal de serviço. § 1º — Equiparam-se ao empregador, para os efeitos exclusivos da relação de emprego, os profissionais liberais, as instituições de beneficência, as associações recreativas ou outras instituições sem fins lucrativos, que admitirem trabalhadores como empregados. § 2º — Sempre que uma ou mais empresas, tendo, embora, cada uma delas, personalidade jurídica própria, estiverem sob a direção, controle ou administração de outra, constituindo grupo industrial, comercial ou de qualquer outra atividade econômica, serão, para os efeitos da relação de emprego, solidariamente responsáveis a empresa principal e cada uma das subordinadas". "Art. 3º — Considera-se empregado toda pessoa física que prestar serviços de natureza não eventual a empregador, sob a dependência deste e mediante salário. Parágrafo único — Não haverá distinções relativas à espécie de emprego e à condição de trabalhador, nem entre o trabalho intelectual, técnico e manual".
(9) Nos estudos de Orlando Gomes, Alice Monteiro de Barros e Mauricio Godinho Delgado há, portanto, o eixo comum da centralidade do contrato de emprego para a afirmação de direitos trabalhistas, ainda que se trate de autores com formação diversa e de gerações diferentes. As considerações dispostas no tradicional *Curso de Direito do Trabalho* do civilista Orlando Gomes, juntamente com Elson Gottschalk, ganharam abrangência nos círculos acadêmicos já na década de 70, antes portanto do advento da Constituição de 1988. Alice Monteiro de Barros e Mauricio Godinho Delgado, ambos magistrados trabalhistas, têm influência marcante sobre os estudiosos do Direito do Trabalho a partir de meados dos anos 90.

A importância central que a categoria jurídica do contrato de trabalho possui, tanto para a incidência das normas de proteção trabalhista, quanto para o próprio Direito do Trabalho, está bem representada no seguinte trecho de obra, de considerável circulação, de Mauricio Godinho Delgado (2008a. p. 286):

> Não obstante esse caráter de mera espécie do gênero a que se filia, a relação de emprego tem a particularidade de também constituir-se, do ponto de vista econômico-social, na modalidade mais relevante de pactuação de prestação de trabalho existente nos últimos duzentos anos, desde a instauração do sistema econômico contemporâneo, o capitalismo. Essa relevância socioeconômica e a singularidade de sua dinâmica jurídica conduziram a que se estruturasse em torno da relação de emprego um dos segmentos mais significativos do universo jurídico atual — o Direito do Trabalho.
>
> Passados duzentos anos do início de sua dominância no contexto socioeconômico do mundo ocidental, pode-se afirmar que *a relação empregatícia tornou-se a mais importante relação de trabalho existente no período, quer sob a ótica econômico-social, quer sob a ótica jurídica* (sem grifos no original).

A centralidade da afiliação salarial empregatícia foi construída como possibilidade a partir da década de 40 no Brasil, no contexto de consolidação de um proletariado industrial homogêneo.

Ocorre que a Constituição de 1988 explicitamente refere aos direitos e à melhoria da condição social dos trabalhadores, e não especificamente dos empregados, isto é, dos afiliados a um contrato de trabalho marcado pela subordinação jurídica. Todavia, tem-se equiparado, na doutrina e na jurisprudência, trabalhador a empregado e a efetividade do art. 7º tem dependido, então, em boa medida, da categoria jurídica *contrato de emprego* definida em norma infraconstitucional. Como consequência, há bloqueios que impedem diversas relações jurídicas, que se situam fora e para além desse paradigma, de serem tratadas no âmbito do exercício de direitos por aqueles que trabalham. Seria, todavia, juridicamente viável uma interpretação ampliativa do contrato de emprego?

Conforme constata Derrida, "nem todo mundo que trabalha recebe forçosamente o nome e o estatuto de *trabalhador*" (2003. p. 41). A definição de trabalhador tem conotação de mercadoria porque se considera como tal aquele que receber, em razão do exercício de uma atividade, ofício ou profissão, determinada retribuição regular. Para ser considerado trabalhador é preciso estar no mercado (DERRIDA, 2003. p. 42). No caso brasileiro, além do exercício de uma atividade com valor no mercado, sua execução deve ocorrer de determinada forma juridicamente definida para que, além de trabalhador, possa ser trabalhador protegido. Reduzido o trabalho à mercadoria e sua proteção ao modelo empregatício, prevalece uma ideia simples de trabalho, ou a sua redução a uma troca de tempo por retribuição. Claro que, numa sociedade de mercado, o trabalho, mesmo que sob um conceito simplista, tem um valor imenso, como fonte de retribuição, como meio de vida (SCHWARTZ, 1996. p. 151).

Assim, é determinada forma jurídica de contrato que tem condicionado a aplicação dos direitos fundamentais sociais trabalhistas. Não apenas a prática judiciária brasileira, como também a produção jurídica de conhecimento permanecem concentrados na estrutura conceitual do contrato de emprego como possibilidade, e como limite, à incidência de garantias trabalhistas, incluindo a proteção ao trabalho. Por que o Direito do Trabalho não é para todos os trabalhadores?[10]

Talvez exatamente porque não o seja — e atuando o contrato de emprego como possibilidade e como limite —, bloqueios têm sido construídos pelos contratantes de acesso à rede de proteção social trabalhista, com exigências, para a contratação de serviços, de que os trabalhadores constituam pessoas jurídicas, ou de que sejam terceirizados, ou cooperados, ou autônomos, ou parceiros etc., desde que não se apresentem formalmente como empregados, ainda que eventualmente possam sê-lo. Ocorrendo a terceirização[11] dos trabalhadores, em quaisquer das fórmulas atuais de contratação de serviços, acredita-se, pela inexistência formal de vínculo de emprego, seja possível a subtração de direitos como limitação de jornada, horas extras, aviso-prévio, férias, 13º salário, FGTS e cobertura previdenciária. A subcontratação significa que "a empresa joga para as suas parceiras algumas das — ou mesmo todas as — etapas de seu ciclo produtivo, enxugando-se" (VIANA, 2003. p. 776).

Por isso, uma parte da doutrina trabalhista e das decisões judiciais produzidas em torno da controvérsia sobre a existência ou não, entre determinado trabalhador e o tomador de seus serviços, de relação de emprego, têm se inclinado para uma visão expansionista do contrato, que traduz a tendência de reconhecer presentes os pressupostos dos arts. 2º e 3º da CLT para as mais variadas formas de utilização da força de trabalho na economia contemporânea. Há, em suma, uma leitura menos restritiva sobre o significado dos pressupostos legais, na tentativa de se promover, desta maneira, a inclusão dos trabalhadores como empregados.

Contrapondo-se à visão expansionista, há a crença — especialmente suportada na maior produtividade requerida pelo sistema da economia — na autonomia da

---

(10) Para a OIT, a maior parte das suas normativas deve ser internamente aplicada a todos os trabalhadores, e não apenas aos que possuem acordos formais de trabalho (2005a. p. 10).
(11) A expressão *terceirização* pode tanto ser sinônimo, numa concepção amplificada, de formas, das mais variadas, de subcontratação de trabalhadores (mediante constituição de firmas individuais, de prestação de serviços de autônomos ou de cooperados ou de parceiros etc.), como, em sentido estrito, do pacto que se estabelece entre uma empresa especializada em fornecimento de mão de obra e outra cliente, sendo o trabalhador contratado como empregado da primeira, embora preste serviços para a segunda. No trecho acima se utiliza a expressão terceirização em sentido lato.

vontade, que deve estar presente também nos contratos de trabalho em geral, o que conduz à validação, fora do esquema conceitual empregatício, de fórmulas alternativas de contratação do trabalho humano. É como se de obrigatórias as normas de proteção social trabalhista passassem a opcionais, com violação ao princípio da indisponibilidade que lhes caracteriza.

Nos extremos, ou são forçadas as relações de trabalho a se encaixarem nos pressupostos do contrato de emprego, a fim de inserir os trabalhadores no sistema de proteção, ou determinadas formas de contratação são reconhecidas como válidas fora do padrão jurídico que tem constituído o paradigma do Direito do Trabalho e da Justiça do Trabalho, negando-se a tais trabalhadores o acesso às garantias constitucionais. Nesse sentido, o significado da subordinação jurídica como requisito, quando a própria CLT fala em dependência, parece exigir renovadas reflexões que se conectem com o cenário contemporâneo do mundo do trabalho.

Das metamorfoses ocorridas no mundo do trabalho, a possibilidade de as empresas utilizarem mão de obra de forma habitual, mas contratada por outra empresa, havendo, por isso, terceirização dos serviços, desponta como prática em verdadeira expansão. Essa é uma das formas de externalização da empresa contemporânea que ocorre com a contratação, de maneira intermediada, de mão de obra cuja necessidade é permanente para a tomadora final.

A terceirização de serviços, com a triangulação que lhe é própria, desafia o modelo dual do contrato de emprego.[12] Além disso, possibilita, com a diferenciação ou exclusão dos trabalhadores do âmbito efetivo da tomadora final, a redução do nível de proteção social. Do *locus* concreto da terceirização de serviços, ou da triangulação das relações de emprego, surgiram e continuam a surgir diversos debates em torno do direito fundamental ao trabalho. Dentre eles se encontram as reflexões sobre a licitude ou ilicitude da intermediação de mão de obra; o nível de responsabilidade, no que concerne aos direitos trabalhistas, que legalmente deve caber a cada uma das empresas envolvidas; quais direitos devem ser reconhecidos aos terceirizados, em se comparando com os destinados aos trabalhadores efetivos da empresa tomadora; qual o nível de atingimento à subjetividade do trabalhador que a terceirização provoca; etc.

Nesse contexto, há se indagar se a terceirização é de fato o caminho inexorável a ser seguido em razão das exigências de maior eficiência e produtividade na versão atual do capitalismo. Da mesma forma, é necessário refletir em que medida a negociação do valor da força de trabalho pelas empresas envolvidas nesta *externalização* da tomadora final compromete a melhoria da condição social dos

---

(12) Trata-se da terceirização em sentido estrito na qual, embora o trabalhador protagonize um contrato de emprego, a melhoria de sua condição social, desvinculada da tomadora final, sofre estagnação.

trabalhadores. Possibilitando a terceirização de serviços, a flexibilização e a precarização dos direitos trabalhistas, quais riscos podem ser vislumbrados para além do ambiente do mercado de trabalho? Além disso, há conexões observáveis entre mercado de trabalho precarizado e marginalidade social?

Precisamente porque o principal eixo de proteção trabalhista se vincula ao contrato de emprego, as pressões pela desproteção vêm sendo traduzidas na busca pela aceitação de outras formas de contratação em que a autonomia da vontade e a igualdade entre os pactuantes possam ser invocadas como premissas válidas. Isso se verifica na terceirização de serviços quando, por exemplo, se confere validade à intermediação de mão de obra em razão da valorização conferida ao pacto estabelecido entre as empresas fornecedora e tomadora dos serviços.

Ocorre que tanto a intensificação da fórmula contratual empregatícia como a sua exclusão operam enfraquecendo o sentido constitucional da proteção ao trabalho. É que em ambos os casos a figura do contrato, valorizada ou negada, fica reforçada como a única, ou pelo menos a mais importante, forma de acesso aos direitos constitucionalmente previstos.

Nesse ponto, é importante destacar que a cidadania afirmada na era moderna, após a emergência do capitalismo, surgiu restrita à forma contratual da igualdade jurídica e dissociada do mundo do trabalho e da produção (SILVA, 2007. p. 1357). Segundo Menelick de Carvalho Netto, a igualdade formal colocou fim às ordens escalonadas, aos privilégios de nascimento, típicos da imobilidade social da época medieval, e se assentava no fato de que todos poderiam ser proprietários, no mínimo, de si próprios. "Mesmo o sujeito mais pobre dessa sociedade é proprietário, e, portanto, é capaz de realizar atos jurídicos, de comprar, de vender, e, assim, pode comparecer diariamente ao mercado, vendendo aquela mercadoria que possui, que é, no mínimo, a sua própria força de trabalho" (2001. p. 15).

Em sentido oposto, e advindas posteriormente, as normas sociais de conteúdo trabalhista, desde a sua constitucionalização em 1934, no Brasil, possuem a marca característica, e que lhes confere sentido, de proteção em relação à pessoa que trabalha.

A interconexão entre cidadania e trabalho, presente na proposta jurídica de proteção a se consolidar no âmbito do contrato de emprego firmado por partes presumidamente desiguais, foi construída numa época de reivindicações por melhores condições de vida, especialmente nos temas jornada[13] e salários, externadas pelo(a)s trabalhador(a)s urbanos e fabris.

---

(13) Ricardo Antunes, na apresentação à 13ª Edição do *Adeus ao Trabalho?* afirma que a redução da jornada, ou o tempo de trabalho, é tema vital no embate entre capital e trabalho, desde a época de Marx até os dias atuais (2008. p. 10).

Todavia, no contexto atual, de um mundo do trabalho transformado, especialmente a partir da década de 70 do Século XX,[14] que se caracteriza, sobretudo, pela emergência de novos modos de acumulação capitalista, como é possível relacionar cidadania e trabalho? Ou, explicitamente, quais desafios cercam e tensionam a proteção ao trabalho? E mesmo, proteção para quem?[15]

Trata-se igualmente de questão atual a do chamado desemprego estrutural, ou seja, aquele que, independentemente da conjuntura econômica e da performance do nível de atividades, decorre da substituição da mão de obra pela tecnologia e do enxugamento dos recursos humanos como fator de competitividade.[16] As soluções propostas ao problema, porém, têm abandonado o campo restrito da economia e avançado sobre os princípios fundamentais do direito do trabalho e do direito da seguridade social.

Além disso, as profundas transformações que estão em curso são representadas por formas variadas e transitórias de produção e têm atingido os direitos relacionados ao trabalho. "Estes são desregulamentados, são flexibilizados, de modo a dotar o capital do instrumental necessário para adequar-se a sua nova fase. Direitos e conquistas históricas dos trabalhadores são substituídos e eliminados do mundo de produção" (ANTUNES, 2008. p. 24). É difundida a concepção de que é imprescindível o ajuste das normas laborais à nova ordem mundializada econômica, o que adquire o sentido de *normas trabalhistas amigáveis*, já que a rigidez normativa contrastaria com a mobilidade econômica.

O modo da estruturação capitalista de hoje é diverso e promove exclusões que dão curso a um processo de marginalização social e que são não só consistentes e intensas como, de certa maneira, definitivas, na medida em que o foco da atividade econômica, sem resistência eficiente do coletivo dos trabalhadores e das instituições, está na redução de custo, maximização de resultados, competitividade, flexibilidade e produtividade, ainda que isso implique em prejuízo a postos de trabalho protegidos e aos trabalhadores.

Também Sayonara Grillo C. L. da Silva (2007. p. 1363) destaca que a crise sem precedentes pela qual passa o mundo do trabalho e a reorganização do modo de produção recolocam o tema do trabalho na ordem do dia.

Mas é necessário advertir que não há uma forma *canônica* que represente a excelência, as virtudes mesmas do trabalho (SCHWARTZ, 1996. p. 153). Por isso,

---

(14) Como será explorado no Capítulo 2 deste trabalho, o modelo pós-fordista de acumulação capitalista, que se intensifica a partir dos anos 70, aponta para tendências flexibilizadoras não apenas da produção mas dos direitos dos trabalhadores.
(15) Sayonara Grillo C. L. da Silva (2007. p. 1355) também lança reflexão contemporânea importante em torno do tema de "como a cidadania se relaciona com o trabalho (ou 'para o trabalho') em um mundo do trabalho transformado com a emergência de novos modos de acumulação ...".
(16) O desemprego desponta como uma das consequências da estratégia da externalização das empresas.

nas sociedades contemporâneas, todo pensamento sobre o valor do trabalho deve articular significações concretas, buscando conexões e identificando os desafios presentes nas condições que são impostas para o trabalho. É essencial, ainda, desvendar as barreiras presentes na forma do trabalho como mercadoria e estabelecer, em suma, um elo definitivo com as pessoas que trabalham.

A presente obra pretende refletir criticamente sobre a proteção ao trabalho, a fim de expor os limites e as insuficiências do sistema jurídico atual à vista das demandas da economia de mercado. Em face dos riscos decorrentes da exclusão e da marginalidade social, objetiva-se, também, refletir sobre as possibilidades que podem ser ressignificadas e construídas na afirmação da proteção ao trabalho como direito fundamental.

Exposta a temática, a hipótese central que conduziu a investigação foi a seguinte: a despeito do polimorfismo, da fluidez e da flexibilidade que caracterizam o modo de produção pós-fordista, a redefinição do trabalho, como categoria constitucional de inclusão, para além da fórmula jurídica de afiliação contratual empregatícia salarial, pode contribuir para um tratamento constitucionalmente adequado tanto da questão dos direitos fundamentais de um direito *do* trabalho e *ao* trabalho quanto na temática pertinente à marginalidade social.

O ponto de partida, no primeiro capítulo, será a análise de uma questão concreta do mundo do trabalho. A terceirização em sentido estrito é uma das práticas atuais mais expressivas dos novos modos de produção capitalista, especialmente porque tensiona e expõe a fórmula tradicional do contrato de emprego, com a inserção de um terceiro que serve de intermediador. Trata-se, portanto, de um importante *locus* de observação. Por isso, é relevante analisar o tratamento judicial conferido ao fenômeno, justamente durante o período em que as novas morfologias foram se intensificando e se apresentando como alternativas do capitalismo, para expor o processo de fragilização da proteção ao trabalho, bem como qual compreensão constitucional o Judiciário possui sobre o tema. É importante investigar, em se tratando de direitos fundamentais, quais vínculos institucionais são estabelecidos pelos tribunais, enquanto importantes centros de decisão do sistema do direito. Serão expostos e analisados, nessa perspectiva, os precedentes que deram origem a duas importantes súmulas do Tribunal Superior do Trabalho sobre o assunto (ns. 256 e 331), e que até hoje servem como as principais balizas acerca das permissões e dos limites jurídicos impostos à terceirização dos serviços. Ainda neste ponto serão abordados os desafios do cotidiano das relações de trabalho que permanecem exigindo refletir sobre a terceirização de serviços não como um fenômeno inexorável, mas como um modo de organização da força de trabalho que exige pensar o alcance do preceito constitucional da cidadania. Por fim, serão lançadas questões atuais que permeiam os debates no STF e no Congresso Nacional acerca do fenômeno.

No segundo capítulo será abordada a temática do trabalho flexível e da desregulamentação da economia, com a finalidade de identificar, de forma mais amplificada, as novas morfologias do trabalho (ANTUNES) e o perfil da classe (des) proletária (ANTUNES; WACQUANT). Exatamente neste cenário será possível identificar o processo de reprivatização, que Faria denomina de *civilização*, das relações de trabalho, na medida em que os direitos sociais fundamentais são tratados como direitos patrimoniais, o que implica em graves problemas para a relação entre trabalho e cidadania (SILVA; CARVALHO NETTO). Problematizar a identidade heterogênea do trabalhador do presente é imprescindível para que se possa refletir criticamente acerca do alcance que se tem conferido à garantia constitucional da proteção ao trabalho, e mesmo para identificar traços comuns dos trabalhadores desempregados e/ou flexibilizados.

O terceiro capítulo comportará análise de elementos componentes da marginalidade social a partir da estrutura precarizada do mercado de trabalho. Sob o pressuposto de que as questões relacionadas não se circunscrevem aos temas do trabalho e da economia, o propósito é de analisar algumas das implicações do processo de exclusão dos trabalhadores do sistema jurídico de proteção sociotrabalhista. Especialmente a partir das perspectivas de Wacquant, haverá abordagem sobre a questão da nova pobreza. Nas décadas de 50 e 60 do século passado a pobreza era considerada um problema momentâneo, que seria resolvido na medida em que o crescimento econômico pudesse propiciar a geração de riquezas suficiente para todos. Todavia, o progressivo desfacelamento de um Estado de Bem-Estar revela que a cena contemporânea é ocupada por exclusões permanentes e pela marginalidade urbana. O principal aspecto neste ponto é articular marginalidade econômica e social, observando indícios da passagem de um Estado Providência para um Estado Penitência. Nesse contexto, quais possibilidades podem ser pensadas em relação à proteção ao trabalho como direito fundamental, em razão da estrutura do contrato de emprego e para além dela?[17]

No desenvolvimento dessas ideias, e para cumprir tais objetivos, foram pesquisadas fontes primárias e secundárias, vale dizer, tornou-se necessária pesquisa bibliográfica, referência a alguns dados estatísticos e análise de precedentes do Tribunal Superior do Trabalho.

---

(17) O processo de desregulamentação do direito do trabalho tem sido objeto de estudo e de preocupações dirigidas aos desafios impostos pela globalização econômica, pela precarização dos serviços e pela flexibilização dos direitos previstos em normas heterônomas, os quais procuram denunciar a crença que vem se consolidando quanto à necessidade de se dar cumprimento a uma agenda neoliberal na temática dos direitos trabalhistas, como condição para o real desenvolvimento econômico. Todavia, tais importantes análises normalmente mantêm o eixo de produção da pesquisa nas relações de trabalho, isto é, sem promover um diálogo, que parece necessário, com outras formas e modos de compreensão do direito. Especificamente, a sinergia entre direito social e marginalidade não aparece problematizada nos estudos que pretendem investigar o processo de desregulamentação trabalhista (COUTINHO, 2009; CUNHA, 2004; ANTUNES, 2005). Contudo, no caso de autores preocupados com uma vertente crítica da criminologia, e mesmo com reflexões próprias à Filosofia do Direito, essa sinergia constitui importante referencial para análise (WACQUANT, 2001, 2005; FARIA, 2008, 2004; BEIRAS, 2004; GARLAND, 2008). Acredita-se, porém, que as análises microssociais demandam, para uma sua melhor compreensão, conexões com as macrossociais.

CAPÍTULO 1

PROTEÇÃO AO TRABALHO CONTIDA NA FÓRMULA DUAL DO CONTRATO E AS TENDÊNCIAS DE FLEXIBILIZAÇÃO

A terceirização, na qual há a transferência das responsabilidades de parte da gestão empresarial para outra empresa fornecedora de mão de obra, é a principal expressão da flexibilização das formas de organização do trabalho, construídas a partir do modo toyotista de produção. É considerada, especialmente pelas empresas interessadas na sua consolidação, como tendência irreversível na economia contemporânea, porquanto fator decisivo para a competitividade.[18] "Dentro da lógica do sistema, a terceirização se tornou uma necessidade. A empresa já não tem como reunir dentro de si todas as etapas do ciclo produtivo. Para vencer as concorrentes, deve *constantemente* reduzir custos e se flexibilizar" (VIANA, 2003. p. 781). Por isso mesmo, desde o início, as empresas envolvidas no processo de subcontratação pretendiam retirar da tomadora final dos serviços a responsabilidade pelos direitos dos trabalhadores. O que se nota é que a expansão da terceirização está muito provavelmente relacionada com a visão da classe econômica produtiva de que ela é um bom negócio.

Terceirização normalmente pode significar duas formas diversas de dar curso ao processo de externalização das empresas. No primeiro caso, tem-se a terceirização

---

(18) Ermínio Alves de Lima Neto, pessoa ligada a importantes organizações coletivas de empresas intermediadoras de mão de obra, proferiu palestra em junho de 2009, com o título *Terceirização sob a Ótica dos Prestadores de Serviços* (Disponível em: <http://www.funcoge.org.br/rh//Terceirizacao/palestras/Erminio%20Alves.pdf>. Acesso em. 25 de janeiro de 2010) e, segundo ele, "a Terceirização — Tendência Irreversível das Economias Contemporâneas — foi um verdadeiro achado para as Empresas Competitivas, principalmente as Globais. Isto porque trouxe flexibilidade, gerou condições para dar respostas rápidas, para atender demandas voláteis de um mercado exigente. E o melhor: sem que as Empresas percam tamanho e importância". Além disso, de acordo com o mesmo autor, a terceirização é uma ideia muito simples e por isso mesmo genial, devendo estar calcada em parcerias, as quais implicam em envolvimento e confiança. A atividade, outrossim, não é proibida por lei e não diminui os encargos trabalhistas, tanto que permanecem sendo pagos direitos como férias, 13º salários, FGTS etc.. O mencionado evento contou com a organização/participação das seguintes entidades coletivas: o SINDEPRESTEM — Sindicato das Empresas de Prestação de Serviços a Terceiros, Colocação e Administração de Mão de Obra e de Trabalho Temporário no Estado de São Paulo; CEBRASSE — Central Brasileira do Setor de Serviços; e ASSERTTEM — Associação Brasileira das Empresas de Serviços Terceirizáveis e de Trabalho temporário; CNC — Câmara Brasileira de Serviços Terceirizáveis; FEBRAC — Federação Nacional das Empresas de Serviços e Limpeza Ambiental.

de serviços, ou seja, "a empresa tomadora incorpora em seus quadros o trabalho de terceiros, vale dizer, empregados contratados pela empresa terceirizante" (DELGADO, Gabriela Neves. 2006. p. 185). No segundo, há terceirização de atividades, quando ocorre a subcontratação de empresas, ou *parcerias*, com relação estabelecida entre a empresa central e as demais unidades menores. Além de tais designações específicas, *terceirização* pode ser considerado termo genérico hábil a englobar o fenômeno amplo de prática de subcontratações com o uso de terceiros.

De todo modo, a indeterminação semântica que a expressão terceirização comporta, indicando previamente no máximo a possibilidade de uma parte da atividade empresarial ser assumida e executada por outra empresa, permite aos que a invocam e defendem imprimir-lhe o caráter de modernidade ou de modernização das relações de trabalho.

De todo modo, para Druck, que promove em seus estudos um balanço sobre o fenômeno no Brasil, e mais especificamente no Estado da Bahia (2011), não há diferença conceitual entre terceiriação e subcontratação porque, segundo a autora, a terceirização é um fenômeno que atualiza e metamorfoseia o que anteriormente era chamado de subcontratação ou *putting-out-sistem*.

1.1. Organização Flexível do Trabalho: o fenômeno da terceirização de serviços

A terceirização/subcontratação pode ser considerada como um fenômeno velho e novo. Como advertem Thébaud-Mony & Druck (2007. p. 27), no Brasil, embora a prática possa ser localizada nos primórdios do processo de industrialização, sua origem mais visível ocorreu no trabalho rural, isso porque era conhecida a figura do *gato*, típico intermediário que contratava mão de obra e a disponibilizava para as necessidades tipicamente sazonais do campo.[19] Mas não há dúvida de que os novos modos de acumulação capitalista forneceram outros contornos à prática, e a difundiram enormemente para abranger diversas atividades laborais, conferindo, de certo modo, à terceirização um caráter de imprescindibilidade. Assim, embora a terceirização possa ser vista como um fenômeno velho e novo, a novidade está no seu crescimento e generalização (DRUCK, 2011).

Sobre a terceirização, ambientada no bojo da reestruturação produtiva como resposta à crise do fordismo, as pesquisadoras afirmam que:

> Sua caracterização como novo fenômeno é dada pela amplitude, pela natureza e pela centralidade que assume no contexto da flexibilização e precarização do trabalho neste novo momento do capitalismo

---

(19) Há ocorrências desse tipo de intermediação no campo até os dias de hoje.

mundializado ou da "acumulação flexível". Trata-se de um processo de metamorfose, já que a terceirização deixa de ser utilizada de forma marginal ou periférica e se torna prática-chave para a flexibilização produtiva nas empresas, transformando-se na principal via de flexibilização dos contratos e do emprego (THÉBAUD-MONY & DRUCK, 2007. p. 29).

A terceirização promove a desvinculação entre as figuras do trabalhador e do empregador e, por isso mesmo, representa a flexibilização da forma contratual empregatícia tradicional.

As relações de trabalho construídas a partir da fábrica se apresentavam de maneira bipolar. De um lado estava o trabalhador que colocava à disposição de outrem, o tomador contratante, sua força de trabalho, mediante vínculo subordinado. Exatamente por isso o tomador tinha a prerrogativa da direção da prestação pessoal de serviços do trabalhador contratado. "Essa bipartição esteve associada ao direito do trabalho desde o seu surgimento, quer pela origem contratual das primeiras relações de trabalho, quer pela rigidez da divisão entre papéis que se verificou na organização da sociedade industrial a partir do século XIX" (PAIXÃO, 2006b. p. 8; PAIXÃO & LOURENÇO FILHO, 2009. p. 17). Na realidade, o mundo do trabalho desde então operava de acordo com essa característica binária.

Na triangulação que a terceirização representa, há a contratação estabelecida entre duas empresas, mas cujo objeto a ser negociado é a força de trabalho de alguns indivíduos.

Ocorre, porém, que:

> ... a diferença entre o terceirizado e o efetivo, em termos de contratação, é mais de forma que de fundo. Formalmente, ele é admitido pela empresa fornecedora, que lhe paga os salários. Substancialmente, porém, é como se tivesse sido contratado pela empresa cliente. No preço da intermediação está embutido o salário do trabalhador (VIANA, 2003. p. 788).

No Brasil, especialmente a partir da década de 80 do século passado, proliferou o número de empresas especializadas em locação de mão de obra, isto é, "que comercializam a força de trabalho das pessoas" (PAIXÃO, 2006b. p. 8; PAIXÃO & LOURENÇO Filho, 2009. p. 20).[20] Antunes (2007. p. 16) também identifica o

---

(20) A Presidência da República, por intermédio da Secretaria de Comunicação Social, com apoio institucional do Ministério do Trabalho, divulgou, em 1996, estudo sobre "O Mercado de Trabalho nos Anos 90". A partir de dados estatísticos do IBGE constatou-se que foi rompida "a crescente participação dos assalariados com carteira no total de pessoas ocupadas". Segundo consta no mapeamento, "nas áreas metropolitanas, a participação dos autônomos e dos empregados sem carteira no total das

mesmo fenômeno a partir dos anos 80, qual seja, da proliferação do número de empresas de terceirização, locadoras de força de trabalho de perfil temporário. Aliás, esta expansão do número de empresas especializadas no fornecimento de mão de obra é sentida até os dias de hoje, permanecendo como fenômeno não apenas recente como atual.[21]

Todavia, o crescimento da terceirização não implicou na melhoria de condições de vida para os trabalhadores, em razão, sobretudo, da rotatividade de empregadoras, que gera instabilidade e insegurança no emprego, dos baixos salários e de uma ausência de qualificação profissional que lhes permita mobilidade profissional.[22]

---

pessoas ocupadas aumentou, segundo dados do IBGE, de 39,3%, em dezembro de 1990, para 48,0%, em agosto de 1996". Outro dado relevante é o de que "a maior geração de empregos deslocou-se da atividade industrial, nos anos 70, para o setor de serviços, nos anos 80 e 90". O estudo prossegue afirmando que "em 1995, o setor terciário já abrigava 73,4% das ocupações não agrícolas e mais da metade (52%) da população ocupada do País. O ritmo da terceirização foi marcante, rompendo um equilíbrio histórico na absorção de mão de obra entre os setores industrial e de serviços, que vinha ocorrendo nas décadas anteriores" (Disponível em: <http://www.planalto.gov.br/publi_04/COLECAO/MERC1.HTM>. Acesso em: 13 de janeiro de 2010). Da mesma forma, isto é, apontando para as mudanças crescentes que vem experimentando o mercado de trabalho no Brasil, segundo dados do DIEESE, o setor de serviços cresceu entre 1989 e 1999 em todas as regiões metropolitanas pesquisadas, quais sejam, São Paulo, Distrito Federal, Porto Alegre, Bahia, Salvador e Recife. No Distrito Federal, por exemplo, chegou a 65,3% de 100% na distribuição dos ocupados (Disponível em: <http://www.dieese.org.br/esp/releaselivro.xml>. Acesso em: 13 de janeiro de 2010).
(21) No Distrito Federal é perceptível o aumento do número de empresas terceirizadoras de serviços, para além de 5 centenas, afora aquelas de pequeno porte que não são de conhecimento do sindicato dos trabalhadores.
(22) Conforme se pode notar em relação à categoria dos terceirizados que prestam serviços na base territorial do Distrito Federal, os benefícios coletivos alcançados pela categoria, e expressos em normas coletivas, permanecem modestos, ou seja, se circunscrevem basicamente a quatro. O primeiro deles diz respeito à luta permanente por melhor remuneração. Todavia, a despeito de o sindicato existir há mais de vinte anos, ainda hoje o pleito se concentra na fixação de salário normativo mínimo para a categoria que esteja acima do mínimo legal. Continua em curso a demanda da categoria pela fixação do equivalente a uma base e meia (ou um salário mínimo e meio). Portanto, sequer o salário mínimo representa conquista adensada, tanto que em diversos casos a prestadora de serviços complementa o salário normativo para respeitar o valor do salário mínimo. Outro benefício que aparece como conquista importante diz respeito ao *ticket* alimentação, mas que também exige negociações reiteradas para incremento do respectivo valor. Em face da grande rotatividade de prestadoras de serviços, surgiu como benefício importante a chamada *cláusula de continuidade*. Ela significa que, chegando a termo o contrato de prestação de serviços entre prestadora e tomadora, a próxima prestadora contratada fica obrigada a aproveitar os trabalhadores da anterior, garantindo a eles seis meses de estabilidade no emprego. Como não há propriamente desligamento dos trabalhadores, mas passagem de uma para outra prestadora, os trabalhadores terceirizados deixam de receber o pagamento equivalente ao aviso-prévio da antiga empregadora e a indenização de 40% sobre o FGTS (art. 10, inciso I, do ADCT) é reduzida para 20%, embora as demais parcelas rescisórias sejam pagas de forma completa, como férias e 13ºs salários. O último benefício que pode ser destacado como relevante se traduz na garantia de que as prestadoras/empregadoras têm o dever de emitir recibo de toda a documentação entregue pelo trabalhador, o que é importante para se aferir o direito a benefícios como salário-família e vale-transporte.

Segundo Márcio Túlio Viana, "em termos de Direito do Trabalho, a terceirização desafia não só o princípio protetor, mas o próprio conceito de empregador. Há um sujeito que admite e assalaria e um outro que efetivamente dirige" (2003. p. 776).

A terceirização desempenha papel importante no contexto das significativas modificações que têm alterado as configurações do mundo do trabalho, especialmente porque retira do trabalhador a melhoria de sua condição social, que antes estava normalmente vinculada à sua inserção na empresa. Aos trabalhadores terceirizados é endereçado tratamento socioeconômico e jurídico diferenciado, na medida em que as empresas envolvidas no processo pretendem que lhes sejam destinados apenas os benefícios próprios da categoria das empresas especializadas no fornecimento de mão de obra, e não aqueles que são usufruídos pelos trabalhadores contratados diretamente pela tomadora. Nota-se, ainda, a ausência nas prestadoras de serviços de constituição e funcionamento de Comissões Internas de Prevenção de Acidentes (CIPA), cujas atividades, acaso existentes, deveriam considerar a realidade concreta de ambiente de trabalho mantido pela tomadora. Há, nisso tudo, um contraponto evidente ao sentido de inclusão social que se realize de forma igualitária.

As formas contemporâneas de trabalho num primeiro momento excluem os trabalhadores das vinculações tradicionais articuladas em torno do pacto fordista, mas também há embutido nessas transformações um processo de reinclusão,

> pelo qual a fábrica (ou a ex-fábrica) de certo modo retoma algumas das antigas atividades, trabalhadores e máquinas. Em certos casos (terceirização interna), ela retoma uma parte dos trabalhadores expulsos, valendo-se de outra empresa, que os comercializa. Em geral eles voltam com um uniforme mais simples, um salário mais pobre e uma aderência menor. E ela também os reencontra diferente, sem o *status* e os ônus de empregadora. É como uma espécie de mágica (VIANA, 2003. p. 779).

De fato, a terceirização se expandiu nas últimas décadas, mas não exatamente no modelo previsto pela legislação brasileira de 1974 (Lei do Trabalho Temporário — n. 6.019).[23] Na verdade, sem previsão legal expressa, tomou forma a terceirização de mão de obra permanente.

Este modelo de terceirização é um *locus* concreto que permite observar as dinâmicas complexas e atuais que atingem não apenas o mundo do trabalho como também fazem questionar a eficiência e a suficiência do sistema de proteção até então construído pelo Direito do Trabalho.

---

(23) No caso do temporário, a prestação de serviços não ocorre para a empresa que o admitiu e que paga a remuneração pactuada, mas sim para quem "contrata a empresa que o contratou. E não de forma permanente, mas reticente, semelhante (embora não idêntica) ao trabalho avulso" (VIANA, 2003. p. 786).

A semântica da terceirização como possibilidade de intermediação de trabalhadores, cuja necessidade é permanente para o tomador, com a proliferação de empresas especializadas nessa locação, é algo recente. Anteriormente, a terceirização clássica não necessariamente implicava em precarização ou rompimento do elo entre o trabalhador e tomador. A prática objetivava determinado serviço, e não o trabalhador, ao contrário do que vem ocorrendo expressivamente a partir da década de 80 no Brasil.

De fato,

> Originalmente, "terceirização" era considerada uma prática que não envolvia o desprendimento do trabalhador da relação com o tomador de serviços: terceirização era simplesmente a contratação, por uma empresa, de uma outra pessoa jurídica para a consecução de um fim determinado. Por exemplo: uma montadora de automóveis poderia — como ocorre até hoje — contratar uma empresa do ramo de autopeças para o fornecimento de uma certa mercadoria a ser utilizada na fabricação de um carro. Esse tipo de contratação não abala o modelo binário descrito acima: ambas as empresas citadas em nosso exemplo pertencem ao ramo da indústria metalúrgica; assim, os trabalhadores das duas empresas seriam regidos pela mesma norma coletiva, porque pertencentes à mesma categoria, estariam abrangidos pelo mesmo sindicato (já que vigora, no Brasil, a unicidade sindical) e poderiam reportar-se, em suas demandas, diretamente àquela empresa tomadora de seus serviços (PAIXÃO, 2006b. p. 8; PAIXÃO & LOURENÇO Filho, 2009. p. 18-19).

Os contornos definidos contemporaneamente à terceirização renovam a importância da reflexão sobre o papel dos direitos fundamentais da classe trabalhadora.

Como a Constituição envolve a prática interpretativa, é provável que o significado dos direitos fundamentais deva ser buscado na relação que a sociedade instaura com seus próprios horizontes temporais, ou seja, com o passado e com o futuro (CORSI, 2001. p. 181).

Nessa perspectiva, é necessário destacar o caráter central dos tribunais, ou seja, das organizações formais no interior do sistema social do Direito. O Direito não se resume àquilo que os tribunais decidem, mas certamente o nível de complexidade alcançado por tal sistema se deve à atuação da sua interna e central organização formal. Conforme Corsi (2001. p. 177), "os vínculos concretos da Constituição são, sobretudo, vínculos organizacionais", inclusive porque são elas, as organizações, que "permitem que valores e princípios sejam traduzidos em programas de decisão" (CORSI, 2001. p. 177). Assim, embora o direito, como um subsistema da sociedade moderna, não se circunscreva às suas organizações, encontra nelas importante forma de manifestação.

"As instituições cristalizam heranças e valores" (SCHWARTZ, 1996. p. 153) e, por isso mesmo, a identificação da semântica, das práticas, das escolhas presentes nas decisões judiciais são importantes para que se possa refletir criticamente acerca do tratamento que vem sendo conferido à terceirização, mas sobretudo, às suas implicações para os trabalhadores.

Para Luhmann, os tribunais constituem o centro do sistema jurídico justamente ante a proibição de recusa de Justiça, que os coage a decidir, e não o legislador ou as partes privadas (1990. p. 160), e desempenham, sem dúvida, função relevante na atualização e redefinição do ordenamento jurídico. Embora no interior dos procedimentos a realidade seja construída e reconstruída, permitindo decisão, não se pode perder de vista que os tribunais deveriam ser capazes de olhar para a Constituição como quem tem a obrigação de efetivar os direitos garantidos constitucionalmente (CAMPILONGO, 2000. p. 108).

Embora se possa considerar que os direitos fundamentais dispostos na Constituição encerram e congregam valores de uma dada sociedade, o que sobressai como relevantes são as estratégicas utilizadas na sua implementação.

Os tribunais trabalhistas, enquanto organizações formais, são importantes para a Constituição, na medida em que conferem especificação semântica ao direito do e ao trabalho, como garantia fundamental. De acordo com Corsi:

> o problema, aqui, encontra-se na consistência semântica e programática daquelas normas constitucionais que estabelecem direitos fundamentais. (...) tais princípios fundamentais (classicamente pensados como liberdade e igualdade) foram formulados de modo a não terem nenhuma consistência semântica: são vazios de conteúdo. (...) a função destes direitos pode ser desenvolvida apenas e exatamente porque estes não especificam de nenhum modo a praticabilidade de seus preceitos. Tal especificação é delegada aos diversos subsistemas da sociedade (2001. p. 177).

Enfaticamente, "de nada adianta um Poder Judiciário que não seja capaz de conferir eficácia aos direitos fundamentais e, vice-versa, de nada adianta um elenco de direitos fundamentais se o Poder Judiciário não é capaz de garanti-los, de implementá-los" (CAMPILONGO, 2000. p. 101).

A demanda por direitos, e notadamente pela concretização dos direitos fundamentais, tem propiciado evidente expansão da atividade judicial, especialmente após a Constituição de 1988, a qual não apenas ampliou o rol de direitos individuais, sociais e coletivos como ainda revelou formas inovadoras de tutela perante os tribunais.[24] "A juridificação e constitucionalização de benefícios voltados ao exer-

---

(24) Para Melo Filho & Coutinho, "... o que se constata é uma transferência da demanda por direitos do Legislativo para o Judiciário, assim como uma expectativa de que o Judiciário venha a suprir a falta de serviços da Administração Pública" (2009. p. 128).

cício do trabalho fizeram com que fosse aberto um imenso campo de (re)criação contínua do ordenamento" (PAIXÃO & LOURENÇO, 2009. p. 14-15).[25]

Para Campilongo:

> ... o juiz não vai criar limitações ao seu poder, não vai tolher sua criatividade. Ao contrário. Exatamente por estar obrigado a decidir — e a decidir todas as questões que chegam ao interior do Poder Judiciário — é que o Poder Judiciário expande, barbaramente, o seu poder, inclusive de criação do Direito, de produção do Direito (2000. p. 107).

A expansão e a intensificação da prática da terceirização, que implica na negociação da força de trabalho dos indivíduos por empresa interposta, que oferece à cliente serviços especializados para atender a necessidade permanente do empreendimento, ficam evidentes nas reações decisórias do Tribunal Superior do Trabalho. A quantidade de casos e de manifestações dos vários órgãos do tribunal ao longo dos anos o levou à uniformização de sua jurisprudência e à edição de duas súmulas e de uma orientação jurisprudencial. Além disso, com a chegada do tema, especialmente no caso da terceirização que envolve a Administração Pública, no Supremo Tribunal Federal, o Tribunal Superior do Trabalho continuou a rever e a reconstruir seus precedentes e suas diretrizes.

A despeito de o Tribunal Superior do Trabalho ser importante como órgão judiciário que tem como função uniformizar a jurisprudência nacional nos temas relacionados ao Direito do Trabalho, inclusive, e especialmente, os de natureza constitucional, não pode ser visto como a voz que proclama o significado e o alcance dos direitos fundamentais. Há se evitar a personificação e as identificações entre os intérpretes judiciários e a Constituição. Para Rosenfeld:

> Uma vez admitido que o sujeito constitucional só pode adquirir identidade no domínio intersubjetivo circunscrito pelo discurso constitucional, deve resultar claro que a personificação do sujeito constitucional deve ser evitada. Nem os constituintes, nem os intérpretes da Constituição, nem os que se encontram sujeitos às suas prescrições são propriamente o sujeito constitucional (2003. p. 40).

Campilongo observa com precisão que um tribunal quando decide projeta seu destino, na medida em que define seu comportamento para os próximos casos, que possam ter os anteriores como referência. Em suma, eles criam vínculos com o futuro. Por isso mesmo, é necessário distinguir quando o comportamento judiciário expressa o modo de operação do direito, de maneira autônoma, e quando lamentavelmente decide confundindo direito e política e direito e economia (2000. p. 100).

---

(25) Melo Filho & Coutinho falam em dois fenômenos universais claramente observáveis, quais sejam, o protagonismo do Poder Judiciário e a flexibilização do Direito do Trabalho (2009. p. 125).

A proposta nesta parte do trabalho é de analisar os discursos do tribunal na construção semântica sobre a terceirização, procurando identificar os significados que têm sido atribuídos à ideia de constituição, especificamente quanto à proteção ao trabalho, a partir não só dos argumentos utilizados, jurídicos ou não, como também dos silêncios do tribunal. Afinal, qual tem sido a resposta do direito, construído no âmbito das organizações formais, em relação ao movimento de tomada da força de trabalho por meio de fórmulas que escapam ao modelo contratual empregatício? Quais ideias sobre um direito ao trabalho decente e protegido são produzidas, na contemporaneidade, pelo Tribunal Superior do Trabalho?[26] Nas decisões do TST, que conduziram à uniformização e revisão de sua jurisprudência, o alcance permitido à terceirização parte de pressupostos concernentes à proteção da pessoa que trabalha? Com a Constituição de 1988, o tribunal percebeu a mudança no tratamento da proteção ao trabalho?

É inegável, no Brasil, que o mais importante marco regulatório para a terceirização tem sido a jurisprudência do Tribunal Superior do Trabalho. É o judiciário trabalhista, portanto, que tem definido possibilidades e limites jurídicos para a terceirização. Ainda que se debatam no Congresso Nacional, validamente, é claro, acerca de previsões legislativas (para regular, restringir, ampliar ou legitimar? a terceirização), o aspecto relevante é que o tribunal tem e continuará a ter papel relevante na compreensão e na aplicação concreta do instituto.

A partir de meados da década de 70, e até meados da década de 80, foram sendo julgados em demandas individuais, de cognição recursal extraordinária, e coletivas, de cognição recursal ordinária, casos, posteriormente considerados importantes precedentes, que conduziram à uniformização de jurisprudência expressa na então Súmula n. 256 — a primeira sobre a questão da terceirização.

A Súmula n. 256, hoje cancelada em razão do advento da Súmula n. 331 do TST, possuía a seguinte redação: "CONTRATAÇÃO DE PRESTAÇÃO DE SERVIÇOS — ILEGALIDADE — Salvo os casos previstos em lei, é ilegal a contratação de trabalhadores, por empresa interposta, exsurgindo o vínculo empregatício diretamente com o tomador de serviços".

---

(26) Nesta obra a Constituição é vista como prática interpretativa. Por isso mesmo, quando se fala em trabalho decente não se procura uma conceituação *a priori* do seu significado. Para a OIT, da qual o Brasil é país-membro desde 1919, há quatro pilares que sustentam a ideia de trabalho decente, quais sejam: os direitos e princípios fundamentais do trabalho, a promoção do emprego de qualidade, a extensão da proteção social e o diálogo social. A partir deles, tal organismo internacional reconhece a necessidade de os países formularem políticas que visem estimular a "criação de mais e melhores empregos; reduzir a informalidade, combater o trabalho infantil, o trabalho escravo e todas as formas de discriminação no emprego; promover o emprego juvenil; ampliar e melhorar a cobertura da proteção social; impulsionar a educação e a capacitação para o trabalho; reforçar a produtividade e a competitividade das empresas; e fortalecer os direitos trabalhistas" (Disponível em: <http://www.ipea.gov.br/desafios/edicoes/21/artigo16480-1.php>. Acesso em: 03 de fevereiro de 2010). Todavia, entre a definição feita por um organismo externo e as demandas concretas dos trabalhadores locais, há se investigar quais significados as instituições, e os tribunais em particular, têm conferido concretamente à dignidade da pessoa humana, no contexto do trabalho decente.

No tribunal, prevalecia o entendimento de que, regra geral, o trabalhador se vincula ao tomador beneficiário dos seus serviços, que é responsável pela satisfação dos direitos trabalhistas, excepcionando-se apenas os casos, estritos, de trabalho temporário e serviço de vigilância, previstos em lei.

Menos de uma década depois, impulsionado por novos casos, o tribunal reformulou seu entendimento, que passou a estar expresso nos termos da Súmula n. 331:

CONTRATO DE PRESTAÇÃO DE SERVIÇOS. LEGALIDADE.

I — A contratação de trabalhadores por empresa interposta é ilegal, formando-se o vínculo diretamente com o tomador dos serviços, salvo no caso de trabalho temporário.

II — A contratação irregular de trabalhador, mediante empresa interposta, não gera vínculo de emprego com os órgãos da administração pública direta, indireta ou fundacional (art. 37, II, da CF/1988).

III — Não forma vínculo de emprego com o tomador a contratação de serviços de vigilância (Lei n. 7.102, de 20.6.1983) e de conservação e limpeza, bem como a de serviços especializados ligados à atividade-meio do tomador, desde que inexistente a pessoalidade e a subordinação direta.

IV — O inadimplemento das obrigações trabalhistas, por parte do empregador, implica a responsabilidade subsidiária do tomador dos serviços, quanto àquelas obrigações, inclusive quanto aos órgãos da administração direta, das autarquias, das fundações públicas, das empresas públicas e das sociedades de economia mista, desde que hajam participado da relação processual e constem também do título executivo judicial (art. 71 da Lei n. 8.666, de 21.6.1993).[27]

Abriram-se, a partir da súmula mais recente, as possibilidades para outras intermediações de mão de obra, como no caso dos serviços de conservação, limpeza e "serviços especializados ligados à atividade-meio do tomador".

A edição da Súmula n. 331, todavia, não fez cessar a demanda dos trabalhadores por acesso às condições de trabalho mais benéficas oferecidas pelos beneficiários finais dos seus serviços aos empregados efetivos. À vista dessa circunstância, mas apenas no ano 2010, o tribunal fez editar Orientação Jurisprudencial que traça alguma possibilidade de se reconhecer aos terceirizados o direito a salário igual ou salário equitativo.

Após mais algumas reformulações, a Súmula n. 331 do TST chegou ao seguinte formato:

CONTRATO DE PRESTAÇÃO DE SERVIÇOS. LEGALIDADE (nova redação do item IV e inseridos os itens V e VI à redação) — Res. 174/2011, DEJT divulgado em 27, 30 e 31.5.2011

---

(27) O item IV, contendo a explícita referência aos entes públicos, adquiriu esta redação em face da Resolução n. 96/2000, publicada no DJ nos dias 18, 19 e 20 de setembro do ano 2000. Antes, a redação era a seguinte: "o inadimplemento das obrigações trabalhistas, por parte do empregador, implica na responsabilidade subsidiária do tomador dos serviços, quanto àquelas obrigações, desde que hajam participado da relação processual e constem também do título executivo judicial".

I – A contratação de trabalhadores por empresa interposta é ilegal, formando-se o vínculo diretamente com o tomador dos serviços, salvo no caso de trabalho temporário (Lei n. 6.019, de 3.1.1974).

II – A contratação irregular de trabalhador, mediante empresa interposta, não gera vínculo de emprego com os órgãos da Administração Pública direta, indireta ou fundacional (art. 37, II, da CF/1988).

III – Não forma vínculo de emprego com o tomador a contratação de serviços de vigilância (Lei n. 7.102, de 20.6.1983) e de conservação e limpeza, bem como a de serviços especializados ligados à atividade-meio do tomador, desde que inexistente a pessoalidade e a subordinação direta.

IV – O inadimplemento das obrigações trabalhistas, por parte do empregador, implica a responsabilidade subsidiária do tomador dos serviços quanto àquelas obrigações, desde que haja participado da relação processual e conste também do título executivo judicial.

V – Os entes integrantes da Administração Pública direta e indireta respondem subsidiariamente, nas mesmas condições do item IV, caso evidenciada a sua conduta culposa no cumprimento das obrigações da Lei n. 8.666, de 21.6.1993, especialmente na fiscalização do cumprimento das obrigações contratuais e legais da prestadora de serviço como empregadora. A aludida responsabilidade não decorre de mero inadimplemento das obrigações trabalhistas assumidas pela empresa regularmente contratada.

VI – A responsabilidade subsidiária do tomador de serviços abrange todas as verbas decorrentes da condenação referentes ao período da prestação laboral.

O atual item V reflete o debate presente na ADC n. 16 do Supremo Tribunal Federal que contemplou a declaração de constitucionalidade, com efeito vinculante, da Lei de Contratos e Licitações Públicas, notadamente quanto à previsão do art. 71 de que o contratado é que é o responsável pelos encargos trabalhistas, previdenciários, fiscais e comerciais resultantes da execução do contrato. Além disso, nos termos do § 1º, a inadimplência do contratado, com referência aos encargos trabalhistas, fiscais e comerciais não transferiria à Administração Pública a responsabilidade por seu pagamento, nem poderia onerar o objeto do contrato ou restringir a regularização e o uso das obras e edificações, inclusive perante o Registro de Imóveis.

No caso do item VI a pretensão é de encerrar o debate sobre se as parcelas trabalhistas que representam a aplicação de penalidade entrariam ou não dentre aquelas a serem arcadas pelo responsável subsidiário (por exemplo, a multa do art. 477 da CLT e o acréscimo de 50% previsto no art. 467 do mesmo Texto Legal).

O mais importante, todavia, para o debate não parecem ser as alterações redacionais de súmulas ou Orientações Jurisprudenciais, mas senão a análise crítica e investigativa sobre os contornos que o tema vem adquirindo no âmbito do Judiciário Trabalhista. A referida análise pode auxiliar na compreensão não apenas do fenômeno da terceirização, mas, ainda, da multifacetada realidade da precarização das relações de trabalho.

As alterações na jurisprudência do tribunal, e os significados que foram sendo construídos para este fim, serão analisados nos próximos tópicos.

1.2. A Intermediação de mão de obra entre a Limitação e a Permissão na jurisprudência do Tribunal Superior do Trabalho

As novas formas de organização produtiva ganharam força nos países ocidentais justamente a partir da década de 70 do Século XX. Nos anos 80, no Brasil, proliferou o número de empresas intermediadoras de mão de obra. Os anos 90 assistiram à intensificação do processo de redução de garantias para a classe trabalhadora, juntamente com a redução do trabalho coletivo fabril.

A redação da Súmula n. 256 do Tribunal Superior do Trabalho, definida em setembro de 1986, explicitamente se respaldou em decisões que vinham sendo proferidas sobre o tema da locação de mão de obra. A construção dos argumentos, que depois foram condensados na súmula, teve início em meados da década de 70 e avançou pelos anos 80 do século passado, justamente no período em que foram arquitetados outros modos, flexíveis, de os contratantes se beneficiarem da força de trabalho.

É importante investigar como o Judiciário trabalhista deu curso à proteção ao trabalhador diante da flexibilização do contrato de emprego, em face da triangulação propiciada pela terceirização dos serviços.

Os precedentes mais remotos da Súmula n. 256 envolviam o debate sobre a validade ou não do trabalho temporário em serviço de vigilância bancária.[28] Em todos eles, se vislumbrava que o serviço de vigilância era obrigatório por lei e deveria ser considerado permanente, então, não se enquadrava na permissão legal de trabalho temporário, o que daria ensejo ou ao reconhecimento de vínculo direto com o banco ou à sua responsabilidade solidária. Havia afirmação pelo tribunal do tipo bipolar do contrato, na forma dos arts. 2º e 3º da CLT. A necessidade permanente do serviço seria suficiente para promover a afiliação tradicional, e típica de um contrato de emprego, entre o trabalhador e o tomador dos serviços, e para este fim o reconhecimento da solidariedade, que implica existência de empregador único,[29] possibilitaria tal efeito, apesar das personalidades jurídicas diversas das empresas envolvidas.

---

(28) Processo RR n. 2150/74, Acórdão da 2ª Turma n. 1161/74, Relator "ad hoc" Ministro Luiz Roberto de Rezende Puech, publicado no Diário de Justiça de 03 de outubro de 1974; processo RR n. 4137/78, Acórdão n. 596/79, Relator Ministro Marcelo Pimentel, publicado no Diário de Justiça de 1º de junho de 1979; processo RR n. 138/79, Acórdão n. 2176/80, Relator "ad hoc" Ministro Marcelo Pimentel, publicado no Diário de Justiça de 14 de novembro de 1980.
(29) Mauricio Godinho Delgado (2008a. p. 400-406) analisa diversos aspectos relacionados às divergências e aos consensos construídos pela doutrina e pela jurisprudência acerca do grupo econômico. Segundo

A apreensão, pelas instituições financeiras, da possibilidade de entrega de parte das tarefas ao encargo de outra empresa, ou seja, a presença dos bancos já nos primeiros precedentes é relevante quando se observa, no decorrer das décadas seguintes, que justamente a classe bancária sofreu e vem sofrendo gradual e intensa fragmentação, com evidentes prejuízos à capacidade de articulação coletiva para reivindicação de melhores condições de trabalho.[30]

No julgamento de outro processo, e que também versava sobre a subcontratação promovida por instituição financeira, nota-se que o ministro relator na 2ª Turma, diferente do que ocorreu com os três feitos antes mencionados, preocupou-se em lançar argumentos detalhados e aprofundados sobre o tema da terceirização de serviços, e já na ementa do acórdão denunciou a "confusão que se estabeleceu na área do trabalho, com a proliferação de contratos espúrios para trabalhadores nitidamente permanentes".[31]

Nesse momento, ao tribunal pareceu necessário reagir de forma mais contundente àquilo que então passava a ser visto como um fenômeno, e não mais apenas como um conjunto de casos sobre locação de mão de obra.

Para o reconhecimento da responsabilidade solidária do banco tomador, a turma do tribunal considerou que se a locação de mão de obra perdura por período de tempo superior ao previsto na lei do trabalho temporário, então seria necessário estabelecer a existência de vínculo de emprego de forma direta. E justamente no caso analisado verificou-se a existência de cláusula contratual avençada pelas pessoas jurídicas constando prazo indeterminado.

Para o tribunal, a indeterminação do prazo em contratos de locação de serviço atingia a inalienabilidade da liberdade humana, permitindo a exploração do fraco pelo poderoso.

---

o autor, a construção da figura do grupo econômico visou à ampliação das possibilidades de garantia do crédito trabalhista, tanto que, configurada a hipótese, há previsão legal de reconhecimento da responsabilidade solidária dos envolvidos. A questão do grupo econômico prevista na CLT ocorre apenas para fins trabalhistas e o referido reconhecimento não depende de se constatarem presentes as modalidades típicas do Direito Econômico ou Comercial/Empresarial (*holdings*, consórcios, *pools* etc.). O que se exige, à luz do princípio protetivo, é a existência de nexo relacional de coordenação econômica. De outra parte, a expressão *empregador único* decorre não apenas de reconhecida a solidariedade, poder o credor-empregado exigir de todos os componentes do grupo ou de qualquer deles o pagamento por inteiro da dívida (solidariedade passiva), mas também à vista da solidariedade ativa, ou seja, a responsabilidade das empresas envolvidas não existe apenas perante as obrigações trabalhistas que decorrem dos contratos, mas ainda perante os direitos e prerrogativas laborativas que favorecem aos contratantes. Neste sentido, a Súmula n. 129 do TST: "a prestação de serviços a mais de uma empresa do mesmo grupo econômico, durante a mesma jornada de trabalho, não caracteriza a coexistência de mais de um contrato de trabalho, salvo ajuste em contrário".
(30) Aspectos relacionados à fragmentação e ao enfraquecimento da tradicional classe bancária brasileira constam em abordagens feitas no decorrer do Capítulo 2 desta obra.
(31) Processo RR n. 189/79, Acórdão n. 2177/80, julgado em 1º de outubro de 1980, Relator "ad hoc" Ministro Marcelo Pimentel, publicado no Diário de Justiça em fevereiro de 1980.

Ainda segundo os termos do acórdão, o Código Civil de 1916, quando da sua entrada em vigor, apenas encontrou legislação esparsa de cunho trabalhista que, modestamente, procurava proteger o trabalhador e, portanto, tratava-se de uma época em que ainda não existia a Consolidação. Pelos termos do acórdão, "os arts. 1216 e seguintes do Código Civil, nos quais busca apoio o Banco, regulam a locação de serviços prestada pelo próprio trabalhador na condição de locador. Com o advento da Consolidação das Leis do Trabalho, todavia, esse tipo de locação passou à área do Direito do Trabalho e se rege hoje pelo texto consolidado".

Negou-se, pelo visto, a possibilidade de o direito privado ser o regente das relações que envolvam o trabalho humano, para as quais deveriam preponderar as normas de um estatuto trabalhista próprio.

Restou consignado, outrossim, que, por um lado, a locadora admite os trabalhadores e os assalaria, mas não assume os riscos da atividade econômica e tampouco dirige a prestação dos serviços. De outra parte, as tomadoras assumem os riscos da atividade econômica, e dirigem a prestação pessoal do serviço, mas não admitem e nem assalariam os trabalhadores. Assim, na "hipótese que se convencionou chamar de locação de mão de obra, determinadas empresas se eximem de assumir o papel de empregadores, estabelecendo-se um tríplice relacionamento que envolve o trabalhador e duas empresas. Estas duas, mercê de tal artifício irregular, vêm conseguindo dividir entre si a figura indivisível do empregador" (Processo RR n. 189/79, Acórdão n. 2.177/80, julgado em 1º de outubro de 1980, Relator "ad hoc" Ministro Marcelo Pimentel, publicado no Diário de Justiça em fevereiro de 1980).

De acordo com o tribunal, tal procedimento é tumultuário do "verdadeiro sentido protecionista da legislação do trabalho", na medida em que promove a ocultação da figura do empregador e tem como objetivo do ajuste o *aluguel de empregados*. A ocultação da figura do empregador violaria, nos termos da decisão, o disposto no art. 2º da CLT.

Nota-se a confirmação da figura tradicional do contrato de trabalho — firmado pelas figuras, indivisíveis, de empregado e empregador — como mecanismo de acesso a normas de proteção trabalhista. O tribunal, portanto, com esses argumentos, identificou na intermediação de mão de obra, com sua fórmula trilateral, ruptura com a fórmula bilateral de contratação, em prejuízo dos trabalhadores.

De fato, para o tribunal, os trabalhadores, isolada ou coletivamente, são os maiores prejudicados com a locação de mão de obra porque vivenciam embaraços ao seu real progresso na atividade laboral.[32] Os embaraços exemplificativamente

---

(32) Processo RR n. 189/79, Acórdão n. 2177/80, julgado em 1º de outubro de 1980, Relator "ad hoc" Ministro Marcelo Pimentel, publicado no Diário de Justiça em fevereiro de 1980.

relacionados pelo tribunal, e que decorrem da figura dicotômica do empregador, foram os seguintes: dificuldades para postular equiparação salarial, considerando a existência de dois empregadores para um só empregado; evasão da contribuição sindical, já que seu recolhimento não ocorreria para a categoria profissional em que se integra a atividade do empregado; não acesso às vantagens e benefícios conquistados em dissídios, convenções ou acordos coletivos; ausência de proteção no que diz respeito às normas específicas das atividades profissionais em que atua o trabalhador *alugado*.

É relevante destacar como os argumentos se concentravam na pessoa do trabalhador e os reflexos que poderia sofrer acaso confirmada a possibilidade de triangulação da relação de trabalho.

Além disso, conforme constou no precedente, como os trabalhadores não se vinculam "ao estabelecimento ao qual realmente servem, têm seu valor e trabalho menosprezados, sem condições de vindicações". De fato, os casos até aqui mencionados revelam a demanda dos trabalhadores por receberem igual tratamento conferido aos empregados efetivos dos tomadores.

O acórdão pontuou o espírito mercantilista que envolve as contratações triangularizadas e que a *marchandage* representa retrocesso legal, uma forma de semiescravidão, que destrói gradativamente a legislação social. Desde o Tratado de Versalles se declarou que o trabalho não é mercadoria, "mas objeto de especial tutela do Estado, como bem jurídico da pessoa humana, norma consagrada também pela Conferência Internacional do Trabalho, da OIT, reunida em Filadelfia, em 1944".

A decisão igualmente prima por uma análise constitucional do fenômeno nos seguintes termos:

> Como promover a integração, constitucionalmente prevista, do trabalhador na empresa, se este não pode desfrutar da pujança econômica do seu real empregador? Tais contratações são o inverso do pretendido pela Constituição, criando um grupo de marginalizados, exatamente aqueles que foram usados pelas locadoras de mão de obra, funcionando, lamentavelmente, em regime de fraude à lei.

O principal aspecto que sobressai desse precedente, especialmente quando procurou detalhar os pressupostos que devem ser considerados essenciais para a contratação válida de trabalhadores por meio de empresa interposta, é a tentativa de regulamentar o fenômeno da terceirização, impondo-lhe limites.

Desde o início da cadeia de precedentes que gerou a Súmula n. 256, aparece forte no discurso do tribunal a tese de que o trabalho temporário era incompatível com serviços de natureza permanente, bem como de que era necessário o reconhecimento da existência, ou de solidariedade entre a intermediadora e a tomadora dos serviços, ou de responsabilidade direta da tomadora, como típica empregadora.

Quando o tribunal, nesse precedente do final da década de 70 e início dos anos 80, resolve não só tecer argumentos mais aprofundados sobre a questão da intermediação de mão de obra, como também revelar a consciência de que o mercado de trabalho vivenciava o momento de proliferação de empresas prestadoras de serviços, fez sobressair preocupação em afirmar a autonomia do Direito do Trabalho e sua finalidade de proteger a pessoa que trabalha. Para o tribunal, apareciam fortes e consolidados os princípios do Direito do Trabalho, historicamente construídos sob o consenso de que a desigualdade é a marca estrutural das negociações que envolvem os agentes que operam os mercados. Essa noção é que "veio a justificar, já no século XIX, a proteção estatal para práticas que interferissem na livre vontade das partes, como as negociações coletivas de trabalho, ou mesmo a intervenção direta através de legislação que regulamentasse aspectos substantivos da relação de emprego" (SILVA & HORN, 2008. p. 187).

Nota-se ainda que, constatada a expansão do fenômeno da terceirização, passa a compor os argumentos judiciais a tradução interpretativa acerca do conteúdo da Constituição no tema dos direitos sociais. A partir do referido Processo RR n. 189/79, houve explícita manifestação acerca de como se promover a integração, constitucionalmente prevista, do trabalhador na empresa, quando há triangulação para aproveitamento da mão de obra.

O pressuposto central para a caracterização do contrato de emprego é a subordinação jurídica, identificada, no mais das vezes, quando o trabalhador recebe, de forma direta, ordens da pessoa para a qual presta serviços, submetendo-se ao seu comando sobre o modo desta mesma prestação. Todavia, como adverte Márcio Túlio Viana (2003. p. 786),[33] o que realmente caracteriza a subordinação jurídica "é a integração da atividade do prestador na atividade da empresa". Como visto, precisamente a preocupação constitucional sobre a integração social do trabalhador aparece selecionada pelo tribunal como fator decisivo para o reconhecimento da responsabilidade direta e/ou solidária do beneficiário dos serviços, independentemente da existência de contratos privados de sublocação de mão de obra.

Em outro caso de terceirização de serviços promovido por instituição financeira, observa-se presente na fundamentação da decisão o argumento de que o trabalho de vigilância bancária, embora permanente, constitui exceção para se permitir a contratação intermediada, em face do disposto no Decreto-lei n. 1.034, circunstância que, até então, não havia sido considerada para este fim pelo Tribunal.[34] Sob a premissa da lei de trabalho temporário, o Tribunal considerava a intermediação como possibilidade relacionada à temporalidade, todavia, começou a entender que a intermediação em serviços permanentes seria possível mediante autorização

---

(33) Com apoio na obra de Paulo Emílio Ribeiro de Vilhena (*Relação de emprego*. São Paulo: Saraiva, 1975).
(34) Processo RR n. 5492/80, Ac. 1ª Turma n. 3694/81, Relator "ad hoc" Ministro Guimarães Falcão.

legal. Não há, porém, retomada no discurso judiciário do princípio de integração do trabalhador na empresa e da melhoria da sua condição social, para se aferir a constitucionalidade de previsões infraconstitucionais que possibilitam aliar terceirização a serviços permanentes.

No caso do trabalho temporário, a transitoriedade não afeta o elo presente na integração do trabalhador, justamente porque sua presença no tomador é antecipadamente compreendida como vinculada a determinado evento, e por certo período de tempo. De todo modo, a lei do trabalho temporário prevê expressamente a figura do salário equitativo, que significa o direito do trabalhador em receber remuneração equivalente à percebida pelos empregados da mesma categoria da empresa tomadora, garantia essa inexistente para os casos de terceirização em atividade permanente.[35]

A despeito da *entrada* na argumentação judiciária de legislação infraconstitucional, ainda permanecia consistente o raciocínio de que a contratação intermediada de mão de obra deveria ser encarada como exceção, havendo necessidade de previsão em lei, sob pena de não ser considerada válida. Além disso, diante de eventual fraude, caracterizada pela locação de mão de obra, o reconhecimento da solidariedade entre as empresas surgiria como solução para reconectar trabalhador e tomador.[36]

O comportamento do tribunal, no sentido de repudiar a locação de mão de obra, se manteve firme mesmo quando os contornos de outro caso analisado mudaram e revelaram novos elementos, envolvendo a prestação intermediada de serviços para ente da Administração Pública.[37] Para o Tribunal Superior do Trabalho, a atividade de asseio e conservação era essencial a todo e qualquer empreendimento, motivo pelo qual não se adequaria à hipótese de trabalho temporário. De acordo com o Tribunal, então, *necessidade permanente* não seria compatível com a terceirização, com ressalva aos casos dos vigilantes. O acórdão também reconheceu como exceção o serviço público, em face de disposição especial, mas consignou que no caso "a exceção não tem justificação, porque se trata de violência ao regime de contratação do empregado, repelida pelo Direito do Trabalho no plano mundial".

A Administração Pública passou a compor o rol dos tomadores que contratavam trabalhadores para atividades permanentes, mediante o expediente da terceirização, mas o tribunal mesmo assim não assentiu que pudesse fazê-lo ignorando o regime consolidado de contratação de empregados, ou seja, de forma direta e protegida. O ente integrante da Administração Pública indireta recebeu o

---

(35) O art. 12 da Lei n. 6.019/74 afirma ser devida ao trabalhador temporário "remuneração equivalente à percebida pelos empregados da mesma categoria da empresa tomadora ou cliente calculados à base horária, garantida, em qualquer hipótese, a percepção do salário mínimo regional".
(36) Como decidido no processo RR n. 402/81, Acórdão n. 3874/81, Relator Ministro Guimarães Falcão.
(37) Processo RR n. 889/81, Acórdão n. 377/82, Relator "ad hoc" Ministro Marcelo Pimentel, publicado no Diário de Justiça de 16 de abril de 1982.

mesmo tratamento dos empregadores privados, quanto ao dever de observar regras de proteção social na contratação de trabalhadores.

A referida decisão não só reconheceu a solidariedade entre as empresas, como também estendeu à trabalhadora o direito às condições funcionais e salariais que lhes fossem mais favoráveis, reafirmando assim o princípio protetivo trabalhista.

Mas o tribunal, de todo modo, como é possível observar, começou a se firmar, diante da repetição de argumento, no sentido de que o trabalho de vigilância bancária, embora permanente, constituía exceção para se permitir a contratação intermediada, em face do disposto no Decreto-lei n. 1.034, sem qualquer referência à compatibilidade constitucional do regramento. Nota-se, ainda, que a questão da locação da mão de obra, contrária aos princípios do Direito do Trabalho, não dizia respeito apenas às peculiaridades de determinados segmentos econômicos brasileiros, mas senão que foi encarada pelo tribunal como presente no plano mundial. Por fim, a decisão abriu a possibilidade de que o reconhecimento da existência de vínculo com o tomador não prevalecesse acaso o trabalhador, mesmo contratado de forma intermediada, em serviço de asseio e conservação — ainda que tido pelo tribunal como permanente —, prestasse serviços em locais diversos. Nesse ponto nota-se que o tribunal deixa a questão da proteção depender do comportamento da fornecedora, isso porque confunde a presença em determinado local com necessidade permanente do serviço. Ora, se a fornecedora de mão de obra em atividades permanentes promovesse alguns deslocamentos do trabalhador, em relação aos tomadores, seria suficiente para afastar a solidariedade e/ou as normas mais benéficas que vinham sendo reconhecidas em favor dos empregados.

Nos discursos do Tribunal sobre terceirização, é possível observar o reconhecimento de que o risco do negócio cabe ao próprio tomador dos serviços, que deve ser o responsável pelos direitos dos trabalhadores. O princípio geral é o de que quem necessita dos serviços assume o risco, incluindo os pertinentes aos direitos trabalhistas, e isso significa afirmar a proteção à pessoa que trabalha e a autonomia do Direito do Trabalho. Além disso, a indisponibilidade das normas trabalhistas é confirmada quando se considera inválido, com suporte no art. 9º da CLT,[38] qualquer expediente que vise fraudar sua aplicação.[39]

---

(38) Dispõe o art. 9º da CLT: "Serão nulos de pleno direito os atos praticados com o objetivo de desvirtuar, impedir ou fraudar a aplicação dos preceitos contidos na presente Consolidação".
(39) Processo RR n. 1474/85, Acórdão n. 41/86, Relator Ministro Marco Aurélio Mendes de Farias Melo, julgado em 06 de fevereiro de 1985. No caso concreto, a empresa que desenvolvia atividade de exploração mercantil de imóveis ajustou com pequena empresa por quotas de responsabilidade limitada a realização de determinada obra, sendo que a contratada deixou de atender aos direitos dos trabalhadores que se ativaram para a consecução do serviço. Para o Tribunal, se o dono da obra, ainda que tenha contratado empreiteiro, dedica-se ao mercado de imóveis, então, a intermediação não pode ser considerada válida, em razão do que dispõe o art. 9º da CLT. O ordenamento jurídico não admite a *marchandage*, por isso, o tomador dos serviços é que deve contratar, diretamente, os empregados. As hipóteses legais de intermediação seriam apenas aquelas relacionadas ao trabalho temporário e ao serviço de vigilância bancária.

Em outro precedente envolvendo instituição bancária e locação de mão de obra para o serviço de asseio e conservação, chama a atenção o entendimento, embora não adotado pela maioria, do Ministro Fernando Franco:

> Válida a prestação de serviço por empresas especializadas, não se pode considerar como integrante da categoria profissional de bancário quem trabalha para aquelas empresas, licitamente constituídas somente porque presta serviços a banco. A relação empregatícia se perfaz entre a reclamante e a empresa que presta serviço ao Banco, não a desvirtuando o contrato civil celebrado entre este e aquela empresa.[40]

O raciocínio assentado é no sentido de ignorar a integração da trabalhadora na empresa que realmente era destinatária dos seus serviços; de valorizar a autonomia contratual das empresas, ainda que em prejuízo do princípio da indisponibilidade das normas trabalhistas; e de tornar real a ficção presente na relação triangular.[41]

Além dos bancários, também para outra categoria profissional expressiva, qual seja, os comerciários, a expansão do fenômeno de intermediação de mão de obra, fora dos limites do trabalho temporário, se revelou como realidade incômoda, a exigir, inclusive, a atuação sindical para que o compromisso, legal, de contratação direta de trabalhadores, se traduzisse também em cláusula normativa convencional.[42] A preocupação da categoria, externada pelo sindicato de classe, se justificava especialmente porque o padrão remuneratório da empresa tomadora dos serviços não se comunicava com o padrão remuneratório dos trabalhadores terceirizados postos a serviço dessa mesma tomadora.

Em outro precedente envolvendo a atuação sindical, a questão da locação de mão de obra reapareceu, desta feita expressamente calcada na preocupação dos trabalhadores em relação à gradativa substituição dos empregados por contratados por empreiteiras.[43] Na preocupação do sindicato aparece a terceirização como fenômeno mais amplo do que o ato de transferir para outra empresa especializada

---

(40) Processo RR n. 6713/83, Acórdão n. 1615/85, Relator Ministro Marco Aurélio Mendes de Farias Mello, julgado em 08 de maio de 1985.
(41) Tais ideias, embora não tenham prevalecido naquele julgamento, conseguiram revelar uma maneira de pensar o Direito do Trabalho a partir de premissas civilistas. De todo modo, o pensamento inicialmente minoritário, só apareceu fortalecido anos depois, quando em curso as construções interpretativas sobre a Súmula n. 331.
(42) Processo RO-DC 535/83, Acórdão Tribunal Pleno n. 968/85, Relator Ministro Nelson Tapajós, julgado em 22 de maio de 1985. O TST deu provimento a recurso para deferir cláusula normativa (22ª) com a seguinte redação: "as empresas ficam proibidas de promover locação de mão de obra (Lei n. 6.019)".
(43) Processo RO-DC 203/84, Acórdão Tribunal Pleno n. 2488/85, Relator Ministro Fernando Franco, julgado em 13 de novembro de 1985. O tribunal decidiu dar provimento ao recurso do sindicato profissional para proibir a contratação de serviço de forma intermediada, salvo nos termos da Lei n. 6.019/74.

a realização de certos e determinados serviços. A reivindicação coletiva é, na verdade, uma denúncia sobre práticas de flexibilização do contrato de emprego e dos direitos trabalhistas, já que a tomadora substituía empregados efetivos, adotando fórmula diversa da regra legal estabelecida, por meio de contratos de empreitada.

Embora o tribunal tenha acolhido tal pretensão do sindicato, cabe destaque à justificativa de voto vencido, em que se nota a convicção de que o contrato privado estabelecido entre as empresas poderia ser considerado bloqueio à jurisdição trabalhista, tanto que a Justiça do Trabalho *não poderia intervir* no comando da empresa para impor condições contratuais a terceiros. A manifestação também contém o sentido do esvaziamento do contrato de trabalho, e de seus princípios informadores, em favor do contrato de natureza civil firmado pelas empresas. Aqui aparece a tendência do Direito do Trabalho de *civilizar-se*, notada por José Eduardo Faria (2008. p. 59). Não bastasse isso, o velho/novo argumento de que a terceirização mantém empregos foi utilizado, ou seja, a crença de que maior produtividade e lucro para as empresas é que possibilita a geração de postos de trabalho, ainda que postos desqualificados ou desprotegidos. Na manifestação que não prevaleceu, mas que circulou como argumento, o relator se afastou da função jurisdicional de dar resposta à demanda concreta por direitos de certos e determinados trabalhadores e respectiva categoria, para pretender definir o que considerava correto como política de emprego.

Em ambos os casos coletivos, há atuação dos sindicatos representativos dos trabalhadores permanentes, atuando no sentido de procurar evitar não apenas a expansão da prática terceirizante, mas também o rebaixamento do valor atribuído aos serviços prestados.

Sobreveio então, em 1986, a uniformização de jurisprudência vinculada aos casos de contrato de trabalho firmado mediante interposta pessoa, a fim de se equacionar a questão principal representada pela necessidade de se definir a posição jurídica do tomador dos serviços.

A decisão proferida, de alguma maneira, procurou aproveitar e condensar os diversos argumentos que foram construídos no decorrer dos anos, além, é claro, de conferir maior relevo a outros elementos, como a referência à normatividade internacional, que até então não havia aparecido com força suficiente.

A importância não apenas da Súmula n. 256, que, à época, representava a mais importante manifestação do direito sobre os limites e as possibilidades da terceirização, como também a identificação dos elementos fáticos e dos argumentos jurídicos selecionados pelo tribunal, que revelam o atuar judiciário concreto sobre o fenômeno da deslocalização da força de trabalho, autorizam o relato mais detalhado do caso.

Na hipótese fática,[44] discutia-se o direito de trabalhadora terceirizada, que prestou serviços de limpeza, à remuneração estabelecida em acordo coletivo firmado pela tomadora, empresa de metalurgia, com o respectivo sindicato dos metalúrgicos.[45] Mais uma vez, portanto, surge como demanda específica dos trabalhadores o direito à igual remuneração, tendo como parâmetro o praticado pela tomadora final dos serviços.

A sentença de primeiro grau afastou a pretensão ante a ausência de fundamento legal para o pleito de isonomia e a existência de idoneidade econômico-financeira da contratante empregadora, e ainda porque o deferimento dos pedidos "geraria novas dificuldades ao já tão sacrificado mercado de trabalho".

Tal decisão judicial pareceu considerar a igualdade não como um princípio, muito menos constitucional, mas como regra jurídica a ser aplicada apenas nos estritos casos versados em lei infraconstitucional. Além disso, não analisou o pleito por igualdade de direitos sob a perspectiva das concretas condições de trabalho da autora e de sua inserção habitual no âmbito da tomadora. Tornou-se expresso, isto sim, o argumento de senso comum de que o reconhecimento dos direitos trabalhistas é prejudicial ao mercado de trabalho ou de que a prevalência de tais direitos depende das reações do mercado, com desprezo ao princípio da indisponibilidade das normas sociais protetivas. Por fim, a demanda por igualdade salarial perdeu relevância no tratamento que foi conferido pela decisão judicial, e outro foco foi estabelecido, qual seja, a definição da responsabilidade da tomadora dependeria da prova da inidoneidade financeira da intermediadora de mão de obra.

O Tribunal Regional do Trabalho, no entanto, entendeu que "o serviço de limpeza, embora na área adjetiva da empresa, não deixa de ter essencialidade ...". Vislumbrou, ainda, desvirtuamento de toda a sistemática do Direito Coletivo do Trabalho, já que "o que define a categoria profissional é a similitude das condições de vida oriunda do trabalho em comum na mesma atividade econômica...". Os contratos por empreiteiras são transitórios e a empregada trabalhou para a tomadora em atividade permanente, e, portanto, tais pactos não poderiam ser aceitos. Ainda de acordo com a decisão de segundo grau, sob o enfoque trabalhista, o contrato entre as empresas é válido apenas para responsabilizar ambas, ou ao menos não afastar a tomadora, pelos créditos trabalhistas remanescentes. Por isso, o Tribunal Regional concluiu que o enquadramento da trabalhadora na categoria de Asseio e Conservação só poderia ocorrer acaso se tratasse de categoria

---

(44) Processo IUJ-RR n. 3442/84, Acórdão do Tribunal Pleno n. 2208/86, Relator Ministro Marco Aurélio Mendes de Farias Mello, julgado em 04 de setembro de 1986.
(45) É de se notar que se trata da mesma tomadora que, um ano antes, em dissídio coletivo, viu o sindicato representativo da classe trabalhadora externar preocupação com a prática de substituição da mão de obra efetiva, e, portanto, protegida, pela contratação mediante empreiteira, bem como com a manutenção dos níveis de emprego.

diferenciada ou para a aplicação de situação mais favorável. Como não eram estas as hipóteses, decidiu por atender ao pleito de diferenças baseado no salário de ingresso da categoria vinculada à atividade econômica predominante da tomadora de serviços.

A percepção do regional sobre o problema que a locação de mão de obra causa para o direito coletivo vai ao encontro das reflexões de Márcio Túlio Viana:

> Os terceirizados não se integram aos trabalhadores permanentes. Às vezes, a relação de uns e outros chega a ser conflituosa: os primeiros vêem os segundos como privilegiados, enquanto estes acusam aqueles de pressionar para baixo os seus salários. Mas os trabalhadores de cada segmento também competem entre si pelo emprego sempre mais precário e escasso. O próprio sindicato sente dificuldade em recompor a unidade desfeita. Na verdade, ele surgiu não tanto como resposta ao *sistema,* mas a um *modo de ser* desse mesmo sistema, representando pela fábrica concentrada. Na medida em que a fábrica se dissemina, o sindicato perde a referência, o seu contraponto (2003. p. 784).

Por sua vez, a empresa intermediadora de mão de obra apresentou cópia de parecer aprovado pelo Ministro do Trabalho no qual constava que "empresa organizada para explorar a atividade de 'asseio e conservação' exerce atividade legítima e legal", prevista, inclusive, no grupo 5º do quadro elaborado pelo órgão executivo, em atendimento ao disposto no art. 577 da CLT,[46] motivo pelo qual haveria se concluir que há correspondência de categoria profissional. Além disso, conforme consta no relatório da decisão do TST, a empresa exibiu "memorável parecer do ilustre Ministro Mozart Victor Russomano", que distingue as empresas de prestação de serviços das locadoras de mão de obra, sendo certo que a Lei n. 6.019/74 apenas se aplicaria às fornecedoras e não às prestadoras.

Quanto à primeira parte da argumentação, a empresa fornecedora de mão de obra pretendia fazer crer que se determinado segmento econômico, de livre constituição no país, exercesse atividade lícita, no sentido de prevista em ato normativo expedido pelo Ministério do Trabalho, isso por si só autorizaria reconhecer a emergência de novas categorias coletivas. O raciocínio, porém, caminha em sentido contrário ao princípio de que a mencionada definição ocorre a partir da atividade preponderante do empregador, que, na versão tradicional, e para a devida inserção do trabalhador na empresa, equivalia ao tomador final e direto dos serviços prestados.[47]

---

(46) "Art. 577 — O Quadro de Atividades e Profissões em vigor fixará o plano básico do enquadramento sindical".
(47) A doutrina trabalhista, conforme se observa das lições de Mauricio Godinho Delgado (2008b. p. 67), considera que "a categoria profissional, regra geral, identifica-se, pois, não pelo preciso tipo de labor ou atividade que exerce o obreiro (e nem por sua exata profissão), mas pela vinculação a certo tipo de

No que concerne à segunda parte, no parecer apresentado há, na verdade, a criação semântica de diferenças inexistentes para distinguir categorias igualmente inexistentes. Para os trabalhadores envolvidos na triangulação, qual a diferença entre fornecedoras e prestadoras? Rigorosamente nenhuma, porque, independentemente da nomenclatura, a atuação ocorre na intermediação de mão de obra, na contratação de trabalhadores para que se ativem de maneira habitual em favor de determinado tomador cliente.

A trabalhadora, por sua vez, contrapondo-se às insurgências recursais das empresas, invocou o disposto na Constituição, que previa a gradual melhoria da condição social dos trabalhadores, além da respectiva integração na vida e no desenvolvimento da empresa. De outro lado, a finalidade na edição da lei do trabalho temporário seria justamente a de evitar a locação de mão de obra em caráter permanente. Como a locadora obtém lucro na diferença entre o que recebe da empresa cliente e o que paga ao trabalhador, então este último "estará fadado a ganhar o mínimo possível".

Expostos os argumentos das partes envolvidas, e a fim de definir a natureza jurídica das empresas prestadoras de serviço e das locadoras de mão de obra, a decisão identificou o tipo de atividade econômica desenvolvida pelas prestadoras, que seria justamente a de "arregimentar pessoas, mediante contrato, para o fim de prestar serviço, em caráter permanente, a uma terceira empresa, dita cliente, por força de um contrato de natureza civil, adrede firmado". Foi esta a consideração conceitual para o fenômeno hoje comumente conhecido como de terceirização de serviços.

Ao mesmo tempo, restou destacada a ausência de um diploma normativo que tivesse por objeto dispor, de forma direta, acerca das empresas prestadoras de serviço.

Definida a terceirização, e a ausência de disciplina legal explícita sobre o tema, a decisão para a uniformização da jurisprudência prosseguiu enfocando que a questão importante que deveria ser analisada não era a legalidade do ajuste estabelecido entre as empresas, mas investigar a validade da locação de serviços em face da trabalhadora, que laborou no âmbito de empresa diversa da contratante originária.

O tribunal, portanto, estabeleceu como ponto crucial de análise a perspectiva de direitos da pessoa que trabalha, e não eventual força que se pudesse atribuir à pactuação civil e particular firmada pelas empresas envolvidas na locação de mão de obra.

---

empregador". Essa é a regra regente do conjunto mais significativo dos sindicatos no Brasil, em razão do disposto no § 2º do art. 511 da CLT: "a similitude de condições de vida oriunda da profissão ou trabalho em comum, em situação de emprego na mesma atividade econômica ou em atividades econômicas similares ou conexas, compõe a expressão social elementar compreendida como categoria profissional".

Segundo pôde constatar o tribunal, a terceirização fragmenta a relação direta proposta pelo art. 2º, *caput*, da CLT, no sentido de que empregadora é a empresa que admite, assalaria e dirige a prestação pessoal dos serviços, assumindo os riscos da atividade econômica. Tanto que a empresa especializada em prestação de serviços faz da tarefa de empregar trabalhadores um fim em si mesmo, e com isso não se apropria do resultado do trabalho por ele prestado e tampouco "sofre o risco proveniente do exercício da atividade econômica para a qual o serviço contribui de uma forma ou de outra". Na verdade, as empresas prestadoras somente repassam o salário ao empregado.

Prosseguindo na análise do quadro fático quanto ao modo de atuar das prestadoras de serviço, a decisão concluiu que ficava atingida a pessoalidade (caráter infungível da obrigação de fazer), enquanto nota distintiva da prestação de trabalho. Tais prestadoras, segundo a decisão, não encontravam, na qualidade de empregadoras, guarida na ordem jurídica trabalhista vigente. De fato, foi considerado ilegal o fornecimento de mão de obra permanente, pretendido pelas prestadoras, considerando que a lei do trabalho temporário estabelece prazo de duração máxima de 90 (noventa) dias.

Ainda de acordo com a fundamentação, a questão do vínculo de emprego não poderia estar condicionada pelos termos do contrato de Direito Civil firmado pelas empresas porque, do contrário, restaria atingida a autonomia do Direito do Trabalho. O caráter cogente dos direitos trabalhistas sobressaiu como aspecto relevante da decisão.

Ato contínuo, identificado o problema de fornecimento, em caráter permanente, de mão de obra pelas empresas prestadoras, a decisão se voltou para as previsões da Constituição de 1.967/69 que, no art. 160, "acolheu valiosos princípios para a garantia da ordem econômica e social, que se dispõem à realização do desenvolvimento nacional e da justiça social", dentre eles a "valorização do trabalho como condição de dignidade humana" (inc. II), a "harmonia e solidariedade entre as categorias sociais de produção" (inc. IV), e a "expansão das oportunidades de emprego produtivo" (inc. VI). Foram invocados os termos, também como tratamento normativo adequado ao caso, da Convenção n. 122 da OIT, ratificada pelo Brasil, na medida em que "garante a liberdade do trabalho, *mediante a livre escolha do emprego*".

Para a decisão, que conduziu à uniformização de jurisprudência no tribunal, a relação jurídica mantida entre a locadora de serviços e o trabalhador contratado possuía as características do arrendamento, da locação ou do aluguel da força de trabalho, e por isso deveria ser considerada ilícita, já que as pessoas não podem ser objeto, ainda que velado, deste tipo de contrato, mas somente as coisas. Além disso, para as locadoras o lucro advém da diferença entre o valor recebido da empresa-cliente e o salário pago ao empregado, o que representa o enriquecimento sem causa, às custas de quem já é hipossuficiente na relação jurídica.

Há, nesse ponto, a referência sobre aspecto relevante. É que, numa era de direitos do homem, a expressão *aluguel da força de trabalho* provoca uma dissonância incômoda. De forma contundente, Márcio Túlio Viana também descreve que o intermediário "não utiliza a força-trabalho para produzir bens ou serviços. Não se serve dela como valor de uso, mas como valor de troca. Não a consome: subloca-a" (2003. p. 775).

Voltando aos diversos fundamentos expressos para a uniformização de jurisprudência, consta que a *marchandage* — que representa os abusos do intermediário a afetar um bem de caráter alimentar, qual seja, o salário — interfere na liberdade de trabalho, impedindo "a integração do trabalhador na vida da empresa que se apropria ou se beneficia com os frutos de sua atividade, solapando de qualquer forma o equilíbrio das relações trabalhistas".[48]

O tribunal, portanto, conseguiu com nitidez diferenciar as duas situações, quais sejam, do trabalho temporário — de caráter excepcional e vinculado a eventos concretamente aferíveis — e da locação de mão de obra — em que o fornecimento visa atender à necessidade habitual do cliente. Feita a distinção, o tribunal destacou que aceitaria a primeira delas, prevista em legislação específica, mas rechaçava a segunda.

Também a questão da ameaça do desemprego (ou argumento *ad terrorem* como consta na decisão) foi enfrentada e rejeitada negando-se que o término das chamadas empresas prestadoras pudesse provocá-lo. Nos termos da decisão, a mão de obra necessária ao empreendimento continuaria sendo contratada, "só que diretamente por quem necessite dos serviços, podendo valer-se da modalidade do contrato por prazo determinado se a natureza do serviço ou a atividade desenvolvida autorizar, tudo nos termos do artigo 443 da Consolidação das Leis do Trabalho".

Márcio Túlio Viana, analisando as tendências representadas pelo fenômeno, tem a mesma percepção, presente na fundamentação daquela decisão, isto é, a de que embora a terceirização fomente a criação de pequenos empreendimentos, "a grande empresa continua a utilizar o número exato de trabalhadores que precisa a cada momento, reduzindo a quase zero o seu *estoque* de mão de obra — tal como faz com as próprias peças e os produtos" (2003. p. 779 780).

De todo modo, é interessante observar o uso comum da ameaça do desemprego como porta-voz da validade da terceirização de serviços desvinculados

---

(48) Acerca do repúdio a tal prática, a decisão afirma que o lucro do intermediário nada mais é do que uma retirada antecipada sobre o salário e, para tanto, também menciona os primeiros movimentos contrários à exploração do homem pelo homem, surgidos em França e a conquista, em 1º de março de 1848, na primeira sessão da Comissão do Governo para Trabalhadores, da abolição da figura da *marchandage*.

das hipóteses de trabalho temporário. É como se o reconhecimento da validade da terceirização fosse necessário para a geração e a manutenção de empregos, embora não se note nenhuma articulação de argumentos de prova que pudessem validar a afirmação.

O tribunal, ainda, reforçou a temática do princípio da legalidade estrita, porquanto o contrato celebrado com o empregado para que prestasse serviços essenciais à atividade de outra empresa não poderia subsistir à falta de lei dispondo diretamente sobre tal possibilidade. No mesmo contexto dos princípios, e invocado o do contrato realidade, o vínculo de emprego deveria se estabelecer de forma direta com a tomadora de serviços, a fim de que não restasse comprometida a liberdade do trabalho, o equilíbrio da ordem econômica instituída e a integração do trabalhador na vida da empresa (que são garantias constitucionais), bem como para que não fossem frustradas as conquistas da legislação do trabalho. A intermediação, sem reconhecimento de vínculo direto com a tomadora, representaria, assim, uma afronta à Constituição e aos termos do art. 9º da CLT.

Portanto, podem ser listados os seguintes argumentos jurídicos centrais para a construção do precedente: a) o trabalho deveria ser visto como questão social, e não apenas como mercadoria; b) tal como em outras decisões, o art. 9º da CLT é utilizado como barreira à prática de disponibilidade dos direitos trabalhistas, justamente porque prevê a nulidade dos atos que visam frustrar a aplicação da legislação do trabalho; c) a regra, reconhecida como tal, na forma do art. 2º da CLT, é aquela que conduz à existência de vínculo de emprego direto entre trabalhador e tomador dos serviços; d) em termos constitucionais, a ordem econômica e social repousava nos princípios básicos da valorização do trabalho como condição da dignidade humana, da harmonia e solidariedade entre as categorias sociais de produção e da expansão das oportunidades de emprego produtivo;[49] e) a liberdade de escolher a qual empregador se vincular, bem como a integração na vida e no desenvolvimento da empresa, com participação nos lucros e, excepcionalmente, na gestão, eram direitos constitucionalmente assegurados aos trabalhadores; f) exceção que comporta interpretação restritiva era a possibilidade de o tomador dos serviços não assumir, direta e imediatamente, os ônus trabalhistas, valendo-se, para tanto, de contrato de natureza civil, formalizado com outrem e, portanto, nos casos de fraude, haveria formação de vínculo direto com o tomador dos serviços; g) a licitude da intermediação deveria

---

(49) Assim dispunha na íntegra o art. 160 da Constituição de 1967/69: "A ordem econômica e social tem por fim realizar o desenvolvimento nacional e a justiça social, com base nos seguintes princípios: I — liberdade de iniciativa; II — valorização do trabalho como condição da dignidade humana; III — função social da propriedade; IV — harmonia e solidariedade entre as categorias sociais de produção; V — repressão ao abuso do poder econômico, caracterizado pelo domínio dos mercados, a eliminação da concorrência e ao aumento arbitrário dos lucros; e VI — expansão das oportunidades de emprêgo produtivo".

estar limitada aos casos de trabalho temporário e ao de vigilância; h) atuaram com normatividade vinculante os princípios trabalhistas da proteção ao hipossuficiente, da irrenunciabilidade, da continuidade, da realidade, da razoabilidade e da boa-fé.

Além dos precedentes, constaram como referências expressas à uniformização a Convenção n. 122 da OIT,[50] dispositivos da Constituição e da CLT e as Leis ns. 5.645/70,[51] 6.019/74, 7.1208/83 e o Decreto-lei n. 200/67.

A listagem dos atos normativos embasadores da uniformização revela algo importante. É que o tribunal parece ter considerado a terceirização como fenômeno único, isto é, sem distingui-lo quando se tratasse de ocorrências na iniciativa privada ou no âmbito do serviço público, tanto que, como visto, há referência aos termos do Decreto-lei n. 200/67.

Então, antes mesmo do advento da Constituição de 1988, nota-se a prevalência, nas decisões judiciais, da concepção de trabalho protegido como uma questão social, e não como mera mercadoria, e que envolvia os primados da igualdade, especialmente quanto às condições de labor mais favoráveis, e à liberdade, neste caso, de escolha do trabalhador quanto ao tomador a que iria se vincular. Por meio da terceirização, aliás, o acesso a determinado posto de trabalho ocorria da maneira imposta pelos beneficiários da mão de obra, que indicavam o modo de contratação que lhes parecesse economicamente mais conveniente. Na gramática judiciária, a questão da proteção ao trabalho contra as fragmentações possibilitadas pela intermediação de mão de obra, era importante tanto no caso dos empregadores privados, quanto dos entes públicos.

Esta última constatação é importante porque o alcance da Súmula n. 256 foi pouco tempo depois exposto, discutido e contundentemente questionado justamente em razão do avanço da terceirização no serviço público, aliado à tensão estabelecida, já no âmbito da Constituição de 1988, com o princípio do mérito objetivo, pelo qual o acesso aos cargos e aos empregos públicos deveria ocorrer mediante concurso público.[52]

---

(50) O principal dispositivo da convenção (art. 1º, item I) dispõe que: "em vista de estimular o crescimento e desenvolvimento econômico, de elevar os níveis de vida, de atender às necessidades de mão de obra, e de resolver o problema do desemprego e do subemprego, todo Membro formulará e aplicará, como um objetivo essencial, uma política ativa visando promover o pleno emprego, produtivo e livremente escolhido".
(51) A Lei n. 5.645/70 estabelecia diretrizes para a classificação de cargos do Serviço Civil da União e das autarquias federais, além de outras providências. O parágrafo único do art. 3º, referido pelo tribunal no julgamento do incidente de uniformização de jurisprudência, tinha a seguinte redação: "as atividades relacionadas com transporte, conservação, custódia, operação de elevadores, limpeza e outras assemelhadas serão, de preferência, objeto de execução indireta, mediante contrato, de acôrdo com o art. 10, § 7º, do Decreto-lei n. 200, de 25 de fevereiro de 1967".
(52) O art. 37, inciso II, da atual Constituição prevê que: "a investidura em cargo ou emprego público depende de aprovação prévia em concurso público de provas ou de provas e títulos, de acordo com a natureza e a complexidade do cargo ou emprego, na forma prevista em lei, ressalvadas as nomeações para cargo em comissão declarado em lei de livre nomeação e exoneração;" (...)

A esta altura, é interessante destacar a imprevisibilidade que caracteriza as decisões judiciais. Giancarlo Corsi aborda com muita precisão o fato de que a certeza do direito não é certeza de justiça (2001. p. 178), porquanto

> ... quem pensa ter suficiente razão para promover um processo experimenta um grande temor (de todo modo justificado) diante daquilo que pode ocorrer quando suas boas razões são reconstruídas pelo procedimento. A certeza, em outros termos, não é relativa ao conteúdo da decisão, mas, apenas, à oscilação da decisão entre positivo e negativo (vencer ou perder uma causa), cuja criação é precisamente a função do procedimento.

Exatamente pelas construções e reconstruções possíveis e incontroláveis, devem merecer destaque também os argumentos que foram rejeitados para a edificação da Súmula n. 256 do TST, até porque, embora rechaçados num primeiro momento, circularam no debate como possibilidade de abordagem do caso e, de fato, foram retomados posteriormente quando se caminhou para a Súmula n. 331 do mesmo tribunal.

Em relação à uniformização de jurisprudência que gerou a Súmula n. 256, apresentou justificativa de voto vencido o Ministro Orlando Lobato. Para o ministro, a controvérsia acerca da legalidade da contratação de prestação de serviços deveria ser solvida aplicando-se o princípio básico do direito privado de que "tudo quanto não é expressamente vedado em lei é permitido. Dentre destes lindes, a licitude do funcionamento das prestadoras de serviço é, sem dúvida, irrecusável".

Para o ministro, portanto, a autonomia das normas trabalhistas deveria ceder espaço a uma concepção liberal de liberdade. Menelick de Carvalho Netto (2001. p. 15), ao mencionar o primeiro grande paradigma constitucional, do Estado de Direito, afirma que nesta concepção a liberdade é compreendida "como a possibilidade de fazer tudo aquilo que um mínimo de leis não proíbam ...". Todavia, numa versão de constitucionalismo social, a ideia de liberdade envolve a "exigência de leis que reconheçam materialmente as diferenças", e é justamente nisso que reside o que o autor identifica como sendo a emancipação do campo do Direito do Trabalho (2001. p. 17). O fundamento do voto vencido, portanto, considera inexistente o advento do Estado de Bem-Estar, e mesmo os princípios norteadores da legislação trabalhista, cuja aplicação estava sendo reivindicada.

O ministro admitia, quando muito, "dentro de uma visão extremamente benevolente e derivada de um discutível enriquecimento sem causa — tendo em vista o aproveitamento do trabalho prestado ao cliente —" que se reconhecesse apenas a responsabilidade secundária do tomador de serviços, nos casos de inadimplemento ou insolvência definitiva da empregadora.

Nos termos do voto vencido, as empresas tomadoras, como especializam o trabalhador, incrementam a produtividade e tornam atrativa a locação, na medida em que "o material de consumo usado é comprado em condições mais vantajosas, diretamente do fabricante" e em "volume alto de uso". De toda sorte, seria medida antieconômica a aquisição, para uma única empresa tomadora, de determinada máquina para limpeza ou pintura, por exemplo. Com as prestadoras, o mesmo equipamento poderia ser utilizado por mais de um cliente. A baixa do custo final dessas aquisições também possibilitaria acompanhar a evolução técnica das máquinas.

Há em tal discurso judiciário, ainda que inicialmente não prevalente para a edição da súmula, a preponderância do aspecto das vantagens econômico-produtivas do processo de terceirização, sem qualquer referência à demanda por direitos. Neste ponto pode ser identificada a substituição do modo de atuação do direito pela lógica da economia, de maneira que, sendo determinado modo de produção mais vantajoso economicamente, deveria prevalecer, ainda que com sacrifício às normas de proteção trabalhista.

A essa altura torna-se pertinente referir a importância na diferenciação entre os sistemas da economia, da política e do direito, como forma de garantia aos direitos fundamentais.

De fato,

> política, economia e direito podem trocar prestações, mas nunca atuar com lógicas intercambiáveis. Dito de outro modo: os sistemas sociais particulares são funcionalmente isolados e, por isso, só podem ser autocontrolados e auto-estimulados. Só a política pode reproduzir o sistema político (CAMPILONGO, 2000. p. 74).

Da mesma maneira, o direito não pode atuar com a lógica de decidir economicamente. A categoria comunicacional do direito é a distinção lícito/ilícito, legal/ilegal, ao mesmo tempo em que "o sistema jurídico lida com programas de tipo condicional: se preenchidas determinadas condições, então os direitos devem ser assegurados", motivo pelo qual a implementação dos programas jurídicos não é teleológica (CAMPILONGO, 2000. p. 104-105).

Ainda segundo o ministro, nas suas razões de voto vencido, "as firmas prestadoras de serviço reúnem o segundo maior contingente de mão de obra de pequena qualificação, só suplantada pela construção civil" e o trabalhador por elas contratado não é escravo, ao contrário, é livre porque trabalha para as intermediadoras "se quiser e goza de todos os direitos que a legislação concede aos trabalhadores".

A envergadura da atividade econômica e a inexistência de um ato explícito de coação constituíam, para o ministro, elementos válidos para o reconhecimento da licitude da intermediação de mão de obra, estabelecida como forma de bloqueio aos trabalhadores dos mesmos direitos usufruídos pelos que trabalhavam contratados diretamente pelas empresas tomadoras. Há, novamente, a preponderância de argumento econômico sobre o argumento jurídico e a definição de liberdade típica do contexto liberal, ou seja, que tinha como pressuposta uma igualdade meramente formal. Não se considerou que a premência do desemprego conduz aquele que sobrevive do seu trabalho à aceitação dos modos definidos pelos empreendedores econômicos como de acesso a postos remunerados, ainda que com nível de proteção social inferior.[53]

Ainda no mesmo caso,[54] o tribunal explicitou que, como as normas jurídicas rejeitam a *marchandage*, então, quem a pratica deve estar obrigado às reparações cabíveis, por isso, não se poderia falar em obrigação de fazer não prescrita em lei. Outrossim, o entendimento do tribunal não estaria a obstar o livre exercício de qualquer trabalho, ofício ou profissão, mas, sim, procurava assegurar — reconhecendo-se a existência de vínculo de emprego direto entre o trabalhador e o tomador — um trabalho digno que "não repugne todas as conquistas já constantes em lei". Quanto à liberdade de iniciativa, à vista da necessária conjugação entre os preceitos constitucionais, deveria ser exercida com respeito à valorização do trabalho "como condição de dignidade humana, de um modo que assegure harmonia e solidariedade entre as categorias sociais de produção e que também permita a expansão das oportunidades de emprego produtivo". O tribunal reafirmou, ainda, que, embora outras exceções para intermediação de mão de obra pudessem ser admitidas, só vinha reconhecendo como válidas aquelas identificadas no enunciado da Súmula n. 256 (trabalho temporário e segurança bancária).

O Tribunal Superior do Trabalho, portanto, entre os anos 70 e 80, construiu um discurso em torno do impacto que a locação de mão de obra tinha não só sobre a estrutura do contrato de emprego celetista, mas também sobre o sistema de proteção trabalhista. Aliás, esse sistema de proteção parecia ter sido impulsionado com o advento da Constituição de 1988.

Mas a Constituição não encerra um conjunto de tarefas, um roteiro textualmente estabelecido. Ela, por definição, é aberta. Mesmo o trabalho não é um valor em si. De acordo com Derrida, "o conceito de trabalho está carregado de sentido, de história e de equívoco", sendo difícil pensá-lo para "além do bem e do mal. Porque, se ele é sempre associado simultaneamente à dignidade, à vida, à produção, à história, ao bem, à liberdade, nem por isso deixa de conotar muitas

---

(53) Acerca dessa suposta liberdade de escolha do trabalhador, Márcio Túlio Viana se expressa da seguinte maneira: "é verdade que o trabalhador pode aceitar ou não ser negociado. Em teoria, o mercador de homens lida com homens livres. Mas como a liberdade é condicionada pela necessidade, talvez não haja tanta diferença entre esse mesmo mercador e o traficante de dois séculos atrás, que em cima de caixotes, no cais do porto, exibia os dentes e os músculos dos escravos aos eventuais compradores" (2003. p. 775-776).
(54) Processo n. ED-IUJ-RR 3442/84, Acórdão do Tribunal Pleno n. 2621/87, Relator Ministro Marco Aurélio Mendes de Farias Mello.

vezes o mal, o sofrimento, a pena, o pecado, o castigo, a sujeição" (2003. p. 57). Schwartz também acredita que o trabalho é complicado porque "acumula a herança de seus sucessivos nascimentos" e "articula inextricavelmente o antropológico, o histórico, heranças imemoriais e relações sociais extremamente carregadas de sentido" (1996. p. 151).

A questão que se apresenta, portanto, não é a de cumprir o texto da Constituição sobre o valor social do trabalho. Fosse assim, qualquer fundamentação jurídica, independentemente do resultado concreto da decisão, que invocasse tal primado textual, poderia ser considerada conforme a Constituição. Há se indagar, porém, quais respostas, à demanda por proteção jurídica às pessoas que vivem do trabalho, estão sendo concretamente construídas, e respectivos testes de eficiência, pelo direito e pelas instituições, partindo-se do importante ponto de observação que é a terceirização de serviços. Como adverte Menelick de Carvalho Netto (2006),

> a crença de que a literalidade do texto constitucional seja capaz de determinar o sucesso ou o fracasso da vida institucional é por demais simplória. Há muito sabemos que textos constitucionais por si sós nada ou muito pouco significam. O problema é qual aplicação somos capazes de lhes dar... (p. 23).

Em relação ao trabalho como valor, e não como mercadoria, é importante indagar o que foi negado e o que foi afirmado positivamente em relação à ordem anterior, suplantada pela Constituição de 1988. É que uma nova Constituição, como tudo no reino das coisas humanas, não cria um mundo político *ex nihilo* (ROSENFELD, 2003, p. 35). Ao contrário, uma nova ordem constitucional nega a anterior ao mesmo tempo em que incorpora elementos relevantes para refundá-los, num processo dinâmico e dialético entre passado, presente e futuro.[55]

A integração entre as categorias produtivas e a sinergia entre livre iniciativa e valor social do trabalho foram reconfiguradas pela nova Constituição, numa perspectiva democrática de direito.

Mas e o que ela tem de diferente? Como essa reconfiguração foi tratada pelo Tribunal Superior do Trabalho? Quais outros significados foram construídos sobre o processo de integração dos trabalhadores, e mesmo sobre a melhoria da sua condição social, quando expostos a fenômenos de subcontratação?

---

(55) Segundo *Rosenfeld* (2003. p. 35): "nem mesmo a ruptura radical de uma revolução violenta possibilita uma diferenciação absoluta entre a ordem política pré-revolucionária e a pós-revolucionária. No mais das vezes, as tradições pré-revolucionárias não são completamente erradicadas, mas transformadas e seletivamente incorporadas na nova ordem forjada pelo sujeito constitucional. Portanto, em um grau bastante significativo, o passado que se queria exorcizar determina o conteúdo de dispositivos constitucionais elaborados pelos constituintes revolucionários. Não somente o passado, mas igualmente entre o presente e o futuro obrigatoriamente limitam os constituintes revolucionários; tornando falso (*belying*) desse modo o conceito segundo o qual um autêntico *eu* constitucional só pode impor a sua vontade ao eliminar ou ao desconsiderar o outro".

De início já é possível notar que no processo de construção das permissões e das limitações à intermediação de mão de obra, traduzidas na Súmula n. 331, a palavra terceirização se incorpora definitivamente ao vocabulário do tribunal. Até então as ocorrências eram tratadas como locação de mão de obra, ou locação de serviços, ou ainda *marchandage*. A modificação é simbólica porque marca a passagem de um tratamento judicial refratário de uma prática, até então vista, em regra, como ilegal, para a aceitação do que poderia ser considerado apenas como um modo diverso de organização da força de trabalho.[56]

Não se trata apenas da terceirização como uma forma nova de organização da força de trabalho, mas também da emergência de outra categoria, diversa e distinta, de trabalhadores. Quando há a terceirização dos serviços, os trabalhadores deixam de estabelecer identidade profissional relacionada à atividade exercida, como eletricistas, ou copeiros, ou motoristas, ou auxiliares administrativos, e passam a se considerar *terceirizados*. Assim, também para o trabalhador a experiência e a vida profissional ou funcional são marcadas por quando começou a ser um *terceirizado*, e não quando iniciou, por exemplo, as atividades como copeiro, ou servente, ou eletricista, ou secretário. A terceirização é, em suma, uma descontinuidade entre escolha profissional e situação funcional, ainda que para o acesso ao trabalho as habilidades profissionais tenham sido decisivas em favor do trabalhador contratado.

De fato, a fórmula protetiva construída na jurisprudência do tribunal, e expressa na Súmula n. 256, sofreu questionamentos, que conduziram a resultados bastante diversos, logo após a sua edição.

As mudanças ocorridas na passagem de um modo de tratamento para outro acerca da prática da terceirização dos serviços evidencia a contingência do direito e das decisões sobre ele proferidas, e apareceram já no primeiro caso que serviu de precedente para a reformulação da súmula do tribunal.

A análise crítica das ideias produzidas pelo tribunal nesta outra etapa é importante, não para pretensiosamente indicar outra perspectiva pronta e acabada que seria melhor, mas para dar continuidade ao processo de produção de contingência, e com ele procurar encorajar alternativas para o direito fundamental de acesso ao trabalho digno.[57]

---

(56) Loïc Wacquant faz citação interessante do pensamento de Émile Durkheim: "o que importa não é distinguir as palavras; é conseguir distinguir as coisas que são encobertas pelas palavras" (2005. p. 95).
(57) Giancarlo Corsi, abordando critérios para objetos de pesquisa, pondera o seguinte: "... o que é mais estranho, que o ideal da igualdade não encontre correspondência na realidade ou que uma sociedade incrivelmente heterogênea identifique-se com tal princípio? É claro que, com uma impostação desse tipo, não saímos à busca de dados objetivos que atestem injustiça ou discriminação no campo jurídico. Desde uma tal perspectiva, o interessante é buscar-se compreender quais esquemas — quais ideias — são produzidos em uma sociedade estruturada de forma moderna. Se conduzida nessa direção, a pesquisa sociológica apresenta-se como um modo de observação da realidade social que põe em discussão outros modos de observação: outros sistemas sociais, outras estruturas, outros esquemas ou ideias — não para propor uma perspectiva melhor, mas tão somente para produzir contingência e encorajar alternativas" (2001. p. 171).

No primeiro precedente da Súmula n. 331,[58] debatia-se o alcance interpretativo que seria conferido aos termos da Súmula n. 256. O tribunal passou a considerar como não taxativas, mas meramente exemplificativas, as "hipóteses em que se admite a contratação de prestadora de serviços, sem caracterização de relação direta trabalhador-empresa contratante", acrescentando, ainda, que as empresas especializadas em serviços de limpeza têm sua existência e enquadramento sindical previstos em lei e representam atividade-meio das tomadoras. "Embora a faxina seja essencial a qualquer empreendimento, jamais será o fim do empreendimento, salvo das empresas de limpeza".

Há aqui evidente afrouxamento do até então rígido tratamento que vinha sendo conferido pelo tribunal ao tema da terceirização. A regra do contrato de emprego que aceita a triangulação em hipóteses restritas é modificada para a aceitação desse modo de contratação em situações para além do trabalho temporário e da vigilância bancária. De alguma forma, o argumento rejeitado na uniformização de jurisprudência do tribunal, que gerou a Súmula n. 256, voltou à cena. Além disso, inicia o tribunal a divisibilidade nas atividades da empresa, empregando conceitos de atividade-fim e atividade-meio, para considerar lícita a terceirização dos serviços nas segundas. Por fim, o tribunal possibilita, de forma generalizada, que os serviços de limpeza sejam terceirizáveis, já que a *faxina* não será atividade-fim de nenhum empreendimento, a não ser da empresa especializada, constituída para intermediar mão de obra.

Neste novo cenário, diante do silêncio do tribunal, seria importante questionar sobre a expectativa de integração social ampla pretendida pelo trabalhador, tendo como parâmetro a realidade estabelecida aos efetivos, no contexto da Constituição de 1988.

Além disso, para o tribunal, se as empresas prestadoras de serviços existem legalmente, então, seria ilegal negar-lhes a condição de empregadoras, sendo admitida apenas a possibilidade de se reconhecer a responsabilidade subsidiária da tomadora dos serviços pela satisfação dos direitos dos trabalhadores. Afastou-se, portanto, a pretensão de enquadramento na categoria da tomadora, pois "o que se visa no direito do trabalho é a proteção do trabalhador e nao a criação de uma entidade abstrata e tentacular que alcance, por abstração, todos os trabalhadores que, mesmo remotamente, a ela se vinculam".

A concepção de legalidade articulada pelo tribunal é no sentido de que deve assim ser considerada qualquer situação que não esteja explicitamente proibida por lei em sentido formal. Ganham força e preponderância a autonomia contratual e a livre iniciativa. O que parece se presentificar é uma concepção de liberdade como sendo o direito de fazer tudo aquilo que um conjunto de leis não proíba, a

---

(58) Processo n. RR-226/89.3, Acórdão n. 2608/89, Relator Ministro convocado José Luiz Vasconcellos.

qual não comporta estruturas normativas de proteção social que demandam que a liberdade seja conjugada com a igualdade.

O discurso judiciário não tratou a legalidade, em âmbito trabalhista, como necessidade de manter as normas protetivas no nível da indisponibilidade. Outrossim, não há abordagem na decisão sobre o grau de afetação dos direitos trabalhistas, que, portanto, na lógica empreendida pelo raciocínio judiciário, derivariam e seriam dependentes do que fosse definido pelas empresas, já que a atividade por elas desenvolvida não era ilegal, no sentido de não proibida expressamente por lei.[59]

Portanto, essa concepção de legalidade parece servir, segundo os argumentos do tribunal, como limitador do princípio da integração na empresa, esta última considerada como a entidade condutora da atividade econômica principal.

Dissolve-se a ideia de ficção representada pelos contratos estabelecidos entre prestadora e tomadora de serviços. Nesse ponto, são precisas as expressões utilizadas por Márcio Túlio Viana, ou seja, há troca da "essência pela aparência, transformando em par o terceiro" (2003. p. 775).

Além disso, ganha força outro argumento rejeitado quando da uniformização de jurisprudência traduzida na Súmula n. 256, qual seja, o de que, no máximo, poderia ser reconhecida a responsabilidade subsidiária ou secundária da tomadora final dos serviços, e não a solidária.

Em outro caso, que dizia respeito à intermediação de mão de obra para o serviço de limpeza em instituição financeira e o reconhecimento dos direitos típicos dos empregados bancários, o tribunal entendeu que "o Enunciado 256 veda a contratação de *trabalhadores* (frise-se) por interposta pessoa e não a contratação de *serviço*".[60] Houve dissociação do trabalhador em relação ao serviço prestado para se concluir que o banco contratou os serviços de limpeza, independentemente de quem executasse tais tarefas, e mesmo que designada para isso fosse sempre a mesma pessoa. Não se vislumbrou presente o intuito de pessoalidade na prestação de serviços no que concerne ao tomador, e que seria essencial ao reconhecimento da existência de vínculo de emprego. Especificamente, "... na hipótese de contratação de serviços de limpeza, o que interessa é apenas o resultado do trabalho e não quem o executa".

A decisão se afasta de concepção assente no Direito do Trabalho desde os seus primórdios, qual seja, a de que a definição jurídica de empregado não considera o conteúdo da prestação realizada (obrigação de fazer), mas notadamente o seu modo de concretização.

---

(59) Márcio Túlio Viana descreve que "do mesmo modo que acontecia nos tempos de *Taylor*, *Keynes* e *Ford*, o direito repete os movimentos da empresa. Só que, agora, esses movimentos já não coincidem com os princípios que informam o próprio direito. São excludentes. Tanto a empresa como o direito, cada qual a seu modo, expulsam empregados" (2003. p. 785).
(60) Processo n. RR-24.086/91.7, Acórdão n. 806/92, Relator Ministro Vantuil Abdala.

Como seria possível desconectar o trabalhador do serviço que realizou? E para quê?

A artificialidade presente no argumento, que separa a contratação da pessoa da contratação do serviço por ela prestado, parece reduzir o alcance da normatividade presente no princípio trabalhista do contrato-realidade. O centro de gravidade das normas protetivas, que é justamente a pessoa que trabalha, foi desviado.[61] O art. 2º da CLT, que define juridicamente a figura do empregador, passou a ser analisado no âmbito restrito da relação entre trabalhador e prestadora, ignorando-se o grau de afetação à arquitetura do contrato de emprego que a presença de uma tomadora de serviços em caráter indeterminado propicia.

Ambas as decisões, voltadas aos serviços de limpeza, revelam um discurso que pode conduzir a uma fragilização dos vínculos dos trabalhadores com o sistema de proteção, ao negar-lhes direito de acesso aos benefícios usufruídos pelos empregados efetivos das tomadoras, e isso em relação ao contingente de trabalhadores de baixa qualificação profissional, e que por isso mesmo possuem pouca mobilidade no mercado de trabalho, a não ser quando dele se desvinculam em razão do desemprego.

Na circulação dos argumentos selecionados pelo tribunal como relevantes para a reformulação do seu entendimento, nota-se a presença evidente, em quantidade e intensificação dos fundamentos jurídicos, da Administração Pública como beneficiária de serviços intermediados e adepta contumaz da prática da terceirização.[62] Os aspectos formais contratuais ganharam razoável dimensão para confirmar a separação entre a figura do trabalhador e a do real beneficiário dos seus serviços, como, aliás, é a proposta da terceirização, tanto que se considerou como argumento importante a existência de cláusula contratual que eximia a tomadora de responsabilidade. Essa é, aliás, a lógica econômica da própria terceirização. Desse modo, os direitos trabalhistas passaram a estar condicionados ao teor de tal cláusula, enfraquecendo-se sua autonomia.

Nesse sentido, também houve menção à previsão legal de existência de empresas fornecedoras de mão de obra, o que legitimaria sua atuação. É como se a mera menção legal sobre as empresas fornecedoras tornasse lícita, inclusive no

---

(61) No preciso diagnóstico de Márcio Túlio Viana, "o que o direito tem feito é apenas se adaptar aos movimentos de exclusão-reinclusão. Aos poucos ele se molda não apenas ao novo modo de produzir, mas ao espírito que o anima. Também ele quer flexibilizar e se concentrar em seu foco, *enxugando-se*. Mais ainda: ele próprio vai mudando de foco..." (2003. p. 785).

(62) Processo n. RR-27.568/91.2, Acórdão 5ª Turma n. 905/92, Relator Ministro Antonio Amaral, publicado no Diário de Justiça de 19 de junho de 1992. Processo n. RR-44058/92.6, Acórdão 1ª Turma n. 3.308/92, Relator Ministro Afonso Celso. Processo n. RR-45956/92.4, Acórdão n. 5.251/92, Relator Ministro Roberto Della Manna. O tribunal afastou a aplicação do entendimento presente na Súmula n. 256 porque a intermediação de mão de obra encontrava respaldo em previsão legal (Lei n. 5.645/70 e Decreto-lei n. 200/67).

sentido constitucional, a prática da terceirização, ainda que com redução de garantias para os trabalhadores. Não há, aliás, pelo tribunal, articulação interpretativa explícita entre as referências legais e a dimensão protetiva do trabalho contida na nova Constituição que entrara em vigor em 1988.

Outro aspecto que demanda reflexão está representado pela consideração do tribunal de que, existindo quadro de carreira no ente público, constituiria prerrogativa sua contratar, de forma terceirizada, outros serviços ali não previstos. Como poderia constituir prerrogativa de ente público contratar trabalhador de maneira a lhe reduzir direitos? E isso em atividade que, para o tomador, equivale à necessidade permanente e não esporádica ou acidental? A definição pelo tribunal de uma prerrogativa da Administração Pública não deveria ter sido acompanhada de articulação específica sobre o significado do interesse público que ela visava concretamente realizar? Inexistindo relação entre prerrogativa e interesse público, a primeira, na verdade, se transforma em privilégio. E, afinal, onde residiria o interesse público em se tratando da contratação de pessoas que vivem do seu trabalho? Certamente não se pode considerar presente na fórmula que representa prejuízo de direitos trabalhistas.

Até aqui, no entanto, não se confirmou a formação de vínculo com ente público, mas se manteve a responsabilidade solidária, que permitia ao trabalhador reivindicar de uma ou de outra (entre fornecedora de mão de obra e tomadora de serviços) os créditos inadimplidos.

Sobressaem, no discurso do tribunal, de forma constante, atos normativos anteriores a 1988 — tanto o Decreto-lei n. 200/67 quanto a Lei n. 5.645/70 — para se definir a legitimidade nas intermediações de mão de obra pelos entes públicos, mas sem nenhuma referência à Constituição vigente. Num Estado Constitucional, porém, seria necessário que os discursos judiciários fossem discursos sobre a Constituição, sobremodo quando se trata do importante pressuposto de realização dos direitos fundamentais.

Além disso, fica evidente, ainda, no discurso do tribunal, que a proteção trabalhista de forma amplificada, ou seja, com reconhecimento de direitos diretamente relacionados à inserção do trabalhador no tomador final dos seus serviços, e de responsabilidade patrimonial de todos os envolvidos na sua contratação nos casos de parcelas trabalhistas inadimplidas, passou a depender da ocorrência, e respectivo reconhecimento judicial, de fraude explícita.[63] Mas tais responsabilidades não deveriam ter como causa geradora a existência concreta do trabalho prestado por pessoa que dele depende? Isso porque o trabalho é a fonte legítima geradora de proteção, independentemente das formatações contratuais, das mais variadas, que venham a ser construídas?

---

(63) Ver, a respeito, a decisão do processo n. RR-42286/91.9, Acórdão n. 2936/92, Relator Ministro Leonaldo Silva, publicado no Diário de Justiça de 12 de fevereiro de 1993.

O Decreto-lei de 1967 e a Lei de 1970 foram ganhando extensão evidente porque eram considerados fontes legítimas para a contratação intermediada na Administração Pública e ao mesmo tempo autorização para isenção de qualquer responsabilidade do tomador, independentemente da lesão que tivesse sido ocasionada aos direitos do trabalhador.

O quadro que se definia revelava que o trabalhador terceirizado da iniciativa privada poderia ter o vínculo de emprego, e demais benefícios, reconhecidos em relação à tomadora final, e/ou a responsabilidade solidária desta última, acaso os serviços não fossem de limpeza, vigilância ou temporários e, mesmo nesses últimos casos, ao menos a responsabilidade subsidiária seria possível, ainda que sem extensão dos direitos próprios dos empregados efetivos. Todavia, se o terceirizado prestasse serviços para entes públicos estaria à mercê apenas da fornecedora de mão de obra e, por isso mesmo, acaso se constatasse sua inviabilidade ou impossibilidade financeira, todo o ônus da prestação recairia sobre os ombros do trabalhador.

Nas construções das decisões, o tribunal oscilava, em relação à Administração Pública, entre responsabilidade solidária, ou subsidiária ou nenhuma responsabilidade.

Um diagnóstico possível diante desse quadro é o de que a normatividade do princípio protetivo à pessoa que trabalha cedeu espaço à força do avanço da terceirização.

O discurso acerca de não se admitir a relação trilateral ganha direção oposta às decisões produzidas nos anos 70 e 80, porque passa a servir de suporte à conclusão de que a questão trabalhista estava acondicionada na relação estabelecida entre trabalhador e empregador oficial. A mencionada inadmissibilidade da triangulação não ocorreu para melhor proteger o trabalhador, senão que para isentar a tomadora de responsabilidade, ou ao menos minorar a responsabilidade solidária anteriormente definida na Súmula n. 256.

Ora, identifica-se a figura jurídica do empregador pelo conjunto de prerrogativas que exerce, de direção, fiscalização e controle sobre a prestação de serviços contratada. Trata-se do traço marcante da subordinação jurídica (arts. 2º e 3º da CLT). Todavia, essa concepção vai sendo abandonada no caminho trilhado até a edição da Súmula n. 331.

Segundo a lógica empreendida em um dos precedentes, a lei não só permite como sugere que "a máquina administrativa efetue as contratações, a fim de evitar seu excessivo crescimento".[64] Ou seja, para o tribunal o crescimento da máquina administrativa não poderia ocorrer de forma inclusiva, com trabalhadores permanentes, beneficiários das normas protetivas próprias, mas, sim, mediante

---

(64) Processo n. RR-43279/92.2, Acórdão da 2ª Turma n. 631/93, Relator Ministro João Tezza.

terceirização dos serviços, com atribuição de responsabilidade a uma empresa privada fornecedora de mão de obra.

Na prática judiciária construída em torno do tema da terceirização, o Direito do Trabalho foi perdendo sua referência, na medida do fortalecimento de argumentos próprios do Direito Civil, especialmente quanto à força e à prevalência dos contratos, e de uma concepção de Direito Administrativo em que público e estatal se confundem.

Nas decisões do tribunal,[65] a contrariedade da Súmula n. 256 à Lei n. 5.645/70 e ao Decreto-lei n. 200/67 adquiriu o sentido de permissão para as subcontratações em todos os casos em que um ato normativo formal assim autorizasse, independentemente de ser anterior ou não à Constituição de 1988. Desapareceu, nesse contexto, qualquer preocupação constitucional com as pessoas subcontratadas, seja no que concerne à igualdade de direitos, seja no que pertinente a mecanismos de garantia eficiente das dívidas trabalhistas reconhecidas em juízo. Ao legislador, portanto, foi concebido um campo imensamente aberto de discricionariedade. Ao invés de atuar como poder vinculado à Constituição, o legislador poderia, a seu critério, escolher e definir atividades e serviços terceirizáveis e, feito isso, a sublocação tornar-se-ia legal, ainda que representasse a ampliação, embora precária, da máquina administrativa.

De outra parte, a possibilidade de a Administração Pública contratar de forma intermediada determinados serviços foi tratada como princípio a lhe beneficiar,[66] ou seja, vincula-se como valor para os entes públicos, que assim poderiam fazer funcionar seus órgãos concentrados nas atividades ditas principais, com terceirização das demais, a serem exercidas por trabalhadores beneficiários de sistema inferior de proteção, no mínimo, na questão remuneratória e no aspecto da garantia de emprego.[67]

---

(65) Processo n. RR-41974/91.0, Acórdão da 4ª Turma n. 1420/93, Relator Ministro Marcelo Pimentel, publicado no Diário de Justiça de 18 de junho de 1993; e Processo n. RR-35.607/91.5, Acórdão da 5ª Turma n. 1275/93, Redator Designado Ministro José Ajuricaba da Costa e Silva, publicado no Diário de Justiça de 25 de junho de 1993.

(66) Os princípios que a Constituição de 1988 define para a Administração Pública direta e indireta de qualquer dos Poderes da União, dos Estados, do Distrito Federal e dos Municípios são os seguintes: legalidade, impessoalidade, moralidade, publicidade e eficiência (art. 37, *caput*). Confundir-se eficiência com economia de valores a custo das pessoas, no entanto, atenta contra os preceitos de cidadania contidos na mesma Constituição.

(67) No serviço público há quadro organizado de carreira que possibilita o acesso a gratificações e demais benefícios remuneratórios pelo trabalhador que preencher certos requisitos (art. 38 da Constituição). Além disso, no caso da Administração Pública direta, suplantado o estágio probatório de três anos, o servidor se torna estável, só podendo ser demitido após processo administrativo em que lhe seja conferido o direito à ampla defesa e ao contraditório (art. 41 da Constituição). Os terceirizados, porém, se submetem aos salários estabelecidos pelas empresas fornecedoras de mão de obra que os definem de maneira a se tornarem competitivas no oferecimento do menor preço. Atuando tais fornecedoras no âmbito privado, ainda que prestem serviços a entes públicos, a regra prevalente é a da

Em precedente importante, o tribunal, por meio da Seção de Dissídios Individuais,[68] registrou que, "apesar da inconveniência social da existência da empresa do tipo da 2ª reclamada" (empresa prestadora de serviço), não se poderia negar que era regularmente registrada, atuando no mercado de trabalho e se responsabilizando pelas obrigações decorrentes dos contratos celebrados. A contratação, a remuneração e a direção do trabalho desenvolvido pelos empregados estavam a cargo da prestadora, sem nenhuma interferência do tomador dos serviços. Ainda segundo a SDI, o contrato firmado entre as empresas era de índole civil, estando, portanto, amparado na legislação vigente. Além disso, o vínculo de emprego se estabeleceu entre a trabalhadora e a prestadora, porquanto presentes os requisitos do art. 2º da CLT.

Tais argumentos vão ao encontro das constatações de Márcio Túlio Viana, quando analisa o fenômeno da terceirização ou da deslocalização promovida pelas novas formas de acumulação capitalista, no sentido de que "a jurisprudência começa a dar uma importância crescente à declaração formal de vontade das partes, em prejuízo do princípio da primazia da realidade" (2003. p. 784).

Não bastasse isso, de acordo com o tribunal, a fim de não desencorajar o incremento desse ramo de atividade, o enunciado da Súmula n. 256 deveria receber interpretação restritiva e exemplificativa, e não taxativa.

Ora, o discurso judiciário passa a ser composto de argumentos de senso comum sobre, por exemplo, a importância de não se desencorajar o incremento de um ramo da atividade econômica, no caso, das empresas especializadas em fornecimento de mão de obra. E qual seria a razão juridicamente fundada de tal incremento? Ou a razão é estritamente econômica? Segundo a advertência de Campilongo (2000. p. 107), "entre nós, muitas vezes, a efetividade dos Direitos Fundamentais, o seu gozo efetivo ou a sua garantia jurisdicional, acaba sendo corrompida por alguma forma de intromissão política na gestão das coisas de Direito".

Em dezembro de 1993, foi publicada a Resolução n. 23 do Tribunal contendo a primeira versão da Súmula n. 331, que divergia da redação que posteriormente foi impressa pela Resolução n. 121/2003, apenas quanto ao item IV, primeiramente definido nos seguintes termos: "o inadimplemento das obrigações trabalhistas, por parte do empregador, implica na responsabilidade subsidiária do tomador dos serviços, quanto àquelas obrigações, desde que haja participado da relação processual e conste também do título executivo judicial".

---

denúncia vazia do contrato de emprego, motivo pelo qual, salvo as hipóteses de justa causa para a despedida, impera a possibilidade de dispensa desmotivada, ainda mais com a generalização do regime do FGTS a partir da Constituição de 1988.
(68) Processo n. E-RR 0211/90.6, Acórdão da SDI n. 2333/93, Relatora Ministra Cnéa Moreira.

O Tribunal, com o advento da Súmula n. 331,

> ... ampliou as possibilidades de intermediação de mão de obra. Reconheceu como regular a terceirização de qualquer serviço de vigilância (não mais apenas do segmento bancário), dos serviços de conservação e limpeza, e de qualquer atividade relacionada à atividade-meio empresarial ... (MELO FILHO & COUTINHO, 2009. p. 133).[69]

A súmula contém a ambiguidade da permissão e da limitação e carrega certa *jurisdização* da precariedade, ao considerar legítimas situações antes não admitidas de terceirização.

De fato, por um lado, foram ampliadas as possibilidades de terceirização, e com ela a aceitação jurídica de precarização das relações de trabalho. Isso ficou evidente porque, em face da lacuna existente na legislação, o Tribunal Superior do Trabalho permitiu a terceirização em outros serviços para além do trabalho temporário e de vigilância, tendo inclusive flexibilizado "a contratação desta modalidade precária de arregimentação de mão de obra para autorizá-la em qualquer serviço ligado à atividade-meio" (MELO FILHO & COUTINHO, 2009. p. 133). Mas, afinal de contas, quais seriam os serviços ligados à atividade-meio, sobretudo considerando o movimento em curso de desmembramento dos processos de produção, juntamente com a onda de subcontratações? Na atividade bancária, por exemplo, a atividade de compensação de cheques seria atividade-meio?[70]

O uso da expressão pelo Tribunal Superior do Trabalho (atividade-meio) permite considerar como lícita a intermediação de mão de obra em atividades não expressamente permitidas em lei, bastando, para isso, que não estejam diretamente relacionadas com o núcleo das atividades principais do tomador de serviços. A premissa que parece essencial à fórmula adotada pelo tribunal é a de que as empresas conseguem ser vistas, na sua movimentação econômica, a partir de um binômio apreensível: atividade principal e atividades acessórias. Na atualidade,

---

(69) Acentuam ainda os mesmos autores que "após a edição da Súmula n. 331, em dezembro de 1993, a Lei n. 7.102/83 foi alterada, ampliando as hipóteses de prestação de serviços de vigilância a qualquer outro segmento empresarial" (2009. p. 133). A autorização judiciária foi logo portanto traduzida em autorização legislativa.

(70) Para o Tribunal Superior do Trabalho, o serviço de compensação de cheques insere-se entre as atividades principais dos bancos, não sendo lícita, portanto, a terceirização. Todavia, os casos julgados, inclusive em sede de ação civil pública, revelam que, na prática, os bancos vinham promovendo a terceirização desta atividade, sob a premissa da especialização e da inserção no conceito de atividade-meio. A propósito, podem ser citados os seguintes casos: Processo ROAR-757909-21.2001.5.18.555, Relator Ministro José Simpliciano Fontes de F. Fernandes, Acórdão da Subseção II Especializada em Dissídios Individuais, julgado em 23 de maio de 2006, publicado no DJ de 09 de junho de 2006 e Processo RR-330004-12.1996.5.17.555, Acórdão da 1ª Turma, Relator Ministro João Oreste Dalazen, julgado em 23 de fevereiro de 2005, publicado no DJ de 1º de abril de 2005.

porém, a multiplicidade de tarefas absorvida pela empresa e a capacidade do empreendimento de se renovar para atender a demandas flexíveis de mercado tornam a distinção, no mínimo, imprecisa.

De outra parte, porém, a súmula procura estabelecer limites prevendo responsabilidade centrada na garantia patrimonial da dívida trabalhista pelo tomador dos serviços. Ao reconhecer a responsabilidade subsidiária do tomador de serviços, a súmula de fato "fixa comando relevante para assegurar a percepção de verbas pelo trabalhador" (MELO FILHO & COUTINHO, 2009. p. 133).[71]

Se ainda num primeiro momento havia sido mantida a responsabilidade solidária do tomador, fosse ele ente público ou não, conforme construído durante a sucessão de precedentes que desembocaram na Súmula n. 256 e no decorrer das decisões judiciais que aplicaram seus termos aos casos concretos, depois ela foi cedendo espaço para um nível de responsabilidade mais amena, que é a subsidiária, em que o tomador se transforma em garante patrimonial da dívida reconhecida judicialmente, acaso a intermediadora não a quite satisfatoriamente.[72]

Sem a solidariedade,[73] a responsabilidade ficou confinada à questão da garantia patrimonial, consolidando-se a ruptura da fórmula binária do contrato de trabalho para admitir-se um modelo triangular, mas que não possui internamente a mesma força de proteção aos trabalhadores, em se comparando, sobretudo, os terceirizados com aqueles que são contratados de maneira efetiva pelo tomador de serviços.

No que concerne à relação entre as empresas, tornaram-se constantes no tribunal, para a solução das demandas, os argumentos que invocavam institutos privados, como é o caso da responsabilidade civil. Daí falar-se em culpa *in eligendo* e/ou *in vigilando* ou, ainda, em validade de cláusula contratual que apenas prevê responsabilidade da intermediadora, tudo para definir a responsabilidade subsidiária do tomador. Perderam força os discursos centrados na proteção à pessoa que trabalha, remanescendo apenas a preocupação em fornecer garantia de pagamento ao montante da dívida trabalhista reconhecida em juízo. Deveria ser questionável

---

[71] O cotidiano dos processos judiciais trabalhistas revela, por vezes, a inidoneidade financeira das empresas intermediadoras de mão de obra e a facilidade com que *desaparecem* deixando um lastro de inadimplência trabalhista. Nesse contexto, a única garantia que o trabalhador terceirizado tem é a aplicação dos termos da Súmula n. 331 do TST, quanto à responsabilidade subsidiária do tomador dos serviços, mas mesmo assim é preciso que os trabalhadores acionem a Justiça, ainda que por intermédio do sindicato, vencendo o temor da perda do emprego, em razão, por exemplo, de terem sido aproveitados por outra empresa tomadora de serviços no mesmo posto de trabalho.
[72] Ver a decisão do processo E-RR 17.903/90.1, Acórdão n. 2300/95, Relator Ministro Armando de Brito.
[73] É que com a solidariedade, o credor pode exigir de um ou outro devedor, indistintamente, a seu critério, o pagamento integral da dívida. Para além da questão patrimonial, a solidariedade remete a questão à concepção amplificada de empregador contida no art. 2º, § 2º, da CLT.

a utilização pela Administração Pública do argumento centrado em regra civilista de que a "solidariedade não se presume, resulta da lei ou da vontade das partes". Conforme adverte Sayonara Grillo Coutinho Leonardo da Silva, a incorporação de elementos do direito civil para a compreensão das relações de trabalho pode colocar em risco a própria identidade da Justiça do Trabalho. Segundo a autora: "a identidade do Judiciário trabalhista poderia ser posta em risco, em tese, se houver uma incorporação indiscriminada de elementos de direito civil e das regras consumeiristas tendentes a proteger o tomador de serviços, ou de um direito civil clássico fundado na autonomia do contrato" (2008b. p. 129).

Revelando-se notável certa *civilização* do Direito do Trabalho, no sentido de que sua compreensão passa a envolver institutos do direito privado, como se privadas fossem as relações trabalhistas, é importante considerar que reflexões críticas sobre o direito são possíveis e necessárias, precisamente tendo como referência pontos *indiscutíveis* (CORSI, 2001. p. 170). Um deles é o de que a partir da Constituição de 1988 houve fortalecimento e expansão evolutiva, com o aumento de previsões explícitas e de garantias a elas relacionadas, dos direitos fundamentais. No sentido contrário a esta perspectiva, o direito visto como prática interpretativa auxilia a identificar as dificuldades judiciárias de pensar a proteção ao trabalho a partir do foco da pessoa humana, notadamente após o advento da Constituição.

A expansão da terceirização no âmbito da Administração Pública contribuiu sobremodo para uma aceitação do fenômeno com algumas limitações.

Ocorre que, se por um lado é viável reconhecer que a Constituição de 1988 representou considerável avanço na definição dos princípios vinculantes da Administração Pública, sobretudo de forma a possibilitar que não mais se confundisse público com estatal e estatal com a vontade arbitrária do administrador, por outro, a defesa da necessidade de concurso público para acesso a cargos, empregos, e funções públicas em geral, tem possibilitado ao administrador contratar trabalhadores sem concurso público, de forma precária, terceirizada, e sem responder civil, penal e administrativamente por isso.[74] Há abuso na invocação dos preceitos constitucionais relacionados ao concurso como bloqueios que justificam a contratação de trabalhadores de forma precarizada. Tais trabalhadores, aliás, sofrem o peso das decisões que aceitam a terceirização e, salvo a possibilidade de responsabilização subsidiária do tomador, em caso de inadimplemento de parcelas trabalhistas, não lhes permitem concretizar de forma ampla o princípio de integração no tomador dos serviços.[75]

---

(74) A despeito dos incontáveis comunicados judiciais às autoridades competentes, como Tribunais de Contas e Ministério Público, em razão da constatação de existência de serviços contratados de maneira irregular, quando deveria ter sido observada norma constitucional que define o referido acesso mediante concurso, não se tem notícia de que algum desses tantos administradores tenha sido efetivamente apenado.
(75) Além disso, e ainda na perspectiva da realidade dos trabalhadores, quando a intermediação de serviços para os entes públicos ocorre em atividades consideradas não terceirizáveis, a fraude resulta

Nesta etapa de ressignificações do tribunal quanto à intermediação de mão de obra, a lei do trabalho temporário, e mais precisamente as restrições que ela define, perdeu força como parâmetro para análise das terceirizações. Isso ocorreu especialmente no caso da Administração Pública, que passou a ser tratada de modo diferenciado, como se fizesse parte de sua dinâmica a possibilidade de intermediação de mão de obra em atividade-meio, em razão de decreto-lei editado em 1967. O referencial para a Administração Pública é notadamente um ato infraconstitucional e não as modificações substanciais, especialmente no que toca aos princípios, presentes na Constituição de 1988.[76]

É notável, aliás, como, a despeito do problema constitucional da tímida abrangência que se confere à proteção ao trabalho, há um silêncio que nega a Constituição na construção de vários precedentes. É como se o tema fosse afeto à exclusiva esfera da normatividade infraconstitucional. Ao contrário desta postura, é necessário que se desenvolva um discurso *constitucional* sobre o problema da terceirização, um discurso que "deve ser construído, sobretudo, a partir de um texto constitucional que deve ser localizado em seu contexto próprio, levando em conta as restrições normativas e factuais relevantes" (ROSENFELD, 2003. p. 40).

A responsabilidade subsidiária do tomador de serviços, mesmo quando se trate de ente público, se consolidou na jurisprudência do tribunal e gerou tempos depois a reformulação do item IV da Súmula n. 331, justamente para se tornar expressa a condição da Administração Pública enquanto responsável secundária nos casos de inadimplemento dos débitos trabalhistas por parte da intermediadora de mão de obra.[77]

O tratamento judiciário sobre as subcontratações de mão de obra permite considerar que a densificação formal-jurídica da liberdade e da igualdade é uma importante marca distintiva do constitucionalismo, todavia, é imprescindível questionar permanentemente a excessiva crença no potencial da norma abstrata

---

na absolvição quase completa dos envolvidos na contratação dos serviços que já foram prestados, porque nesses casos se tem aplicado os termos da Súmula n. 363 do TST: "**CONTRATO NULO. EFEITOS.** A contratação de servidor público, após a CF/1988, sem prévia aprovação em concurso publico, encontra óbice no respectivo art. 37, II e § 2º, somente lhe conferindo direito ao pagamento da contraprestação pactuada, em relação ao número de horas trabalhadas, respeitado o valor da hora do salário mínimo, e dos valores referentes aos depósitos do FGTS". Não há, portanto, acesso aos demais direitos trabalhistas. Por isso, o trabalhador que, por exemplo, tenha se ativado em horas extras, não receberá o adicional constitucional de 50%; se os serviços foram prestados em condições insalubres ou perigosas, também não haverá pagamento dos adicionais constitucionais; o mesmo se diga quanto ao adicional noturno e outras tantas rubricas trabalhistas.

(76) Ver decisão do Processo E-RR n. 96625/93.7, Acórdão n. 699/96, Relator Ministro Nelson Daiha.
(77) Mesmo a possibilidade de responsabilidade meramente subsidiária da Administração Pública, isto é, como garante patrimonial de dívida trabalhista remanescente e inadimplida pela intermediadora de mão de obra, permanece fortemente contextada, especialmente nos processos judiciais, ao argumento central de que, se a intermediadora foi contratada mediante certame público, então haveria total isenção de responsabilidade da Administração.

como protagonista única da cena do direito. É isso que as dificuldades em torno do direito *do* trabalho e *ao* trabalho, tendo como ponto referencial a pessoa humana, revelam. Ao invés desse excesso,

> os processos judiciais nos quais se discutiu a igual proteção mostram a importância de que se reveste a igualdade formal quando se compreende que ela exige integridade, bem como uma coerência lógica elementar, quando requer fidelidade não apenas às regras, mas às teorias de equidade e justiça que essas regras pressupõem como forma de justificativa (DWORKIN, 1999. p. 225).

O respeito ao procedimento e o oferecimento da melhor resposta para o evento concreto (singular) são elementos constitutivos da função que o direito desempenha. O problema da integridade, afinal, está na questão da aplicação dos princípios, que precisa ser vivencial. Justamente por isso, a aplicação das regras legais reclama considerar o princípio da liberdade e da igualdade no trabalho, e especificamente do direito a um trabalho decente.

Como observado, na construção da Súmula n. 331 até a sua versão atual ficaram evidenciados os temas da Administração Pública, da terceirização em atividade-meio e da possibilidade da intermediação para atividades de asseio e conservação.

Quando se fala em ampliação do uso da força de trabalho de forma terceirizada pela Administração Pública, vários aspectos precisam ainda ser considerados.

Antes da Constituição de 1988 havia considerável permissividade para a contratação de trabalhadores pelos entes públicos sem concurso público, os quais, em grande medida, se submetiam às regras próprias da CLT. Com o seu advento, porém, estabeleceu-se o princípio salutar e objetivo de acesso aos cargos e aos empregos públicos mediante aprovação prévia em concurso público de provas ou provas e títulos. A existência e a distribuição de tais cargos demandam previsão legal expressa, em face do princípio da legalidade estrita que vincula a Administração Pública.

Essas limitações e restrições à definição do tamanho da máquina administrativa, no entanto, não têm significado na prática a existência de efetivo controle sobre a força de trabalho contratada. Há verdadeira expansão da mão de obra, mas admitida de maneira facilitada e precária, ou seja, por meio de empresas prestadoras de serviços. No Distrito Federal essa realidade é consideravelmente visível ante a localização espacial de duas esferas de governo (distrital e federal), com incontáveis secretarias, ministérios, coordenadorias, tribunais etc.

Os serviços terceirizáveis, que antes se concentravam nas atividades de asseio e conservação, foram expandidos e hoje abarcam diversos profissionais como auxiliares administrativos, digitadores, secretárias, dentre outros. A Administração Pública se converteu em expressiva tomadora de mão de obra terceirizada. E este fenômeno é observável não apenas em relação ao Distrito Federal como em face dos demais entes públicos, como fica evidente nos diversos precedentes analisados pelo TST na questão da terceirização de serviços.

Ainda em relação à Administração Pública, há um aspecto peculiar que precisa ser analisado.

Como ocorrem mediante certame público as contratações das prestadoras (Lei n. 8.666/93), tem prevalecido a ideia do *menor preço*. A prestadora que oferta o melhor preço, no sentido de monetariamente reduzido, tem grandes chances de sagrar-se vencedora no processo licitatório. Não se observa, no contexto de atendimento ao interesse público, as condições dignas que são, ou deixam de ser, ofertadas aos trabalhadores. Ora, é possível falar-se em atendimento ao interesse público quando há desrespeito a direitos fundamentais da pessoa, como é o caso do direito ao trabalho decente e efetivamente protegido? É como se o interesse público pudesse ser traduzido no aproveitamento de mão de obra com economia financeira.

Bourdieu (1998. p. 120) esclarece que a precariedade está por toda parte:

> No setor privado, mas também no setor público, onde se multiplicaram as posições temporárias e interinas, nas empresas industriais e também nas instituições de produção e difusão cultural, educação, jornalismo, meios de comunicação etc. onde ela produz efeitos sempre mais ou menos idênticos, que se tornam particularmente visíveis no caso extremo dos desempregados: a desestruturação da existência, privada, entre outras coisas, de suas estruturas temporais, e a degradação de toda a relação com o mundo e, como consequência, com o tempo e o espaço.

A preponderância do argumento econômico, seja no caso da terceirização no âmbito da Administração Pública, seja em relação às empresas privadas, é reveladora de como o Direito do Trabalho é posto sob constante contestação, ao mesmo tempo em que referida centralidade econômica serve de obstáculo à consolidação de um efetivo direito *ao* trabalho. Nessa linha de raciocínio, como o direito *ao* trabalho, segundo o viés que se adota na presente investigação, não equivale apenas ao direito a ocupar-se, não parece que se possa conceber que o Direito *do* Trabalho lhe sirva de obstáculo (por supostamente aumentar os custos da mão de obra e reduzir a oferta de postos de serviço).

1.3. Terceirização de Serviços: questões atuais e a permanência de vias de imposição jurídica de tratamento discriminatório

A terceirização se situa entre as novas condições de produção e de gerenciamento dos negócios estabelecidas pelo capital, as quais intensificam, em níveis elevados, a exploração do trabalho e a instrumentalização das pessoas. O problema que se apresenta é o da centralidade da flexibilização em detrimento da razão social do trabalho.[78]

Tal fórmula contratual triangular não significa apenas que as atividades adjetivas serão executadas por empresa especializada, de forma a incrementar a eficiência dos serviços prestados. A possibilidade que ela concretamente representa é a de admissão de trabalhadores que não se beneficiam, como regra, dos mesmos salários e condições de trabalho em relação àqueles que são contratados de maneira efetiva pela tomadora final dos serviços. Da mesma forma, os contratados de forma terceirizada não são normalmente destinatários dos benefícios coletivamente conquistados por categorias mais estáveis, de trabalhadores efetivos. Além disso, a fragmentação da produção também fragmenta o coletivo dos trabalhadores, atingindo o potencial combativo do movimento sindical. A eficiência, portanto, relaciona-se com o barateamento de mão de obra e redução em geral, de forma direta ou indireta, dos custos do negócio.[79]

Além disso, segundo Gabriela Neves Delgado, "a terceirização tende a ampliar o desemprego: a maioria dos empregados, que têm seus contratos de trabalho extintos com as empresas tomadoras, não consegue inserir-se novamente no mercado de trabalho formal" (2006. p. 188).

Esse modo de contratação cria uma classe nova de trabalhadores, considerada subalterna e de baixa qualificação.[80] Os terceirizados passam a se reconhecer

---

(78) Acerca desse movimento precarizante, tem-se que, não bastassem todos os problemas inerentes à terceirização, há, ainda, a *quarteirização*, que ocorre quando a empresa fornecedora de mão de obra repassa a execução do contrato para uma outra, o que deixa vulneráveis os direitos dos trabalhadores envolvidos na prestação de serviços.
(79) As vantagens econômicas da terceirização têm resultado na substituição de trabalhadores efetivos por terceirizados. Há transformação de postos de trabalho convencionais, vale dizer, em que o trabalhador era formalmente contratado e inserido na dinâmica do empreendimento, pela contratação de forma intermediada. Para isso, em algumas ocasiões é modificada a nomenclatura da função, embora sejam mantidas as mesmas atribuições.
(80) Há, inclusive, relato de tratamento discriminatório nos locais de trabalho. Trabalhadores em atividade como copeiros, garçons, serventes, eletricistas, bombeiros, carregadores etc., sofrem tratamento diferenciado por parte dos trabalhadores efetivos. Com a expansão da terceirização, são subcontratados até trabalhadores do setor administrativo. Mas no caso desses, inclusive porque são mais qualificados, o tratamento dispensado é melhor. Isso não significa, porém, acréscimo de direitos, mas respeito no convívio com os demais. A diferença de tratamento se dá entre terceirizados (de funções mais ou menos qualificadas) e entre terceirizados e trabalhadores efetivos. Acerca da existência de discriminação no local de trabalho, o sindicato (SINDISERVIÇOS no Distrito Federal) formalizou denúncia junto ao Ministério Público, requerendo apuração e providências, quanto ao fato relatado pelos trabalhadores de que, em relação a determinado órgão tomador de serviços, os terceirizados só poderiam usar o refeitório em horário diverso dos trabalhadores efetivos. No horário de uso dos efetivos os terceirizados deveriam deixar o local e sequer poderiam ficar embaixo das árvores para descansar durante o intervalo, porque diziam que eles estariam "enfeiando a frente do local de trabalho ..." A denúncia de discriminação esteve descrita no PP 001332.2009.10.000/7 da Procuradoria Regional do Trabalho da 10ª Região.

como tal, isto é, como uma classe dos contratados de forma intermediada, e têm consciência de que, a despeito das similares condições de trabalho em relação aos contratados do tomador final, constituem uma realidade laboral à parte, com menores salários e sistema próprio de controle sobre o trabalho desenvolvido, exercido duplamente tanto pela contratante principal quanto pela beneficiária dos serviços.[81]

A análise de dados feita por Graça Druck (2011), a partir das pesquisas realizadas sobre a terceirização nos últimos 20 anos, denuncia os salários inferiores dos subcontratados em relação aos trabalhadores efetivos e a persistência das ações trabalhistas na Justiça do Trabalho, a despeito do declarado controle e cumprimento da legislação por parte das empresas beneficiárias dos serviços.

No âmbito da uniformização de jurisprudência para a edição da Súmula n. 256, em meados da década de oitenta, o Tribunal Superior do Trabalho externou a preocupação em regrar o modo de atuação, a atividade econômica desenvolvida pelas empresas prestadoras de serviços, justamente constatando a existência de silêncio legislativo sobre o tema, ao mesmo tempo em que a realidade pressionava por respostas jurídicas em razão dos inúmeros casos de intermediação de mão de obra.

Em razão dos termos da Súmula n. 331 do TST, as atividades de limpeza e de conservação passaram a ser aceitas como terceirizáveis. Num primeiro momento, como se observa no julgamento do Processo IUJ-RR n. 3442/84, o Tribunal Superior do Trabalho conseguia observar que, embora os serviços de limpeza tenham natureza adjetiva são essenciais, porquanto de necessidade permanente. No entanto, no decorrer da construção dos termos da Súmula n. 331, se consolidou o raciocínio paradoxal segundo o qual os trabalhadores da limpeza, embora indispensáveis, podem ser terceirizados.[82]

A terceirização não representa para tais trabalhadores, e para outros que trabalham de forma intermediada, melhor tratamento quanto às suas necessidades, e mesmo quanto à oferta de dignas condições de trabalho.

É certo, porém, que, consolidada a jurisprudência do Tribunal Superior do Trabalho em torno da Súmula n. 331, a dinâmica econômica e a diversidade de situações enfrentadas pelos trabalhadores, continuaram e continuam a desafiar o

---

(81) A questão da identidade dos trabalhadores remete ao problema da representatividade e mesmo do modelo de sindicato. Enquanto não surgir uma forma nova de representação dos trabalhadores, ou um novo sindicato, capaz de reunir os diferentes, é possível questionar e refletir até que ponto seria possível e recomendável a inserção dos terceirizados no sindicato dos empregados efetivos da tomadora. Extensão de direitos não parece poder significar absorção de categorias.
(82) A permissão contida em súmula de jurisprudência do tribunal, aliada à tendência, na atual fase do capitalismo, de proliferação das subcontratações, possibilitaram a expansão do número de empresas especializadas em fornecer mão de obra na área de conservação e limpeza.

Judiciário quanto à temática da intermediação de mão de obra, relativamente aos seus limites e às suas possibilidades.

Embora os casos novos apresentem contornos específicos, é possível destacar certa constância na tensão que se estabelece entre argumentos que destacam a necessidade de desenvolvimento econômico, e com ele a maior capacidade produtiva e a eficiência das empresas (livre iniciativa), e de outro a proteção à pessoa que trabalha (valor social do trabalho). Da mesma forma, permanece a preocupação com o contrato de emprego como tema central para a legislação trabalhista, já que a terceirização rompe com a lógica da relação direta entre empregado e empregador expressa nos arts. 2º e 3º da CLT.

Exemplo disso é a terceirização no ramo de energia elétrica,[83] porquanto atividades como construção e reforma de redes de energia elétrica, manutenção de emergência em redes de energia elétrica, serviços técnicos comerciais e manutenção em redes energizadas e desenergizadas estavam e continuam sendo terceirizadas.[84] Aliás, as pesquisas evidenciam que as empresas da área de

---

(83) Na verdade, são assuntos atuais tanto a terceirização no ramo de energia elétrica como no setor de telecomunicações. Todavia, o TST enfrentou, no mérito, por meio da Subseção I Especializada em Dissídios Individuais, a questão atinente ao ramo de energia elétrica. No caso das telecomunicações, o recurso de embargos para a subseção interposto pelo Ministério Público do Trabalho da 21ª Região não foi conhecido. É certo, porém, que, ao não conhecer do recurso, a Subseção considerou razoável a interpretação estabelecida no sentido de que é lícita a terceirização de atividades inerentes aos serviços de telecomunicações. Segundo o tribunal, o intérprete não pode se distanciar da vontade do legislador (Processo n. E-RR 4661/2002-921-21-00, Relator Ministro João Batista Brito Pereira, julgado em 28 de maio de 2009, publicado no DEJT de 12 de junho de 2009). De todo modo, por enquanto, a terceirização no setor de telecomunicações tem sido debatida nas turmas do Tribunal Superior do Trabalho, com decisões oscilando entre a possibilidade e a impossibilidade de terceirização de atividade-fim no aludido setor. Já a terceirização em atividade-meio se considera legítima em razão dos termos da Súmula n. 331.
(84) O caso, decidido no âmbito da Subseção de Dissídios Individuais, versava sobre ação civil pública proposta pelo Ministério Público do Trabalho (18ª Região) em desfavor de Centrais Elétricas de Goiás S/A — CELG e tratava, dentre outros aspectos relacionados à medicina e segurança do trabalho, sobre o pedido de condenação da empresa pública a abster-se da contratação de trabalhadores, por meio de empresa interposta, com o fim de terceirizar sua atividade-fim. Nas decisões proferidas nas instâncias ordinárias constou que todo o Estado de Goiás depende da atividade de energia elétrica, o que justificaria, pela extensão espacial dos serviços prestados, a prática da terceirização. Há referência, ainda, aos *valores* da agilidade, flexibilização e competitividade para o negócio. De outro modo, não existe na ordem jurídica brasileira explícita proibição à terceirização. Para o primeiro e o segundo graus de jurisdição, no caso das empresas públicas, a terceirização muitas vezes seria indispensável porque para contratar empregados públicos é necessária a realização de concurso público, o que não ocorre no caso da intermediação de mão de obra. Além disso, a riqueza gerada pela atividade econômica amplia o nível de bem-estar. O TST, porém, reformou as decisões anteriores e acolheu o pedido formulado em sede de ação civil pública, consignando que "não se poderia, assim, dizer que a norma administrativista, preocupada com princípios e valores do Direito Administrativo, viesse derrogar o eixo fundamental da legislação trabalhista, que é o conceito de emprego e empregador, jungido que está ao conceito de contrato de trabalho, previsto na CLT". Viu o Tribunal Superior, outrossim, na terceirização, consequências imensuráveis no campo da organização sindical e da negociação coletiva, consignando o seguinte: "... a CELG, apesar de beneficiária final dos serviços prestados, ficaria totalmente protegida e isenta do

telecomunicações indicam a tendência de inversão da relação entre o número de empregados diretos e o números de terceirizados (DRUCK, 2011).[85]

O que se nota é que, onde há previsão ou mera possibilidade de descentralização de serviços, ainda que não o seja em legislação trabalhista, ganha contornos concretos uma prática no sentido da contratação intermediada de trabalhadores, aos quais não é dispensado o mesmo tratamento dos efetivos.[86]

A Associação Nacional dos Magistrados da Justiça do Trabalho (ANAMATRA), juntamente com o Tribunal Superior do Trabalho (TST), com a Escola Nacional de Formação e Aperfeiçoamento de Magistrados (ENAMAT) e com o apoio do Conselho Nacional das Escolas de Magistratura do Trabalho (CONEMATRA), realizou, em novembro de 2007, a I Jornada de Direito Material e Processual, na Justiça do Trabalho. Os debates e as deliberações nas comissões e na plenária, acerca de diversos temas, resultaram na publicação de enunciados, os quais, divulgados, pretendem expressar possibilidades de tratamento para questões atuais, e que se traduzem em matérias que são afetas à competência do Judiciário Trabalhista. Dentre os temas relevantes debatidos estava o da terceirização de serviços. Em relação a ela surgiram os seguintes enunciados, com conteúdo definido para muito além da realidade interpretativa atual versada pelo Tribunal Superior do Trabalho:

> **TERCEIRIZAÇÃO. LIMITES. RESPONSABILIDADE SOLIDÁRIA.** A terceirização somente será admitida na prestação de serviços especializados, de caráter transitório, desvinculados das necessidades permanentes da empresa, mantendo-se, de todo modo, a responsabilidade solidária entre as empresas.

---

cumprimento das normas coletivas pactuadas, por não mais responder pelas obrigações trabalhistas dos empregados vinculados aos intermediários? Não resta dúvida de que a consequência desse processo seria, naturalmente, o enfraquecimento da categoria profissional dos eletricitários, diante da pulverização das atividades ligadas ao setor elétrico e da consequente multiplicação do número de empregadores. Todas essas questões estão em jogo e merecem especial reflexão". Ainda para o tribunal, "... a coisa tem preço. Pode ser objeto de barganha, diversamente da dignidade, que não tem preço, justamente por ser um atributo intrínseco da pessoa humana e só dela" (Processo n. E-RR-586.341/1999.4, Relator designado Ministro Vieira de Mello Filho, julgado em 29 de maio de 2009).

[85] No caso de empresa do ramo de energia elétrica, foi invocada a Lei n. 8.987/95, a qual dispõe sobre o regime de concessão e permissão de prestação de serviços públicos. Consta no art. 25 dessa legislação especial, e de caráter administrativo: "Art. 25. Incumbe à concessionária a execução do serviço concedido, cabendo-lhe responder por todos os prejuízos causados ao poder concedente, aos usuários ou a terceiros, sem que a fiscalização exercida pelo órgão competente exclua ou atenue essa responsabilidade. § 1º Sem prejuízo da responsabilidade a que se refere este artigo, a concessionária poderá contratar com terceiros o desenvolvimento de atividades inerentes ou complementares ao serviço concedido, bem como a implementação de projetos associados. § 2º Os contratos celebrados entre a concessionária e os terceiros a que se refere o parágrafo anterior reger-se-ão pelo direito privado, não se estabelecendo qualquer relação jurídica entre os terceiros e o poder concedente. § 3º A execução das atividades contratadas com terceiros pressupõe o cumprimento das normas regulamentares da modalidade do serviço concedido".

[86] Na Petrobrás, em 2008, por exemplo, para cada trabalhador contratado existiam 3,5 trabalhadores terceirizados (DRUCK, 2011).

TERCEIRIZAÇÃO. SERVIÇOS PÚBLICOS. RESPONSABILIDADE SOLIDÁRIA. A terceirização de serviços típicos da dinâmica permanente da Administração Pública, não se considerando como tal a prestação de serviço público à comunidade por meio de concessão, autorização e permissão, fere a Constituição da República, que estabeleceu a regra de que os serviços públicos são exercidos por servidores aprovados mediante concurso público. Quanto aos efeitos da terceirização ilegal, preservam-se os direitos trabalhistas integralmente, com responsabilidade solidária do ente público.[87]

Graça Druck (2011) também observa a expansão da terceirização no serviço público, o que ocorre em razão da reformulação do modelo de Estado. Para esse novo contexto, haveriam as atividades exclusivas do Estado — constituídas pelo núcleo estratégico, a média administração pública do Estado — e as denominadas "atividades ou serviços auxiliares" (limpeza, vigilância, transporte, serviços técnicos de informática e processamento de dados, entre outras). Justamente em razão da segunda categoria, procede-se à licitação púlica para a contratação de trabalhadores por meio de terceiros.

No caso do Direito Administrativo, apenas uma confusão persistente entre público e estatal poderia conduzir à conclusão de que seus princípios estejam voltados à eficiência da máquina administrativa (com descentralização acentuada dos serviços por meio da terceirização), ainda que com sacrifício das pessoas. A proteção jurídica às pessoas que vivem do seu trabalho tem natureza pública, assim como todo o eixo pertinente aos direitos fundamentais.

A questão da responsabilidade subsidiária nos casos de terceirização de serviços — quando então o tomador responde com o seu patrimônio, na hipótese de inidoneidade do empregador principal — tem sido sobremodo valorizada, e isso porque há disseminada pressuposição de que o único problema com a terceirização envolve o pagamento de verbas trabalhistas, a exigir garantia eficiente para as execuções judiciais.[88] Todavia, os efeitos da terceirização vão para muito além do mero problema dos inadimplementos contumazes de intermediadoras sem nenhuma sustentação financeira.[89] É um problema de integração mesmo do trabalhador na vida da empresa.

---

(87) Disponível em: <http://www.anamatra.org.br/jornada/enunciados/enunciados_aprovados.cfm>.
(88) No caso, porém, da chamada *terceirização de atividades*, quando outras empresas são contratadas para se responsabilizarem pela dinâmica produtiva da tomadora, havendo interdependência entre as empresas, é possível configurar-se a hipótese de grupo econômico, para se reconhecer a responsabilidade solidária de todas pelos créditos trabalhistas, na forma do art. 2º, § 2º, da CLT (DELGADO, Gabriela Neves, 2006. p. 186).
(89) É possível concluir, especialmente em face da construção de argumentos presente nos casos analisados para a uniformização de jurisprudência do tribunal em torno das duas súmulas antes mencionadas, que a rotatividade não significa apenas mudanças constantes de uma para outra empresa especializada em fornecimento de mão de obra, mas também a fragilidade econômica de que geralmente elas padecem. As empresas são criadas e atuam enquanto perdurarem determinados contratos de prestação de serviços, e por vezes, antes mesmo do término do prazo estipulado, desapareçam, demonstrando evidente inidoneidade financeira. A referida rotatividade interfere no número de filiações ao sindicato, e mesmo na manutenção dessas mesmas filiações.

Aliás, outro aspecto salutar da terceirização é a ocorrência de acidentes do trabalho, tendo como um dos fatores a distenção entre o serviço prestado e a qualificação do trabalhador e a propiciada pela empresa. A terceirização, ademais, aumenta a invisibilidade dos acidentes e das doenças ocupacionais porque além de ser um processo de transferência de atividades entre empresas e setores da economia, são transferidos também riscos e responsabilidades, especialmente sobre a segurança e a saúde dos trabalhadores, das empresas contratantes para as subcontratadas (DRUCK, 2011). Assim, a terceirização também desintegra a rede que deveria sustentar de forma consistente a preservação do meio ambiente do trabalho.

De todo modo, embora não se deva conceder à aplicação dos termos da Súmula n. 331 do TST excesso de crença quanto ao seu potencial de limitação e regulação do fenômeno da terceirização, e mesmo de proteção às pessoas que trabalham, é certo que a responsabilidade subsidiária ali prevista pode garantir aos trabalhadores o recebimento de créditos com clara natureza alimentar.[90]

Aliás, mesmo a possibilidade que remanesceu ao processo de compreensão do Tribunal Superior do Trabalho sobre a terceirização de serviços, ou seja, garantia patrimonial da tomadora em face da responsabilidade subsidiária, permanece ainda nos tempos atuais sofrendo amplo questionamento por parte da Administração Pública, que pretende, na verdade, prevaleça hipótese de sua irresponsabilidade pelos encargos trabalhistas decorrentes da intermediação de mão de obra.

O Tribunal Superior do Trabalho, num primeiro momento, na construção do entendimento concernente à existência de responsabilidade subsidiária da Administração Pública, não considerou que a previsão contida na lei especial sobre licitações e contratos pudesse ser interpretada no sentido de que isentava a tomadora dos encargos trabalhistas na hipótese de terceirização, especificamente quando a intermediadora não promovesse a quitação dos créditos aos seus

---

(90) Sobre esse excesso de crença no potencial regulatório da súmula, é interessante citar o que consta em decisão judicial sobre a terceirização em atividade-fim de empresa do ramo de energia elétrica: "o enunciado da Súmula n. 331 do Tribunal Superior do Trabalho *guarda perfeita harmonia com princípios e normas constitucionais* e trabalhistas e trouxe um marco teórico e jurisprudencial para o fenômeno da terceirização nas relações de trabalho no Brasil, *importante para o desenvolvimento social e econômico do País, já que compatibilizou os princípios da valorização do trabalho humano e a da livre concorrência e equilibrou a relação entre capital e o trabalho*" (Processo n. E-RR-586.341/1999.4, Relator designado Ministro Vieira de Mello Filho, julgado em 29 de maio de 2009 — sem grifos no original). As súmulas são textos produzidos pelo tribunal superior na tentativa de expressar o que considera jurisprudência uniforme sobre determinados temas. Súmulas ou textos legislativos não controlam a realidade, mas a problematizam, assim como são por ela problematizados. Não há um final definitivo para o enredo dos problemas do cotidiano em razão da edição de uma súmula de jurisprudência. Tampouco o sistema da economia passa a reproduzir seu próprio código considerando as decisões judiciais. Tais decisões, é verdade, conseguem *irritar* o sistema da economia, gerando mais complexidade dentro do sistema, mas não podem condicioná-lo segundo seus parâmetros. Súmulas, enfim, como o próprio direito, são contingentes, dependentes do contexto e, portanto, interpretáveis.

empregados.[91] A existência de regra que atribui à empresa contratada pelo ente público a responsabilidade pelos encargos trabalhistas decorrentes da execução do contrato tem sido interpretada sob o contexto dos princípios do Direito do Trabalho pertinentes à proteção à pessoa que trabalha. Firmou-se, portanto, o entendimento de que os contratos de terceirização também devem se submeter a outros dispositivos legais e constitucionais.

O tomador, ente público, no entanto, busca neutralizar a incidência de princípios normativos protetivos e trabalhistas na solução de casos que envolvam a terceirização de serviços.

De fato, o que se pretendeu no âmbito do Supremo Tribunal Federal[92] é que o disposto na chamada Lei de Licitações fosse considerado constitucional, no sentido de vincular os pronunciamentos feitos em controle difuso de constitucionalidade, a fim de que a responsabilidade subsidiária da Administração Pública fosse afastada nos casos de terceirização de serviços, independentemente da situação experimentada concretamente pelos trabalhadores em face do comportamento da empresa contratada para fins de intermediação de mão de obra.

A insurgência da Administração Pública acerca do reconhecimento da mencionada responsabilidade subsidiária carrega a convicção de que o texto normativo presente na Lei n. 8.666/93 é suficiente para tornar inaplicáveis princípios protetivos à pessoa que trabalha. É como se o texto legal *falasse por si*, e independesse de qualquer situação concreta de aplicação para alcançar o resultado de autorizar a Administração Pública a se valer dos serviços dos trabalhadores terceirizados, sem precisar se preocupar se os direitos que lhes são devidos foram satisfatoriamente adimplidos. O raciocínio, como é certo, promove uma evidente inversão: dispositivo de lei infraconstitucional deveria ser capaz de condicionar a leitura da Constituição no que toca aos princípios que vinculam uma ordem de direitos fundamentais.

A ideia de legalidade, que se sustentou nos processos que chegaram ao Supremo Tribunal Federal a partir da irresignação com os termos do item IV da

---

(91) O art. 71 da Lei n. 8.666/93, prevê o seguinte: "o contratado é responsável pelos encargos trabalhistas, previdenciários, fiscais e comerciais resultantes da execução do contrato".
(92) Foram duas as frentes abertas no STF, quais sejam, a repercussão geral da questão constitucional suscitada no Recurso Extraordinário n. 603395 e a Ação Declaratória de Constitucionalidade n. 16 proposta pelo Governador do Distrito Federal. Na petição inicial da ADC n. 16/DF afirmou-se que o TST negava vigência a dispositivo constante na lei de contratos e licitações públicas.. O relator no STF, Ministro Cezar Peluso, indeferiu a liminar — que pedia a suspensão de todos os processos em que se discutisse a responsabilidade de ente público em face da Lei n. 8.666/93 (decisão de 11.5.2007). No julgamento da ação pelo Plenário do STF, o relator não conheceu da ADC, por faltar o requisito da controvérsia judicial. O Ministro Marco Aurélio votou pelo seguimento da ação, reconhecendo a existência de controvérsia. Em seguida, o julgamento foi suspenso em virtude de pedido de vista regimental do Min. Menezes Direito. Com o retorno do processo à pauta, finalmente a ADC foi julgada e, no mérito, por maioria, o plenário decidiu pela procedência do pedido formulado para declarar a constitucionalidade do art. 71, § 1º, da Lei n. 8.666/93.

Súmula n. 331 do TST, é a do respeito à expressão mais evidente de textos infraconstitucionais, no caso, dos dispositivos da chamada lei de licitações, independentemente, primeiro, do contexto de aplicação e, segundo, de uma leitura que se faça a partir da Constituição, e não a despeito dela. Por sua vez, o princípio da liberdade ganhou o sentido de liberdade contratual para a Administração Pública, que deve observar apenas e tão somente as regras relacionadas ao certame público, sem nenhum compromisso com os encargos relacionados aos serviços dos quais se beneficiou em razão da terceirização. Finalmente, a Administração Pública é beneficiada, segundo a linha da argumentação das insurgências, por um espaço de irresponsabilidade em relação aos encargos trabalhistas, sob o escudo da contratação de empresas intermediadoras de mão de obra mediante certame público, com redução da incidência do princípio versado no art. 37, § 6º, da Constituição.

Ainda acerca do tema, é importante notar que a Lei n. 8.666/93 prevê no § 1º do art. 71, que:

> A inadimplência do contratado, com referência aos encargos trabalhistas, fiscais e comerciais não transfere à Administração Pública a responsabilidade por seu pagamento, nem poderá onerar o objeto do contrato ou restringir a regularização e o uso das obras e edificações, inclusive perante o Registro de Imóveis.

Todavia, em relação aos encargos previdenciários resultantes da execução do contrato, a mesma legislação prevê a existência de responsabilidade solidária da Administração Pública.[93]

A integridade da arrecadação previdenciária, em termos legislativos, é mais relevante do que a garantia expressa às pessoas que prestaram seus serviços em favor da Administração Pública. A força de trabalho despendida não tem como ser devolvida, daí porque representa evidente enriquecimento sem causa a existência de inadimplência que envolve parcelas com caráter alimentar e que ficam na dependência da idoneidade da intermediadora de mão de obra.[94]

De todo modo, definida pelo STF a constitucionalidade do referido dispositivo da lei de licitações, em face da procedência, no mérito, do pedido formulado na ADC n. 16, as decisões trabalhistas mais recentes têm procurado se adequar à nova realidade. Desse modo, como regra, não têm mais prevalecido entendimentos no sentido da responsabilidade objetiva da Administração Pública, quando a

---

(93) Segundo dispõe o § 2º do art. 71 da Lei n. 8.666/93: "a Administração Pública responde solidariamente com o contratado pelos encargos previdenciários resultantes da execução do contrato, nos termos do art. 31 da Lei n. 8.212, de 24 de julho de 1991".

(94) Quando se afirma o caráter alimentar dos créditos trabalhistas, tal não remonta às distinções, para fins jurídicos, de parcelas de natureza salarial e parcelas de cunho indenizatório. Qualquer benefício devido às pessoas que vivem do seu trabalho tem caráter alimentar, independentemente da natureza definida juridicamente como salarial ou indenizatória, justamente porque a sobrevivência individual e/ou familiar dependem dos resultados obtidos com o trabalho despendido.

intermediadora de mão de obra deixar de adimplir direitos trabalhistas. Para o reconhecimento da responsabilidade subsidiária da Administração, tem sido necessário aferir concretamente, mediante elementos probatórios dos autos, a existência de culpa ou de comportamento do ente para a situação de inadimplência.

Nota-se nesses percursos que a terceirização é um tema em construção, incabado e que, portanto, a decisão do STF não pode ser considerada a escrita de um último capítulo.

Aliás, o instigante fenômeno econômico, social e jurídico da terceirização levou o Tribunal Superior do Trabalho a convocar a primeira audiência pública da sua história, que se realizou entre 4 e 5 de outubro de 2011, com participação de 49 especialistas, dentre juristas, acadêmicos, juízes, representantes de entidades patronais e dos trabalhadores. Embora não seja tarefa fácil a compilação de todas as falas e ponderações no decorrer desse rico debate, é possível ressaltar que as manifestações revelaram uma clara disputa de sentidos sobre o significado, a finalidade e o alcance da terceirização. Quando vista a terceirização como fenômeno econômico, a palavra trabalhador ou a perspectiva do trabalhador desaparecia; quando abordada a terceirização a partir da centralidade das pessoas, os problemas da precarização do mundo do trabalho ganhavam contornos mais visíveis.

Ainda na perspectiva de temas atuais relacionados à terceirização que desafiam a compreensão judiciária sobre o alcance do fenômeno, tem-se que o Tribunal Superior do Trabalho vem construindo nos últimos anos a possibilidade de aplicação do princípio da isonomia nos casos em que verificada a execução, pelo empregado terceirizado, das mesmas tarefas, com submissão a idênticos encargos, em relação aos contratados efetivos da tomadora de serviços.[95]

Em algumas das hipóteses julgadas pelo tribunal figuravam instituições financeiras integrantes da Administração Pública indireta. O tribunal, porém, fez consignar que não seria viável, em razão do obstáculo pertinente ao concurso público, reconhecer a existência de vínculo direto com a tomadora. Porém, a submissão a concurso público deveria ser vista como distintiva apenas quanto aos estatutos jurídicos reguladores das respectivas relações de trabalho, mas sem que isso pudesse afastar o direito ao tratamento isonômico. A igualdade no trabalho deveria adquirir o significado concreto de reconhecimento do mesmo valor para as mesmas atividades desenvolvidas em favor do tomador, independentemente

---

[95] A propósito, há os seguintes precedentes: Processo n. E-RR-654.203/00.9, Ministro Redator Designado João Oreste Dalazen, julgado em 12 de setembro de 2005; Processo n. E-ED-RR-655028/2000.1, Relatora Ministra Rosa Maria Weber Candiota da Rosa, julgado em 21 de maio de 2007; Processo n. E-RR-1056/2006-075-03-00.1, Relatora Ministra Rosa Maria Weber Candiota da Rosa, julgado em 14 de abril de 2008; Processo n. E-RR-1400/2005-023-03-00, Relatora Ministra Maria de Assis Calsing, julgado em 27 de agosto de 2009; Processo n. RR-790123-55.2001.5.04.5555, Relator Ministro Horácio Senna Pires, julgado em 04 de fevereiro de 2010.

das formas escolhidas para a contratação das pessoas (de maneira intermediada ou efetiva). É neste sentido que aponta o princípio trabalhista da primazia da realidade. Ao contrário dessa perspectiva, porém, a interpretação até então prevalente sobre o alcance e os efeitos do critério do concurso público vinha significando para os trabalhadores terceirizados bloqueio à aplicação do princípio da igualdade no trabalho.

O tribunal, mais recentemente, em decisões da Seção Especializada em Dissídios Individuais, vem aplicando analogicamente o disposto no art. 12, alínea "a", da Lei n. 6.019/74. Nesse sentido, há o reconhecimento do direito do trabalhador terceirizado à isonomia salarial com os empregados da tomadora, ainda que ente vinculado à Administração Pública indireta, e desde que verificada a similitude de atribuições.

Aliás, em vários dos precedentes nota-se a referência à ocorrência de terceirização em atividade-fim, o que reforçaria a necessidade do reconhecimento da isonomia entre os trabalhadores.

Tais decisões resultaram na edição de Orientação Jurisprudencial pela Subseção I de Dissídios Individuais:

> **383.** TERCEIRIZAÇÃO. EMPREGADOS DE EMPRESA PRESTADORA DE SERVIÇOS E DA TOMADORA. ISONOMIA. ART. 12, "A", DA LEI N. 6.019, DE 3.1.1974.
>
> A contratação irregular de trabalhador, mediante empresa interposta, não gera vínculo de emprego com ente da Administração Pública, não afastando, contudo, pelo princípio da isonomia, o direito dos empregados terceirizados às mesmas verbas trabalhistas legais e normativas asseguradas àqueles contratados pelo tomador dos serviços, desde que presente a igualdade de funções. Aplicação analógica do art. 12, "a", da Lei n. 6.019, de 3.1.1974.

A Orientação Jurisprudencial n. 383 representa entendimento que, assentado no princípio protetivo, aponta em direção à igualdade remuneratória, de maneira a diminuir a suposta vantagem da terceirização de serviços, normalmente pautada na redução do custo da mão de obra.

A possibilidade construída pelo tribunal em torno do salário equitativo representa significativo avanço em se considerando as decisões anteriores, vinculadas à Súmula n. 331, que tinham como premissa a rigorosa separação entre prestadora e tomadora.

Todavia, os precedentes novos não conseguem alcançar os casos de terceirização que decorrem da substituição do posto efetivo por trabalho terceirizado, porque, nessa hipótese, não é viável o juízo comparativo quanto à similitude de atribuições, tarefas e encargos. Além disso, ainda que prevalente a ideia de salário equitativo, presente na lei do trabalho temporário, não há efetiva integração dos terceirizados na dinâmica da tomadora.

Aliás, torna-se visível que o uso tradicional dos sistemas de proteção jurídica que visam à garantia da intangibilidade salarial, no contexto da igualdade remuneratória, não conseguem fazer frente às renovadas formas de produção capitalista. De fato, o art. 462 da CLT, por exemplo, que aborda o assunto sob o enfoque da equiparação salarial, tem como pressuposto o fato de os trabalhadores equiparandos serem empregados do mesmo tomador. Todavia, o sistema pós--fordista torna complexa essa relação entre trabalhadores e beneficiários dos serviços, na medida em que as contratações não mais ocorrem a partir do eixo único do contrato de emprego. A triangulação que a terceirização representa é um exemplo disso. Por isso mesmo, é absolutamente essencial repensar o primado constitucional da igualdade na perspectiva remuneratória para uma releitura profunda dos esquemas tradicionais trabalhistas endereçados à questão antiga e nova de igualdade no trabalho.

Quando se reflete nos tempos atuais sobre a relação entre melhoria da condição social e integração nota-se que a inserção dos trabalhadores que vem sendo reconhecida como legítima é aquela que ocorre mediante contratos precários, dentre eles os contratos a prazo determinado, as adesões a cooperativas simuladas e a terceirização de serviços (DELGADO, Gabriela Neves, 2006. p. 197).

Como promover a melhoria da condição social dos trabalhadores, confirmando-se juridicamente a validade da intermediação da mão de obra que os acondiciona espacial e temporalmente ao mesmo estrato, sem esperança, de vivência laboral?

Observa-se na terceirização de serviços em sentido estrito que o trabalhador é protagonista de uma relação empregatícia em razão da contratação efetivada pela intermediadora de mão de obra. Todavia, não é destinatário de sistema adequado de proteção jurídica justamente porque há dificuldades de acesso à expansão de melhores condições sociais em face da separação entre intermediadora e tomadora. O trabalhador, porém, normalmente se beneficia de parcelas trabalhistas como férias, 13º salário, aviso-prévio e FGTS, mas todas elas acondicionadas à realidade da terceirização, vale dizer, não há progresso funcional, melhores salários, mudanças de atividades ou acessos a outras oportunidades na tomadora, que possui maior envergadura econômica. Mas, como os trabalhadores se situam num contrato de emprego, a impressão que fica é que a terceirização não lhes retira direitos e, portanto, é legal e legítima. Todavia, tal retirada ocorre pelo modo como se organiza a produção, que tem como premissa negociar o trabalho como mercadoria. Por isso, são necessárias reflexões sobre o contrato de emprego, isso porque ao mesmo tempo em que abre as possibilidades de proteção para a pessoa que trabalha, também não permite enxergar que ainda que ele esteja formalmente reconhecido a proteção não se realiza de forma adequada, considerando a situação dos trabalhadores envolvidos em formas variadas de prestação de serviços.

Além das possibilidades e dos bloqueios que se verifica na construção dos entendimentos em âmbito judicial, é importante referir que atualmente estão tramitando diversos projetos de lei que versam sobre a terceirização, e mais especificamente sobre a terceirização de serviços. A pretexto de regulá-la, as propostas, de alguma forma, tornam legítimo o próprio processo que, na prática, implica em precarização das relações de trabalho, especialmente comparando-se o terceirizado com os trabalhadores que antes ocupavam postos efetivos junto à tomadora final e, ainda, diante da fragmentação do coletivo dos trabalhadores.

Os projetos de lei podem mudar de identificação, sobreviver ou não ao término de determinada legislatura; pode, ainda, ocorrer de um deles finalmente chegar à redação final de consenso, e outros continuarem tramitando para versar sobre questões aparentemente menores. De todo modo, o que parece comum a todos eles é a oficialização ou consolidação de uma subclasse de trabalhadores. Na percepção de Germano Siqueira, o implemento da precarização das condições de trabalho no Brasil, na linha dos projetos em curso nas Casas Legislativas, "representaria contribuir para o *apartheid* trabalhista e social em nosso país".[96]

---

[96] Germano Siqueira cita especificamente algumas propostas que considera dramáticas em razão de representarem verdadeira flexibilização dos direitos sociais, a despeito da sua fundamentalidade constitucional. Os seguintes trechos detalham os problemas dos principais projetos referidos pelo autor: "nesse sentido vale destacar, sem excluir outros, apenas dois projetos que tramitam sob a chancela (ou omissão) do Governo (o que resulta no mesmo), que comprometem a base de proteção das relações de trabalho em nosso país. Trata-se do PL n. 4.330/2004 (terceirização indiscriminada) e PL n. 951/2007 (que institui o Super Simples Trabalhista – decotando direitos fundamentais de mais de 59% dos trabalhadores brasileiros)" (...) "Importante ressaltar, para quem não conhece esses projetos da terceirização e do chamado Super Simples Trabalhista, que este último, por exemplo – PL n. 951/2011 – está abertamente voltado para a tutela às micro e pequenas empresas, que merecem apoio, sem dúvida, mas isso não pode ocorrer pela degradação do 'valor' trabalho, embora de forma irônica haja justificativa no projeto de que a ideia é 'incluir' o trabalhador informal no mercado. O projeto, todavia, assim o faz ao custo de tratá-lo como um subempregado (...) "Conforme seu conteúdo, cria-se então o enganoso 'Simples Trabalhista' gerando redução clara dos direitos dos trabalhadores desses estabelecimentos, cuja massa de empresas no Brasil é hoje responsável, segundo dados do IBGE e do Ministério do Trabalho, por empregar algo em torno de 59% da mão de obra economicamente ativa" (...) "Há de se ter claro, além do mais, que, na verdade, o art. 179 da CF, sobre o qual se funda a iniciativa de lei, foi concebido para permitir aos entes federativos proporcionarem tratamento jurídico diferenciado às micro e pequenas empresas, mas voltado esse tratamento para a simplificação das obrigações administrativas, tributárias, previdenciárias e creditícias, nunca para solapar direitos de natureza trabalhista (...) "Não há exagero nessa afirmativa. E digo que não há porque não bastasse o PL n. 951, tramita no Congresso, também sem reação coordenada por parte do Governo (que novamente ou apoia ou se omite), a proposta de modificação ampliativa do regime de terceirização (Projeto de Lei n. 4.330, de 2004), que mesmo com todas as boas intenções contidas no texto de reforma da proposta originária (substitutivo apresentado em 2011), acaba por manter o DNA da proposição inicial, com janelas que permitem a contratação e a recontratação de trabalhadores em atividades meio e fim, além do afastamento da responsabilidade solidária em caso de descumprimento da lei, bem como permitindo a rotação de empresas prestadoras para um mesmo tomador, mantendo a prestação de serviços de um mesmo empregado (principal instrumento de fraude nesse tipo de atividade) e, pior que tudo, sem assegurar a igualdade de direitos entre os trabalhadores 'terceirizados' e os empregados diretos da empresa tomadora e que, muitas vezes, como já hoje ocorre, executam idênticas funções" (...) "Pelo projeto de Lei n. 4.330 e conexos – simpáticos aos interesses do setor financeiro e industrial – a tendência será a terceirização de quase todas as atividades produtivas, sem equivalência salarial e

Desponta, portanto, como desafio relacionar legislação trabalhista e proteção à pessoa humana porque, para tanto, a primeira deve se posicionar para além do conceito de emprego.

A desregulamentação das atividades produtivas resulta em aumento da exploração dos trabalhadores.

> O que se percebe, então, é a *inclusão* do trabalhador como *mercadoria* na cadeia produtiva da sociedade do trabalho. O lucro da empresa 'prestadora de serviços' não estará na fabricação de um bem, no fornecimento de um serviço especializado ou na elaboração de trabalho intelectual qualificado. *A empresa lucrará com a força de trabalho 'alugada' a um tomador*, o que implica concluir: o homem perde a perspectiva da *centralidade* do trabalho. Ao invés de figurar como protagonista da relação de trabalho — ocupando um dos seus polos —, o homem passa a ser *objeto* de uma negociação de natureza comercial (PAIXÃO, 2006b. p. 8; PAIXÃO & LOURENÇO Filho, 2009. p. 20-21).

O terceirizado é, em geral, um trabalhador sem qualificação porque as atividades de aperfeiçoamento demandam investimento. A empresa prestadora dos serviços obtém lucro em razão da força de trabalho oferecida e, portanto, não incorporará, na sua dinâmica, gastos com treinamento. Especializado numa atividade, e sem efetiva inserção na empresa tomadora dos serviços, o terceirizado é um trabalhador que não convive com expectativas de melhoria para o futuro.

Cristiano Paixão (2006b. p. 9) conclui que um dos desdobramentos mais perversos da terceirização é a subtração do terceirizado das referências de tempo e espaço, "que são as dimensões constitutivas da experiência humana no mundo exterior". Por um lado, os terceirizados não têm perspectiva de ascensão profissional, "pois as empresas prestadoras são especializadas no fornecimento de determinados serviços que não compõem a atividade-fim do tomador" (PAIXÃO, 2006b. p. 9), e, de outro, não há garantia de que permanecerão no mesmo posto de trabalho, ainda que pelo prazo reduzido de duração do contrato de prestação de serviços estabelecido entre as empresas.

O grande movimento das empresas fornecedoras de mão de obra, ou seja, sua rotatividade, implica em insegurança para os trabalhadores, que um dia estão empregados e no seguinte se vêm abandonados nos postos de serviço.[97]

---

sem responsabilidade solidária. Mais que isso, curiosa e contrariamente, quando se fala de relação das empresas terceirizadas com o Estado, ficou no texto a hiperproteção constante da cláusula de equilíbrio econômico-financeiro do contrato em prol da contratada (art. 12 do substitutivo), criando norma de indexação remuneratória do contrato" (Disponível em: <http://www.conjur.com.br/2012-fev-16/caminho-china-terceirizado-desprovido-desnivelado-socialmente>. Acesso em: 30 de abril de 2012).
(97) Esse movimento ou rotatividade de empresas terceirizadoras se dá de várias maneiras. No caso do Distrito Federal ocorre de as empresas de fora lograrem êxito no fornecimento de mão de obra, normalmente para órgãos da administração pública, quando se sagram vencedoras no certame público. Tais empresas, porém, têm pouco ou nenhum compromisso com os trabalhadores contratados para a prestação de serviços.

Na apresentação à obra coletiva de que foram organizadoras (*A perda da razão social do trabalho: terceirização e precarização*), Duck & Franco (2007. p. 7) destacam que essa transferência de responsabilidade que a terceirização propicia

> fragmenta os coletivos de trabalho e joga-os em condições precárias de trabalho, de saúde e de emprego, instituindo estatutos diferentes e, em geral, criando um manto de invisibilidade sobre esses trabalhadores. Processo permitido pelo grau de flexibilização das legislações trabalhistas e pelo — cada vez mais frágil — papel do Estado na fase atual do capitalismo.[98]

Essas práticas precarizantes, que expõem os trabalhadores a situações de exclusão social, são, no entanto, incompatíveis com o discurso sobre a igualdade e a liberdade.

Explorado o tema concreto da terceirização de serviços e suas implicações para o sistema jurídico de proteção trabalhista, o propósito do próximo capítulo é justamente de apresentar o cenário contemporâneo mais amplo das novas morfologias do trabalho e suas consequências para a cidadania.

---

(98) A sensação dos terceirizados é de que não são valorizados, são tratados como *coisas*, podendo ser facilmente substituídos.

CAPÍTULO 2

MUDANÇAS NO MODO DE ACUMULAÇÃO CAPITALISTA: DESAFIOS À INTER-RELAÇÃO ENTRE TRABALHO E CIDADANIA

Os dilemas do direito ao trabalho e à proteção ao trabalho exigem compreensão sobre os modos de produção capitalista que, no decorrer do século passado, vêm sendo construídos, reformulados, combinados e apresentados como alternativas às demandas da economia global por maior e melhor produtividade e maximização dos lucros, e, portanto, condicionadas pelos imperativos da competição. É imprescindível conhecer a nova e ampla morfologia do trabalho, decorrente das modificações em curso, que emprestam outras configurações à dinâmica do trabalho, para uma reflexão crítica acerca da (in)adequação do tratamento jurídico que se tem conferido à questão da proteção ao trabalho na contemporaneidade.

Há uma percepção presente de que houve mudanças no mercado de trabalho nas últimas décadas, com reconfigurações definidas por uma economia globalizada. Mas de que maneira essas transformações afetam a relação entre trabalho e cidadania? Na questão da proteção ao trabalho, como o Direito reage às demandas da economia de mercado?

2.1. Dimensões Constitucionais do Trabalho e da Cidadania

Na dimensão político constitucional liberal,[99] construída sob o ideário iluminista moderno, a cidadania não incorporava exercício de direitos voltados à questão do trabalho e se realizava mediante mecanismos de democracia representativa, tendo os indivíduos direito ao voto e à participação na vida política. Indivíduos, aliás, abstratos, teoricamente universais e iguais, "cujas liberdades asseguradas eram negativas, configuradoras de uma esfera de 'proteção' contra as interferências estatais" (SILVA, 2007. p. 1357).[100]

---

(99) Para tal dimensão são importantes as Constituições Americana (1789) e Francesa (1791) e no Brasil as Constituições de 1824 e 1891.
(100) Sayonara Grillo Coutinho Leonardo da Silva refere à ausência da questão do trabalho para a dimensão democrática liberal partindo de descrições feitas por Eric J. Hobsbawn *(Mundos do trabalho: novos estudos sobre história operária.* Rio de Janeiro: Paz e Terra, 1987).

À abstração do conceito de igualdade correspondia a aceitação do regime do voto censitário, o que para os trabalhadores significava a autêntica condição de não cidadãos, isso porque "o não cidadão no trabalho correspondia ao não cidadão na cidade, no espaço público" (SILVA, 2007. p. 1357).

Com suporte em Sayonara Grillo C. L. da Silva (2007. p. 1357) e Menelick de Carvalho Netto (2001. p. 15-16), pode-se afirmar que na arquitetura liberal se encontrava pressuposta a separação entre Estado e sociedade, entre público e privado. A sociedade era boa, porque constituída por homens livres, iguais e proprietários, e o Estado, ruim, deveria ser contido em dimensões que não afetassem a esfera, egoística, dos indivíduos.[101] Ao Estado mínimo competia garantir o máximo de liberdade aos indivíduos. Estabelecida rigidamente a distinção, a cidadania na modernidade pertencia ao público, e era exercida em momentos eleitorais, e mesmo assim apenas por uma parte da população.[102] Já as esferas da produção e do trabalho eram de domínio privado, regidas pela lógica do mercado. O confinamento da democracia à esfera política permitia que as relações econômicas, as de trabalho incluídas, seguissem regras autônomas. "Com o advento do capitalismo, o mundo privado passa a ser um espaço inatingível ao exercício dos direitos de cidadania" (SILVA, 2007. p. 1357).

O surgimento do proletariado como uma nova classe social, na passagem da servidão ao trabalho livre, dá lugar à venda da força de trabalho, ao invés da relação pessoal, de presença e proximidade com o mestre, característica das corporações de ofício da época medieval. A questão social que aflora entre os séculos XVIII e XX, sob sua forma moderna, justamente acomoda, já no mundo capitalista, as implicações relacionadas à liberdade para transacionar com a força de trabalho, com a possibilidade de a classe produtiva se apropriar do trabalho alheio. A classe trabalhadora surge como categoria social constituída pelo capital (KURZ *apud* ANTUNES, 2008. p. 130).

Se por um lado só há mais valia declarando-se, como ponto de partida, todos livres, iguais e proprietários, por outro, o modo de produção capitalista possibilitou

---

(101) A expressão, Estado ruim, traduz a desconfiança gerada pelas experiências, nos séculos anteriores, com as concentrações de poder típicas das monarquias absolutistas.
(102) Observando as reflexões de Ana Aguado acerca da discriminação de gênero e da realização dos direitos fundamentais, merece destaque o fato de que essas relações estiveram na base das contradições sociais e ideológicas que caracterizaram o processo revolucionário burguês, e o posterior desenvolvimento histórico dos liberalismos, tanto na perspectiva ideológico-cultural como na político-jurídica (2005. p. 2). Cuidou-se de uma era constitucional que explicitamente excluía, do seu raio de incidência — quanto ao discurso de igualdade e liberdade — as mulheres. O direito de igualdade, abstrato e natural, de 1789 não era universalizante (2005. p. 5). No início da era liberal houve a articulação da esfera pública e seu "necessário" correlato, a esfera privada, como duas realidades dicotômicas e diferentes. O "público" — a política, a cidadania, o poder, as formas mais "prestigiadas" de sociabilidade e de cultura — se vinculava "naturalmente" — é dizer, por "natureza" — à identidade social masculina; ao passo que o "privado" — entendido como "doméstico" e não "civilizado" — correspondia à identidade social feminina (2005. p. 3).

a exploração das pessoas trabalhadoras, já que para tal sistema o trabalho era uma mercadoria, cujo preço se fixava em face do custo da produção.[103]

Em razão da liberdade para transacionar com a força de trabalho, é importante mencionar que a partir do século XVIII ganha, para o Direito, contornos privilegiados a figura do contrato, ou mais especificamente sua força vinculativa como causa do surgimento de obrigações.

A concepção, possível a partir dos ideais do Direito Natural e do Direito da Razão, de que todo Direito é Direito Positivo, foi expressiva do que se pode chamar de um sistema jurídico autoconstituinte. O respaldo organizacional a esse sistema, segundo Luhmann (1990. p. 151), residia na diferenciação entre legislação e jurisdição. Um sistema autoconstituinte assentado em tal diferença acarretou consequências, e dentre elas o autor destaca a seguinte: "concede-se gradativamente também à vontade 'privada' um poder de disposição cada vez maior sobre o símbolo 'vigência do Direito', e isso na forma de uma liberdade contratual isenta de toda e qualquer coação de tipos" (1990. p. 153).

Todavia, os tribunais reconheciam, e ainda reconhecem, a vontade das partes contratantes como objeto de sua interpretação, ainda que para procurar preservá-la naquilo que consideram ser sua expressão mais autêntica, de maneira que, como pôde constatar Luhmann (1990. p. 154), o privado permaneceu sendo um conceito jurídico controlado no sistema jurídico.

É certo, no entanto, que a doutrina da liberdade contratual, ou da necessidade de preservação *autêntica* de sua expressão, inclusive pelos tribunais, revelou pontos vulneráveis no âmbito do Direito do Trabalho e, depois, no que poderia se considerar mais amplo, no Direito Social (LUHMANN, 1990. p. 154).

De toda forma, Luhmann (1990. p. 158) reconhece como um dos elementos que não receberam suficiente tratamento, e que revela fraquezas na descrição teórica da distinção entre legislação e jurisprudência, justamente a tolerância da criação privada do Direito vigente por meio dos contratos.

Da igualdade formal como pressuposto da liberdade, sobressaía, portanto, a afirmação da autonomia individual, e especificamente contratual. Indivíduos presumidamente iguais transacionavam livremente sobre a prestação de serviços, e, portanto, toda a regulamentação do trabalho foi inicialmente construída com suporte no contrato.

---

(103) A assimetria capitalista não ocorria apenas de forma externa, isto é, entre empreendedor econômico e trabalhadores mas também internamente, entre os próprios trabalhadores. De fato, a despeito de às mulheres, na época ilustrada, não se reconhecer o direito ativo à participação na esfera pública, paradoxalmente compuseram com números expressivos a massa de trabalhadores empregada durante a Primeira Revolução Industrial. Talvez justamente em razão do não reconhecimento do direito à reivindicação e à resistência, puderam ser consideradas e tratadas, ao lado dos menores, como "meias-forças-dóceis". Alice Monteiro de Barros sintetiza que "o emprego generalizado de mulheres e menores suplantou o trabalho dos homens, pois a máquina reduziu o esforço físico e tornou possível a utilização das 'meias--forças-dóceis', não preparadas para reivindicar. Suportavam salários ínfimos, jornadas desumanas e condições de higiene degradantes, com graves riscos de acidente" (2005. p. 59).

No contexto da Constituição de 1891 no Brasil, uma cultura jurídica orientada para o privatismo foi um dos fatores impeditivos ao estabelecimento de um Direito do Trabalho. A regulação do trabalho no capitalismo brasileiro emergente ocorria com a locação de serviços prevista no Código Civil de 1916.

Sayonara Grillo C. L. da Silva resgata dois momentos expressivos da codificação nacional da época liberal, justamente para refletir sobre a questão do tratamento jurídico endereçado ao trabalho:

> É deste período de construção de um Estado Nacional que datam os Códigos Penal (1890) e Civil (1916). A regulação que nossos primeiros códigos deram ao fenômeno do trabalho é similar às das codificações europeias do século XIX. Sob o aspecto penal, o que interessava era a coletividade do trabalho (greve e manifestações de conflito); sob o aspecto civil, o indivíduo em suas relações privadas, nas quais não havia espaço para a contratação coletiva nem para a intervenção de entes externos, nem Estado, muito menos sindicatos (2008a. p. 133).

No espaço da fábrica capitalista, as pessoas eram meros fatores produtivos, imersos no acelerado e brutal ritmo imposto pela revolução industrial. Havia, enfim, indivíduos mais iguais e mais livres do que outros.[104] O paradoxo do Estado Liberal era justamente uma absoluta liberdade traduzida concretamente numa absoluta escravização e, durante a sua vigência, "o capital se fez forte, sem precisar da intervenção do Estado na economia para legitimar seu poder" (DELGADO, Gabriela Neves, 2006. p. 177).

A humanidade, ou a qualidade de cidadãos, "a industrialização limitava a uma minoria sempre mais restrita, constituída por aqueles que, oportunamente, eram chamados de abastados" (DE GIORGI, 2006. p. 225).

A partir da fábrica, e em razão dela, as movimentações operárias ocorridas entre metade do século XIX e as primeiras décadas do século XX foram decisivas para a efetivação e o questionamento acerca da extensão dos direitos liberais clássicos (SILVA, 2007. p. 1357-1358).[105] E, reivindicando, "os trabalhadores se constituiriam como cidadãos, através de uma ação política ativa" (SILVA, 2007. p. 1358).[106]

---

(104) Conforme descreve Menelick de Carvalho Netto: "a exploração do homem pelo homem que ocorreu, conduziu a uma riqueza e a uma miséria sem precedentes na história da humanidade, a toda reação que já conhecemos bastante e a muita luta social" (2001. p. 16).

(105) Sayonara Grillo Coutinho Leonardo da Silva destaca que as movimentações operárias tiveram importante papel tanto na efetivação dos direitos liberais clássicos como na sua ampliação, "construindo com a história novas gerações de direitos" (2007. p. 1358). Esta descrição traz evidente a concepção de que houve gerações de direitos fundamentais, num processo acumulativo e evolutivo. Todavia, adota-se, para fins da presente obra, a reflexão crítica de Menelick de Carvalho Netto no sentido de que não houve o surgimento de gerações, mas verdadeira mudança de paradigmas. A cada suposta nova geração tudo muda, especialmente as considerações sobre o significado da igualdade e da liberdade (2001. p. 15-17).

(106) Para tanto foi importante a constituição de uma esfera pública independente, cuja condição de possibilidade foi a laicização presente nas Revoluções Burguesas do século XVIII. A Modernidade, na

Sayonara Grillo Coutinho Leonardo da Silva analisa a fase do liberalismo brasileiro na Primeira República e destaca que foi este o momento em que surgiu uma identidade para o trabalho, que teve como ponto de partida intensa luta por melhorias para os trabalhadores, na tentativa de superar a herança do passado escravista (2008a. p. 130).

A mesma autora promove a seguinte descrição relacionada ao tratamento conferido aos trabalhadores nas indústrias emergentes no Brasil em tal época:

> Os relatos sobre as indústrias nascentes indicam a persistência do trabalho em condições subumanas e a persistência de castigo físico. As crianças e mulheres ocupavam aproximadamente metade da mão de obra empregada nas empresas, e a regulação dessa mão de obra foi uma das primeiras a justificar uma intervenção legislativa. As duras condições de trabalho incluíam sobrecarga, ausência de instalações sanitárias, acidentes, cobrança de multa dos empregados adultos pelos erros e aplicação de surras em meninos e meninas de seis anos de idade (...). As relações de trabalho permaneciam marcadas pelo signo da escravidão (SILVA, 2008a. p. 130-131).

Aos muros do liberalismo se contrapôs o processo histórico de constituição e formação da classe trabalhadora e de integração das mulheres no processo político. As demandas desses grupos eram justamente por tornar radicalmente uma realidade os abstratos valores da igualdade e da liberdade, desta feita para todos, dando curso à afirmação, como realmente universais, dos direitos civis, políticos e sociais.

A generalização do regime de salários, ocorrida entre os séculos XIX e XX, foi decisiva para a construção de um conceito de trabalho vinculado à questão do tempo. "O tempo dedicado para o trabalho traçaria uma clara linha de demarcação entre 'trabalho' e 'não trabalho', entre a esfera do tempo 'público' e a esfera do tempo 'privado' ou do tempo para si mesmo, e abriria o campo para os modelos de quantificação e de medida do 'valor' trabalho" (SCHWARTZ, 1996. p. 149).

A organização coletiva dos trabalhadores — voltada à reivindicação por melhores condições de trabalho —, as crises do capitalismo — e a demonstração de suas insuficiências —, e o limitado alcance dos preceitos da liberdade e da igualdade da era liberal forneceram aos poucos os elementos para uma conjuntura histórica que redefiniu tendências na forma de organização do trabalho, a qual pressionava em sentido contrário à precariedade.

> Pode-se afirmar que a condição precária de trabalho do século XIX foi sendo superada a partir de um conjunto de conquistas do movimento operário,

---

qual direito é diferente de religião e da política, assistiu a diversas manifestações de conflito e de insatisfação com as crescentes desigualdades materiais, evidenciadas sobretudo à época da Revolução Industrial. Nesse sentido, foram importantes as teorias comunistas e anarquistas, merecendo destaque os pensamentos de Karl Marx, especialmente no seu *Manifesto Comunista* (1848).

com destaque ao papel do Estado redefinindo os limites da superexploração e garantindo alguma proteção social aos trabalhadores, especialmente aos mais pobres (THÉBAUD-MONY & DRUCK, 2007. p. 24).

A organização operária impulsionou ao reconhecimento de que a economia capitalista não era apenas constituída por capital, fatores de produção e mercado, mas também por pessoas dotadas de necessidades básicas e interesses próprios e legítimos, sendo essencial a conexão entre cidadania e trabalho (SANTOS *apud* SILVA, 2007. p. 1359).[107]

Harvey, com suporte em Marx, pondera que, sem controles e regulamentos, o capitalismo do livre mercado poderia dilapidar as duas fontes de sua própria riqueza: o trabalhador e o solo (2006. p. 45).[108]

No decorrer do século XX, após a crise de 1929, e mais intensamente no período posterior à Segunda Guerra Mundial, a maior parte dos países europeus experimentaram uma nova realidade, com a constituição dos Estados de Bem-Estar Social, que se tornaram referência mundial. A chamada social-democracia pode ser compreendida como o pacto entre as organizações dos trabalhadores e os capitalistas, alicerçado no compromisso, de um lado, com melhor distribuição de renda e dos ganhos com a produtividade, e, de outro, com a aceitação da ordem do capital. Pode-se considerar como um dos elementos desse pacto social-democrata a aceitação do sindicato como interlocutor e, em consequência, como co-construtor dos direitos sociais. Relativamente ao Estado, seu papel era o de implementar um conjunto de direitos sociais universais capazes de tornar o capitalismo menos devastador, e que envolvessem os temas do emprego, da moradia, da educação, da saúde, do transporte etc. (THÉBAUD-MONY & DRUCK, 2007. p. 25). No Estado Social há restrição às esferas de autonomia privada.

"A tônica do Estado Social é a ideia de *compensação* devida a uma grande camada de indivíduos diante da concentração de riqueza e poder em alguns setores da sociedade", cuja tarefa estaria a cargo do Estado, que por sua vez sofreu um processo de engrandecimento na sua estrutura quanto aos órgãos e competências (PAIXÃO, 2003. p. 23). O Estado se fortalece e intervém na economia para regular o sistema capitalista de produção, de maneira que a ideia de lucro pudesse se harmonizar com a figura do Estado Providência (DELGADO, Gabriela Neves, 2006. p. 177-178).

Essa trajetória histórica compreendida entre uma concepção privada de locação de serviços e o advento da condição do trabalhador de sujeito de direitos, previstos

---

(107) Sayonara Grillo. C. L. da Silva reporta-se, neste ponto, às reflexões de Boaventura de Sousa Santos contidas no *Reinventar a democracia entre o pré-contratualismo e o pós-contratualismo*. In: *A crise dos paradigmas em ciências sociais e os desafios para o século XXI*. 1ª reimpressão, Agnes Heller *et al.*, Rio de Janeiro: Contraponto, 1999. p. 38.
(108) Wacquant chama o livre mercado de mercantilização da vida social (2005. p. 169).

em estatuto próprio, corresponde ao momento em que a sociedade moderna tornou visível tanto a assimetria que imperava nas relações existentes entre capital e trabalho, quanto as consequências dessa desigualdade, comprometedoras do primado da dignidade humana. Por isso mesmo, o princípio da indisponibilidade dos direitos trabalhistas vinculou-se historicamente como resposta a essa assimetria característica das relações de trabalho.

Ao longo do século XX, a relação entre trabalho e cidadania se expandiu e se consolidou com a incorporação de diversos direitos vinculados à participação dos trabalhadores num mercado de trabalho organizado a partir da lógica fordista, estando tais trabalhadores vinculados a contratos de emprego. Na verdade, "ter uma profissão, uma carteira profissional e ser sindicalizado foram os primeiros atributos do cidadão brasileiro" (SILVA, 2007. p. 1359).

A Carteira de Trabalho e Previdência Social (CTPS), aliás, permaneceu por muito tempo como um símbolo de cidadania, e seus registros até hoje funcionam como um critério que distingue os trabalhadores formais dos informais. No modelo fabril de produção de massa, pertencer à relação salarial hierárquica era condição essencial para ter direito aos direitos. A integração cidadã e a ascensão social no sistema de *welfare state* ocorriam por meio do contrato de emprego. O critério da CTPS, portanto, era e ainda hoje é responsável pela construção/caracterização da tipologia "trabalho informal", ou seja, "a construção de uma subclasse de trabalhador: não empregado e não contribuinte, simbólica e aparentemente destituído do direito a ter direitos" (COUTINHO, Adalcy Rachid, 2006. p. 28).[109]

A forma do trabalho como mercadoria, ou ao menos mensurável como tal, se manteve relativamente estável por alguns decênios, isto é, "aceitou-se mais ou menos como evidente uma equivalência intuitiva entre, de um lado, o 'trabalho', e, de outro, um emprego remunerado, enquadrado por estatutos, convenções, lugares identificados de negociação ou de antagonismos a respeito dos termos desta troca" (SCHWARTZ, 1996. p. 147).

Na questão do mercado de trabalho, o incremento do sistema capitalista, com o predomínio da filosofia fordista de produção em massa, e para as massas, é aspecto central. Tal modelo se baseou em determinadas expectativas e características: trabalho em série (a cadeia de montagem de *Henry Ford*); crescimento dos salários atrelado ao aumento de produtividade; distribuição dos

---

(109) A CTPS também servia como forma de controle da mão de obra, bem como distinguia os *homens de bem*, isto é, os trabalhadores, daqueles que poderiam ser considerados transgressores da ordem em razão da *vadiagem*. De fato, "deixando à disposição das autoridades públicas amplíssima liberdade de ação, o art. 399 do Código Penal de 1890 tipificava como contravenção 'deixar de exercitar profissão, officio, ou qualquer mister em que ganhe a vida, não possuindo meio de subsistência e domicílio certo em que habite" (SEELAENDER, 2006. p. 10-11). Essa *faxina social* permaneceu nas décadas posteriores, já que tal redação original surgiu, com algumas modificações, na Consolidação das Leis Penais de 1932.

recursos econômicos contando-se com um generalizado sistema de Seguridade Social. Tudo isso redundaria, em definitivo, na extensão do bem-estar para a maioria da população. A vida laboral transcorreria segura do trabalho na fábrica até a aposentadoria. A fábrica, aliás, era o local onde se aspirava ver também trabalhando as gerações futuras daqueles empregados (BEIRAS, 2004. p. 306).

Para Wacquant (2005. p. 193), "durante a era dourada do fordismo, o trabalho assalariado tendia a homogeneizar a força de trabalho criando destinos em comum ao longo de uma vida presa ao esquema '40-50-60': emprego de 40 horas semanais por cerca de 50 semanas ao ano até a aposentadoria aos 60".[110]

A homogeneização que permitia uma economia de escala, não acontecia apenas em relação aos produtos, às máquinas e às fábricas, mas também com os trabalhadores, os sindicatos e o próprio Direito do Trabalho (VIANA, 2003. p. 778).

A despeito da influência que representou o Estado de *welfare*, sua experiência concreta, ao menos no que diz respeito aos significativos avanços sociais presentes na melhoria de salários e de condições de trabalho e de vida para a classe trabalhadora, não se mundializou, e mesmo em países, como a França, em que o pacto fordista rendeu resultados mais expressivos, permaneceram excluídos pelo menos três segmentos: as mulheres, os jovens e os trabalhadores migrantes (THÉBAUD-MONY & DRUCK, 2007. p. 25).[111]

As décadas de crescimento que se seguiram aos traumas da Segunda Guerra Mundial, em meados do século XX, durante os quais diversos países deram curso às concepções do Estado de Bem-Estar Social, representaram para as nações europeias e norte-americana a construção de uma (auto) imagem favorável, isto é, "as ricas sociedades do Ocidente capitalista passaram a pensar em si mesmas como pacíficas, coesas e igualitárias — numa palavra, *civilizadas* ..." (WACQUANT, 2005. p. 21).

No caso do Brasil, Thébaud-Mony & Druck (2007. p. 25) destacam a ocorrência de um fordismo periférico porque, especialmente considerando o modelo adotado[112] a partir da década de 30, houve reconhecimento da classe operária como ator social, com a regulação estatal do mercado. Todavia, também se

---

(110) Márcio Túlio Viana faz constatações semelhantes: "antes, os trabalhadores passavam toda uma vida na mesma categoria profissional, na mesma empresa ou pelo menos na mesma cidade e na mesma situação formal de empregados. Eram tão estáveis quanto os produtos, a empresa e até os valores da sociedade em que viviam. Por isso, era fácil encontrá-los e agregá-los" (2003. p. 784).
(111) As autoras mencionam os "trinta anos gloriosos" nos países em que a experiência do Bem-Estar Social de fato significou melhorias para os trabalhadores.
(112) Modelo, no caso, jurídico-constitucional (Constituições de 1934 e 1937 que estabeleceram formas de intervenção estatal na economia e continham normas com alto teor de programaticidade); jurídico--legal (em razão da unificação de boa parte das normas trabalhistas em um código do trabalho — a CLT); e de desenvolvimento econômico (a ser conduzido e operado pelo e a partir do Estado nacional).

estabeleceu a disciplinarização do trabalho com as regras do regime fabril, articulada com as legislações sindical, trabalhista e previdenciária. A regulação estatal do mercado com as legislações protetivas ressignificaram as reivindicações trabalhistas, roubando a fala dos trabalhadores, mantendo o movimento operário sob controle e estabelecendo uma forma de Bem-Estar crente nas promessas e nas realizações que tinham como ponto de referência o próprio Estado.

Os vínculos entre cidadania e trabalho, refletidos na ideologia do bem-estar social, nem de longe se tornaram duradouros ou consistentes o suficiente para a proposta de inclusão, sobretudo participativa, da classe trabalhadora.

É certo, ainda, que "a *materialização* do direito, por sua vez, também ocasionou as consequências secundárias e indesejadas de um *paternalismo socioestatal*" (HABERMAS, 2002. p. 302), cuja atuação desequilibrada resultou num Estado agigantado e numa cidadania apequenada, porque formada de pessoas consideradas necessitadas e desqualificadas justamente pela referida carência material.[113] A rede de proteção típica dessa nova dimensão do direito e da política era atributo do Estado e, tal como num movimento circular, as inclusões propiciadas geraram novas demandas por compensação e assim sucessivamente (PAIXÃO, 2003. p. 23).

A complexidade e a centralidade para a teoria política contemporânea da crise do Estado Social são bem destacadas por Cristiano Paixão (2003. p. 25):

> Entretanto, é fundamental assinalar que a crise do Estado Social não é exclusivamente fiscal ou administrativa. Ela é, antes de tudo, uma crise de déficit de cidadania e de democracia.
>
> A crise de cidadania decorre da carência, gradativamente percebida, de participação efetiva do público nos processos de deliberação da sociedade política. A identificação do público com o estatal acabou por limitar a participação política ao voto. A isso se aduziu uma estrutura burocrática centralizada e distanciada da dinâmica vital da sociedade. A associação entre público e estatal acarretou a construção de uma relação entre indivíduo e Estado que pode ser equiparada à relação travada entre uma instituição prestadora de serviços (e bens) e seus clientes.

Ainda nessa linha de crise do modelo do Estado Social, e tendo como ponto de partida Luigi Ferrajoli (2001), Iñaki Rivera Beiras (2004. p. 293) destaca que, na Era Constitucional posterior à Segunda Guerra Mundial — e portanto quando outro

---

(113) Habermas acrescenta que, confrontando versão liberal e social, "as duas partes só discordam quanto a se poder garantir a autonomia privada diretamente mediante direitos de liberdade, ou a se dever assegurar o surgimento da autonomia privada mediante outorga de reivindicações de benefícios sociais. Em ambos os casos, todavia, perde-se de vista a coesão interna entre autonomia privada e pública" (HABERMAS, 2002. p. 303).

paradigma constitucional se põe em construção —, emerge como característica a consciência sobre a insuficiência do consenso das massas, sobre o qual também se havia fundado as ditaduras fascistas, e que portanto não bastava para garantir a qualidade de um sistema político. A Carta da ONU de 1945, a Declaração Universal dos Direitos Humanos de 1948, a Constituição Italiana de 1948, a Constituição Alemã de 1949, e, no caso do Brasil, a Constituição de 1946 são marcos dessa etapa Pós-45, na qual se torna essencial o vínculo constitucional (quanto à forma e ao conteúdo).[114] Descobriu-se o significado e o valor da Constituição como limite e vínculo de qualquer poder, inclusive o majoritário.

Uma nova dimensão constitucional que se apresenta a partir disso possui como elementos constitutivos a democracia e os direitos fundamentais. Aliás, "a democracia é, também, a garantia dos Direitos Fundamentais" (CAMPILONGO, 2000. p. 113).[115]

A atual dimensão política-constitucional do Estado Democrático de Direito assume, em definitivo, como problema, e também como condição de realização, a tensão permanente entre liberdade e igualdade. Nunca é demais ressaltar que a demanda por democracia, no sentido de processo que possibilita a participação efetiva, estará no epicentro desse outro paradigma e no déficit deixado pelo anterior Estado do Bem-Estar Social. Também por essa razão, pode-se dizer que a relevância internacional dos direitos humanos, que se tornou bastante visível após a Segunda Guerra Mundial, suportou-se na "relação estreita que vem a ser instituída entre direitos humanos e democracia" (MARRAMAO, 2007a. p. 4).

Ao invés da democracia como expressão da vontade da maioria, na dimensão democrática de direito, é essencial o processo de inclusão das demandas das minorias pela afirmação dos seus e de novos direitos. Para Campilongo, a democracia significa manter elevada a complexidade social e os direitos fundamentais desempenham um papel essencial exatamente na garantia dessa alta taxa de complexidade. "Talvez a grande contribuição do sistema jurídico, a prestação do sistema jurídico para o sistema político seja exatamente esta: a de fornecer os instrumentos, a de viabilizar os mecanismos que permitam à democracia manter sempre abertas as possibilidades de escolha" (2000. p. 114).

---

(114) No Brasil, o processo democrático de direito foi interrompido pelo Golpe Militar em 1964. O Ato Institucional n. 2, de 27 de outubro de 1965, é bastante expressivo quanto ao processo de repressão autoritária que ganharia intensidade nos anos subsequentes, isso porque, expedido sem qualquer legitimidade, permitia ao Presidente da República, dentre outras medidas, decretar o recesso do Congresso Nacional, das Assembleias Legislativas e das Câmaras de Vereadores (BONAVIDES, 2000. p. 143). Ainda segundo Bonavides, o processo usurpatório republicano do poder constituinte originário se alastrou exatamente a partir do Ato Institucional n. 2, o qual trouxe, no suposto contexto revolucionário, a presença de um poder constituinte originário de exercício permanente (2000. p. 143).
(115) A Constituição de 1988 (art. 1º) expressamente se refere ao Estado Democrático de Direito e visivelmente é o texto brasileiro que maior importância confere aos direitos fundamentais.

Todavia, às novas perspectivas constitucionais democráticas é apresentado outro paradigma produtivo (*pós-fordismo*), representativo do trabalho fragmentário, precário, flexível e instável. Alguns trabalhadores, de acordo com o diagnóstico de Beiras (2004. p. 308), perderam sua própria identidade como coletivo, estando agora isolados e sem vínculos. Foram transpostos da condição de cidadãos para consumidores, mas sem terem meios para consumir, e por isso mesmo passaram a habitar o espaço da exclusão social. Além disso, o que se tem é, mais uma vez na história contemporânea de produção, o primado do mercado, embora reestruturado sob uma nova diretriz: a do neoliberalismo (DELGADO, Gabriela Neves, 2006. p. 178).[116]

Assim, se por um lado a proposta constitucional em curso comporta conjugar democracia e direitos fundamentais, de outro, a realidade que diversos trabalhadores enfrentam, forjada sob as premissas do mercado que se pretende autorregulado, não se compatibiliza com o direito fundamental ao trabalho decente.

2.2. Novas Morfologias do Trabalho e do Modo de Acumulação Capitalista

A partir de David Harvey e Ricardo Antunes, Sayonara Grillo C. L. da Silva (2007. p. 1.360) reflete sobre o profundo processo de reestruturação econômica, social e política em curso há quase quarenta anos, e que tem origem na crise do bem-estar, na disseminação da ideologia neoliberal, sob o chamado Consenso de Washington,[117] bem como na emergência do padrão capitalista de acumulação flexível[118]. Tal processo tem significado um abalo consistente à hegemonia da relação salarial e o solapamento do compromisso fordista. O trabalho, no atual contexto, passa a ser desenvolvido com mesclas do modo de produção anterior e do modo de produção emergente.

> Ricardo Antunes pontua como principais consequências no mundo do trabalho a redução do operariado fabril, concentrado em grandes aglomerações industriais; a precarização do trabalho, com surgimento de novas modalidades de contratação e subcontratação; a ampliação do setor de serviços; a explosão das taxas de desemprego e uma

---

(116) Neoliberalismo que, a despeito das especificidades locais, pode ser considerado como tendência macroeconômica.
(117) A expressão remonta à reunião ocorrida em Washington em 1990 da qual participaram economistas do governo norte-americano e instituições internacionais, bem como às ideias consolidadas na ocasião em torno de temas como privatização, controle da inflação, estado mínimo e liberalização do comércio, com vistas à promoção do melhor desenvolvimento dos mercados.
(118) Harvey menciona os argumentos difundidos pelo Banco Mundial no sentido de que "a integração internacional associada ao liberalismo do livre mercado e aos baixos níveis de interferência do governo é a melhor maneira de promover o crescimento e de aumentar o padrão de vida dos trabalhadores" (2006. p. 65).

modificação estrutural em sua composição; e o aumento do trabalho feminino e infantil em condições de superexploração (...).[119] Por sua vez, David Harvey observa que a mobilidade, a volatilidade do capital e a flexibilidade laboral ampliaram a capacidade empresarial de exercer pressões e maior controle do trabalhador, desgastado pelo desemprego e pelo crescimento da mão de obra considerada excedente. Simultaneamente registrava-se o enfraquecimento generalizado da capacidade e do poder de atuação sindical (...) (SILVA, 2007. p. 1360).

A classe trabalhadora não mais pode ser considerada como sinônimo do proletariado industrial produtivo, que ganhou contornos expressivos até a década de 70 do Século XX; ela, na verdade, o transcende, ainda que o núcleo fundamental permaneça na concepção de trabalhador industrial. A decomposição da estrutura de classes da sociedade industrial tradicional é fator não só de complexificação do mundo do trabalho como também demonstrativo da pluralidade que emerge da sociedade contemporânea.

Ricardo Antunes (2008. p. 23-42), com suporte em Coriat, Murray e Harvey,[120] descreve diferenças e singularidades de dois importantes processos de trabalho que conferiram e conferem contornos ao modo de produção capitalista, quais sejam, o fordismo e o toyotismo.

O fordismo, juntamente com o esquema taylorista, representam a forma pela qual a indústria e o processo de trabalho se consolidaram no decorrer do século passado, e que se manteve forte até meados de 1973.[121] Neste processo,

---

(119) O aumento do trabalho feminino e infantil em condições de superexploração não é uma invenção contemporânea nos novos arranjos da produção capitalista, mas senão que o retorno aos seus primórdios. Thébaud-Mony & Druck (2007. p. 24) relatam as precárias condições de trabalho enfrentadas por mulheres e crianças das fábricas têxteis durante o desenvolvimento da Revolução Industrial, especialmente na Inglaterra, porque, trabalhando em casa ou nas oficinas, eram submetidas a intensas jornadas de trabalho (quinze horas ou mais), em ambientes insalubres e sob pressão por maior produtividade, com recebimento de baixos salários. Segundo as autoras, "tal condição precária da classe operária nascente era, porém, mais acentuada entre as mulheres operárias; para os homens, havia uma tendência de estabilidade e segurança maiores" (2007. p. 24). Assim, o *putting-out-system* utilizado durante a formação das fábricas envolvia mais intensamente o trabalho feminino e infantil.
(120) Do economista francês Benjamin Coriat, Antunes relaciona as obras *El taller y el robot: ensayos sobre el fordismo y la producción en masa en la era de la electrónica*. Mexico/Espanha: Siglo XXI, 1992; e *Pensar al revés: Trabajo y organización en la empresa japonesa*. México/Espanha: Siglo XXI, 1992. De Fergus Murray consta *The descentralisation of production: the decline of the mass-collective worker?*, Capital & Class, n. 19, Londres, 1983. E de David Harvey, *A condição pós-moderna*. São Paulo: Loyola, 1992.
(121) O pacto fordista, para Márcio Túlio Viana (2003. p. 779), começa a revelar seus sinais de esgotamento já na década de 60 em face das rebeliões da classe trabalhadora que "queria a sua cota pela riqueza construída durante as décadas anteriores", bem como questionava o alcance do poder diretivo dos empregadores, exigindo modelos em que a cogestão se fizesse presente. Tais movimentos, ainda segundo o autor, estiveram articulados com outros de caráter reivindicatório, como dos estudantes,

preponderam o cronômetro e a produção em série e de massa. A organização da produção tem como principal fundamento a linha de montagem, geradora de produtos mais homogêneos. O trabalho, por isso, é parcelar; há fragmentação das funções; separa-se a elaboração da execução no processo de trabalho; as unidades fabris são concentradas e observam modo de organização verticalizado, sobressaindo a figura do trabalhador coletivo fabril. Juntamente com a produção em série, observando o sistema taylorista, há controle do tempo e dos movimentos dos trabalhadores e da produção.

Para Márcio Túlio Viana (2003. p. 778), na composição *Taylor* e *Ford*, a divisão do trabalho chegou até o limite do que era possível e, assim, "os últimos resíduos do saber operário foram se transferindo da oficina para a gerência. Com isso, algumas formas de resistência, fundadas naquele conhecimento, se inviabilizaram — como a de trabalhar lentamente, a pretexto de que era esse o único modo de fazê-lo" (2003. p. 778).

Há se considerar, portanto, uma concepção ampliada de fordismo, que incorpora a rigidez hierárquica e a produção em massa do fordismo típico, com a valorização do tempo linear-evolutivo do mercado própria do taylorismo. Por isso, vista em perspectiva, a era fordista é, na verdade, fordista-taylorista, numa composição que se concentra no modo de produção fabril.

Esse foi o meio ambiente favorável ao surgimento do núcleo essencial do sindicalismo, com uma verdadeira consciência de classe, de uma identidade coletiva entre os trabalhadores que se observavam nas mesmas situações. Respaldado em Héctor Silveira Gorski (1998), Beiras destaca como o modelo fordista de produção foi relevante para as transformações na concepção de tempo e de espaço. É que essa organização permitia, à sua vez, que os trabalhadores estabelecessem comunicações pessoais e vínculos comuns. Entre os trabalhadores, as empresas e os sindicatos existia uma *práxis* concreta (2004. p. 307-308).

A concentração do proletariado em fábricas e em determinados espaços das cidades tornava visível aos trabalhadores a existência de interesses comuns, em razão dos quais foram criadas instituições como os sindicatos, destinados a articular suas reivindicações. A fábrica

> ensinou aos homens como resistir a ela, ainda que dentro dela, e sem acabar com ela. Nasciam as greves, as sabotagens, as boicotagens, o *ludismo*. O sistema gerava assim a sua primeira (e talvez maior) contradição:

---

das feministas, dos homossexuais etc. De todo modo, a isso se aliou o fenômeno da queda nas taxas de lucros, decorrente da defasagem entre produção e consumo. Essa queda nos lucros, "levou os investimentos para o mercado de papéis, provocando recessão e desemprego. A crise se acentuou em 1972/3 e depois em 1978/9, quando as altas do petróleo se refletiram nos preços dos outros produtos, retraindo ainda mais o consumo".

a de ter de reunir para produzir, e ao mesmo tempo ter de conviver com os efeitos daquela união (VIANA, 2003. p. 778).

Segundo Beiras (2004. p. 307), o eixo do sistema fordista de sociedade foi o Estado Social. Na base desta forma de Estado estava a denominada *equação keynesiana*: a ideia de que era possível combinar crescimento ilimitado com uma melhor distribuição da riqueza e uma maior equidade social.

Porém, o modelo *fordista* de sociedade apresentou claros sinais de desgaste com a crise do Estado Social e com as transformações econômico-políticas do contexto internacional dos anos setenta e oitenta do Século XX. Esse quadro nos remete às portas do chamado processo de *globalização econômica* e do modelo social do *pós-fordismo* (BEIRAS, 2004. p. 307).

Os fluxos de mercadorias, capital, trabalho e informações, próprios da globalização, tornaram as fronteiras porosas, de forma a tensionar as concepções, organizações e crenças em torno do Estado-nação. Por isso, é pertinente indagar: como o Estado se posicionou e se posiciona em face da reorganização pós-fordista da economia?

O termo globalização se difundiu intensamente a partir da metade dos anos 70, "principalmente como legitimação para a desregulamentação dos mercados financeiros" (HARVEY, 2006. p. 27), tornando comum a crença na necessidade de redução dos poderes estatais no que dissesse respeito à regulamentação dos fluxos de capital. Na metade dos anos 80, a globalização econômica "ajudou a criar uma pesada atmosfera de otimismo empresarial em torno do tema da libertação dos mercados da tutela estatal" (HARVEY, 2006. p. 27). O processo deflagrado foi de liberalização e de liberdade para o mercado.

Embora globalização contenha sentido equívoco, na sua versão econômica é possível destacar com razoável consenso a abertura e a força dos mercados, sobretudo do mercado financeiro, e o predomínio do código econômico ter/não ter (NEVES, 2006. p. 215-219). De acordo com Ricardo Antunes, trata-se de "um mundo marcado por uma *globalidade desigualmente articulada*" (2008. p. 18). A categoria falsamente ecumênica da *globalização* (WACQUANT, 2001. p. 08) — e aqui se deve especificar como globalização econômica — não é capaz de fazer superar, antes aprofunda, as disparidades sociais.

Pensando no mundo do trabalho, não se pode deixar de referir àquilo que Faria denomina de lógica global avassaladora e de modo hegemônico que vêm se impondo, ou seja, as novas formas de organização econômica, os novos padrões de acumulação, a mobilidade quase ilimitada na circulação dos capitais financeiros e o crescente poder dos administradores de ativos mobiliários (2008. p. 51). Por isso mesmo, "nada é estável e tudo se modifica com a passagem do tempo", rompendo a congruência entre economia nacional, Estado nacional, cidadania nacional e sociedade nacional (FARIA, 2008. p. 51).

Além disso, em se tratando de um mercado global, raros locais estão infensos à sua influência. O problema, portanto, não se restringe às novas situações enfrentadas pelos países de capitalismo avançado na reformulação das suas políticas fundadas, durante os anos do pós-guerra, nas premissas do Estado de Bem-Estar. Também a América Latina hoje enfrenta a realidade de crise e modificação do modelo capitalista assentado na produção da indústria e a passagem para um outro modelo calcado na financeirização da economia (ALBUQUERQUE, 2006. p. 393).

Bourdieu (*apud* THÉBAUD-MONY & DRUCK) aponta dois sentidos de globalização, quais sejam, o descritivo e o normativo. O primeiro diz respeito à unificação do campo econômico mundial. O segundo se relaciona com a presença de uma política econômica que objetiva, por meio de um conjunto de medidas jurídicas e políticas, derrubar as barreiras existentes à tal unificação (2007. p. 34-35).[122]

A nova conjuntura que se ergue com a mundialização da lógica financeira, e que atinge níveis consideráveis, não se encontra restrita ao terreno econômico do mercado, senão que estabelece um novo modo de trabalho e de vida, um novo tempo social, o tempo de um presente contínuo, em face da "volatilidade, efemeridade e descartabilidade, sem limites, de tudo o que se produz e, principalmente, dos que produzem: os homens e mulheres que vivem do trabalho" (THÉBAUD-MONY & DRUCK, 2007. p. 25-26).

A redução do espaço da política, em razão da desregulamentação ou mínima regulação da economia, desde então tem se difundido como o único caminho viável diante da realidade inexorável da globalização econômica. Tarso Genro (1999. p. 254) pondera que essa *força normativa do fático* decorre não apenas da economia global, mas também da imposição advinda de uma brutal hegemonia ideológica e cultural. Hegemonia, aliás, que aponta para a crença de que haveria apenas uma forma de atender a essa nova realidade.

Como é próprio à complexidade da era contemporânea, também as novidades que conferem outros contornos ao mundo do trabalho não têm origem única, ou uma única causa explicativa, ao contrário, compõem um plexo de acontecimentos e de razões. Embora não seja possível esgotá-los, alguma visão perspectiva sobre eles é imprescindível para uma reflexão crítica acerca do grau de afetação sofrido pela concepção que vinha sendo construída sobre o trabalho como questão social, e não como mera mercadoria. Thébaud-Mony & Druck, no contexto de análise da terceirização, como forma de erosão dos direitos dos trabalhadores, na França e no Brasil, afirmam que:

---

(122) A obra de Bourdieu mencionada pelas autoras é *Contrafogos*, p. 119-127. No contexto da realidade dos países da União Europeia, as autoras, ainda com respaldo nos estudos de Bordieu, ressaltam que "as escolhas na área das políticas sociais foram subordinadas a essa política econômica" (2007. p. 35).

> ... a transição e a nova configuração estão associadas às novas bases de competitividade e produção, aos novos modelos produtivos e de organização do trabalho, à globalização, às novas políticas nacionais/neoliberais, às novas formas de regulação do Estado, às relações políticas entre capital e trabalho e, principalmente, à crise do fordismo e às tentativas de superá-lo (2007. p. 29).

Conforme adverte Alain Bihr, no prefácio ao livro de Ricardo Antunes — *Adeus ao Trabalho?* (2008. p. 11-12), com a desproletarização do trabalho industrial e/ou a redução do tamanho da classe operária tradicional tem-se mais subproletarização de uma parte do trabalho industrial e, em especial, do terciário, com o desenvolvimento da subcontratação e do trabalho precário, sem falar da economia informal ou da economia subterrânea, não somente nos países periféricos.

Ao contrário da verticalização e da concentração fordista/taylorista, o toyotismo (da era pós-fordista) estabelece sua lógica em torno da flexibilização da produção, que passa a estar voltada e conduzida diretamente pela demanda. "A produção é variada, diversificada e pronta para suprir o consumo. É este quem determina o que será produzido, e não o contrário, como se procede na produção *em série* e *de massa* do fordismo" (ANTUNES, 2008. p. 32-33). Além disso, a produção sustenta-se na ideia de "estoque mínimo" (após a venda é que se inicia a reposição de estoque) e há o melhor aproveitamento possível do tempo de produção. A fábrica, de rígida, se torna flexível, "tal como os produtos que agora fazia, o novo trabalhador que agora exigia e o novo direito pelo qual lutava" (VIANA, 2003. p. 779).

Ainda segundo Viana (2003. p. 779), há inversão na lógica produtiva. Isso porque, ao invés de incluir, há exclusões de empregados, direitos, políticas sociais e de etapas do processo produtivo.

No modo toyotista aparecem unidades produtivas menores e constata-se com isso que a concentração do capital no âmbito das grandes corporações não importa necessariamente em concentração física no espaço produtivo. Há um processo de deslocalização da produção, com, por exemplo, trabalhadores de *call center* na Índia atendendo clientes moradores da cidade de Londres na Inglaterra, ou unidades espalhadas por diversos países incumbidas de fabricar produtos para uma corporação americana, de maneira a aumentar o nível de precarização do trabalho.

Ainda que o modo de produção esteja sendo flexibilizado, o centro de gravidade permanece na grande indústria, sendo inegável o poder das corporações. A produção em locais diversos da sede da empresa, ou seja, a dispersão e a fragmentação geográficas do sistema de produção, das divisões do trabalho e das especializações de tarefas, não atuam como modo de parcelamento ou enfraquecimento das corporações. A dispersão espacial não significa a ausência de integração ao tempo da grande empresa, muito pelo contrário.[123] De acordo com Harvey, o mais das vezes ocorre "uma crescente centralização do poder corporativo por meio de fusões, assunções agressivas de controle ou acordos de produção conjunta que transcenderam as fronteiras nacionais" (2006. p. 92). Há, por isso, outra forma de verticalização. Márcio Túlio Viana denomina este processo de terceirização externa, isso porque a fábrica passa a gerir pessoal, máquinas, matéria-prima e produtos por meio de outras empresas, mas a grande empresa continua funcionando como *motor do ciclo* (2003. p. 779). Ainda segundo Viana, a fábrica, "em termos formais, visíveis, volta a ser horizontal. Organiza-se em rede, e — tal como um pescador — lança essa rede na direção de suas múltiplas, cambiantes e fugazes presas. Em termos substanciais, continua a ser vertical — embora de outro modo" (2003. p. 780).

Bourdieu (1998. p. 123) adverte que o processo de precarização atinge todo o universo da produção, material e cultural, pública e privada, inclusive a partir do fenômeno da *desterritorialização da empresa*, a qual até então estava vinculada a um lugar. Atualmente, porém, as empresas-rede tendem a se dissociar do Estado-nação.

A ocupação e a produção de espaço são essenciais ao capitalismo (HARVEY, 2006. p. 49) e não há neutralidade, ou qualquer naturalidade, na produção de certas organizações espaciais. Trata-se de elemento que interfere decisivamente na política mais ou menos unificada, e mais ou menos eficiente, da classe trabalhadora. A dispersão e a fragmentação dos processos produtivos no espaço atingem a capacidade de resistência coletiva dos trabalhadores. É que as corporações têm mais poder de controlar os espaços, "tornando lugares individuais bem mais vulneráveis aos seus caprichos" (HARVEY, 2006. p. 92).[124]

Por isso, é importante registrar que a existência de estatuto próprio sobre a questão do trabalho (legislações trabalhistas), que não mais poderia ser tratado como mera locação de serviços, como mercadoria, e mesmo a luta da classe trabalhadora pela afirmação de direitos, não representaram ou representam uma trajetória, ascendente e evolutiva, rumo a condições dignas para os trabalhadores. Ao contrário, a visão perspectiva revela que os novos modos contemporâneos de produção capitalista possibilitam o exercício do trabalho em condições precárias típicas do Século XIX, com a retomada do trabalho semiescravo de mulheres, de

---

(123) Nas descrições de Viana, "... a fábrica se dissemina, se distribui em pedaços. Mas isso não significa fraqueza. Ao contrário: ela é tão forte que pode se fragmentar sem perder o controle. Desfaz-se e ao mesmo tempo se refaz" (2003. p. 788).
(124) Torna-se viável às grandes empresas a "escolha" sobre o lugar onde instalarão suas unidades, a depender do que for negociado e concedido em termos de benefícios fiscais, e mesmo do nível e da intensidade dos direitos sociais que determinado Estado promova e garanta.

crianças e de adolescentes, sobretudo "nos países e continentes periféricos (Ásia, África, América Latina, Índia), a partir da 'deslocalização' ou da subcontratação (internacional) do trabalho pelas grandes empresas multinacionais" (THÉBAUD-MONY & DRUCK, 2007. p. 24).[125]

Wacquant, na investigação que promove sobre as zonas de exclusão urbana em cidades dos Estados Unidos, nas quais há preponderância do aspecto racial como fator de segregação, afirma que em ambiente precário governado pela infindável incerteza econômica, as crianças e os adolescentes "representam recursos importantes e estão sob constante pressão para gerar renda com pouca idade" (2005. p. 66).[126]

Essas referências permitem considerar a possibilidade de as exclusões promovidas por determinada conjuntura econômica e política atingirem mais fortemente as minorias que, como tais, já possuem fracos vínculos com os processos de inclusão. O mercado não opera de maneira a favorecer as minorias que, portanto, ficam confinadas a segmentos mais baixos do mercado de trabalho e com maior propensão a ter contratos de trabalho de curso prazo.[127]

A partir de Harvey (2006. p. 68), pode-se afirmar que as condições materiais que serviram de base para o *Manifesto Comunista* de Karl Marx (1848) não sofreram alterações radicais. Contemporaneamente, porém, as barreiras que se apresentam para uma mobilização eficiente dos trabalhadores são espantosas, sobretudo considerando a dispersão e a heterogeneidade da força de trabalho. Isso torna mais desafiadoras e problemáticas as definições e a busca por alternativas que

---

(125) Sayonara Grillo C. L. da Silva, em nota de rodapé explicativa sobre a regulação da mão de obra a partir de intervenção legislativa, revela que, tal como aconteceu na Inglaterra e em outros países europeus, uma das primeiras normas trabalhistas brasileiras dizia respeito ao trabalho da criança (Decreto n. 1.313 de 1.891), pelo que ficou proibido o trabalho dos menores de 12 anos, salvo os casos de aprendizagem nas fábricas de tecidos, cuja idade mínima fora fixada em 8 anos (2008a. p. 131). Como se vê, a exploração do trabalho infantil é questão recorrente no âmbito trabalhista, e não um tema exclusivo do liberalismo individualista própria à fase inaugural do capitalismo.

(126) O autor prossegue relatando que "no final do inverno, meninos de oito a dez anos de idade podem ser vistos a qualquer hora do dia ou da noite nos postos de gasolina de South Side oferecendo-se para bombear gasolina ou limpar para-brisas por alguns trocados, ou na saída de supermercados esperando para carregar sacolas em troca de uma moeda ou de alguma comida" (2005. p. 66). Trata-se, no caso, do Cinturão Negro da cidade de Chicago.

(127) Segundo as constatações da OIT, o estado de desenvolvimento econômico de um país não atua como fator determinante na definição da percentagem de mulheres com funções consideradas de nível elevado. Outros fatores se evidenciam mais decisivos como a legislação e as políticas antidiscriminação, os sistemas de classificação e codificação de profissões e a quota de mulheres no trabalho remunerado não agrícola (2007. p. 22). No caso das mulheres, a divisão sexual de tarefas familiares é fator importante a ser considerado porque o conflito entre a família e o trabalho condiciona suas opções em relação à sua decisão de ingressar no mercado de trabalho, e mesmo quanto ao tipo de emprego e carga horária exigida. Tal situação, por sua vez, afeta não só a antiguidade e a experiência profissional das mulheres, como também as suas perspectivas de formação e de carreira, o que contribui para a manutenção de baixos níveis de remuneração (OIT, 2007. p. 80 e 84).

considerem, ao mesmo tempo, as qualidades universais e transnacionais da acumulação do capital, e as necessidades locais de proteção às pessoas que sobrevivem a partir do trabalho.

As transformações desencadeadas a partir dos anos 70 do Século XX, várias delas impregnadas do mito do mercado autorregulado, fizeram sobressair valores como controle de qualidade, gestão participativa[128] e qualidade total[129] e, ao contrário do trabalho parcelar, surge o trabalho em equipe.[130]

Conforme a descrição de Antunes, ao invés da verticalização fordista:

> ... no toyotismo tem-se uma *horizontalização*, reduzindo-se o âmbito de produção da montadora e estendendo-se às subcontratadas, às "terceiras", a produção de elementos básicos, que no fordismo são atributos das montadoras. Essa *horizontalização* acarreta também, no toyotismo, a expansão desses métodos e procedimentos para toda a rede de fornecedores. Desse modo, *kanban*,[131] *just in time*,[132] flexibilização, terceirização, CCQ,[133] controle de qualidade total, eliminação do desperdício, "gerência participativa", sindicalismo de empresa, entre outros tantos elementos, propagam-se intensamente" (2008. p. 34).

Sobre o extremado controle interno da produção, Gabriela Neves Delgado menciona, ainda, os mecanismos de produção enxuta (*lean production*) ou da queima de gorduras (*downsizing*), tudo com a finalidade de inserir a qualidade total em todo o processo produtivo (2006. p. 179).

---

(128) Ricardo Antunes critica a chamada gestão participativa, isso porque se a era do fordismo "era movida centralmente por uma lógica mais *despótica*, a do *toyotismo* é mais *consensual*, mais *envolvente*, mais *participativa*, em verdade mais *manipulatória*" (2008. p. 40).
(129) O toyotismo não é um modo de produção capitalista exclusivo do Japão. A fábrica da Toyota ali localizada é um grande símbolo das primeiras experiências que conferiram formato a esta nova proposta de acumulação, com vistas à melhor produtividade das indústrias, e seus fundamentos circularam de forma tão global quanto é o modo de reprodução do próprio sistema da economia.
(130) Segundo Ben Watanabe, citado por Ricardo Antunes (2008. p. 35), e que durante trinta anos atuou no movimento sindical japonês: "A Toyota trabalha com grupos de oito trabalhadores... Se apenas um deles falha, o grupo perde o aumento, portanto este último garante a produtividade assumindo o papel que antes era da chefia. O mesmo tipo de controle é feito sobre o absenteísmo". Para Gabriela Neves Delgado, "a prática de incentivo de atividades em equipe, baseadas na interdependência entre os empregados que as compõem, aguça-lhes a competição, e paradoxalmente, o individualismo" (2006. p. 180).
(131) Significa produção apenas dos produtos necessários, com melhor qualidade, conforme modelo de reposição de mercadorias dos supermercados, que ocorre apenas após a venda dos produtos (CORIAT *apud* ANTUNES, 2008. p. 31).
(132) Equivale ao melhor aproveitamento possível do tempo de produção, incluindo-se questões como transporte, controle de qualidade e estoque (GOUNET & CORIAT *apud* ANTUNES, 2008. p. 33).
(133) Círculo de Controle de Qualidade (ANTUNES, 2008. p. 24).

Nas formas de organização inspiradas no toyotismo, a lógica da hora certa, tempo certo, quantidade certa e, portanto, erro zero, implicam em controle rigoroso sobre o trabalho, o qual conduz a situações de estresse nos trabalhadores.[134]

A quantificação remuneratória também muda e a prática de salários variáveis deixa de se situar apenas em relação à classe específica de trabalhadores, como os comerciários por exemplo. O pagamento por produtividade ou as recompensas em espécie e/ou benefícios estendem-se a um enorme contingente de trabalhadores. A partir da concepção toyotista de parcerias ganha força a remuneração mediante salários flexíveis, isto é, dependentes de metas, objetivos, produtividade, assiduidade, criatividade, dentre outros critérios. Na análise de Márcio Túlio Viana, "externaliza-se a concorrência — só que, agora, para os próprios trabalhadores. Eles passam a lutar entre si pelos prêmios, ou cobram assiduidade e eficiência dos companheiros de equipe" (2003. p. 781).

As modificações transitam de um sistema fordista fechado, integrado, centrado na fábrica e voltado a abastecer um mercado de massa uniforme para um sistema aberto, descentralizado e intensivo em serviços, montado para atender a padrões de consumo crescentemente diferenciados.[135]

O que se observa é a crescente complexificação, fragmentação e redefinição do mundo do trabalho. Por isso mesmo, "novos termos ingressam no léxico sindical e empresarial, como 'flexibilização', 'precarização' e 'volatilidade', indicando uma reconstrução do próprio sistema de proteção e tratamento do trabalho na contemporaneidade" (PAIXÃO & LOURENÇO, 2009. p. 17). Márcio Túlio Viana também refere ao termo *reatividade* para a situação em que as empresas sub-contratadas devem ser capazes de reagir prontamente a cada nova exigência, percebendo as necessidades e propondo soluções à empresa central, ou seja, "a mãe cobra das filhas, de modo inflexível, comportamentos flexíveis" (2003. p. 780).

---

(134) Segundo Annie Thébaud-Mony & Graça Druck "os efeitos da flexibilização demonstrados nas pesquisas implicam o processo de intensificação do trabalho para os que permanecem empregados, expondo-os a maiores riscos de acidentes e adoecimento" (2007. p. 30). O documentário *Carne e Osso* (produzido pelo Repórter Brasil e selecionado para o Festival É Tudo Verdade de 2011) aborda a questão do trabalho em frigoríficos nas Regiões Sul e Centro-Oeste do Brasil. A despeito da aparência, o modo de produção não é predominantemente ou exclusivamente do tipo fordista. Há elementos toyotistas, especialmente quanto à efetiva intensificação do trabalho. De fato, embora os trabalhadores e as trabalhadoras estejam ambientados no mesmo espaço físico, atuando de forma parcelar na produção, há isolamento e impossibilidade de convívio entre os colegas de trabalho, em razão do forte controle exercido pelas empresas. Além disso, o ritmo da produção é definido arbitrariamente pelas empresas, considerando a necessidade estabelecida pelos clientes, com imposição aos trabalhadores, que experienciam evidente processo de adoecimento e de sofrimento no trabalho.
(135) Essas ideias sobre as diferenças que caracterizam um sistema pós-fordista estão dispostas em *Os Condenados da Cidade* de Loïc Wacquant (2005. p. 69), e embora digam respeito à transformação da economia norte-americana, nota-se que são adequadas para descrever, ao menos em linhas gerais, as modificações que transcendem as peculiaridades daquele mercado.

As novas regras de competição numa economia globalizada impelem os trabalhadores, antes envolvidos em trabalhos concretos produtivos, a assistirem ao desaparecimento de diversos postos de trabalho e verem-se tecnologicamente obsoletos, e, obviamente, forçados a adaptarem-se a novos processos e condições de trabalho, com afiliação incerta à rede de emprego.

A produção flexível toyotista também significa que o trabalhador deve saber operar várias máquinas, o que não o torna necessariamente mais qualificado, mas significativamente multifuncional e polivalente.[136] De outro lado, esta exigência faz emergir problemas na recolocação dos trabalhadores no mercado de trabalho. O trabalhador parcelar não se torna ou recebe necessariamente treinamento e não consegue se habilitar para se inserir no novo modelo que dele exige a capacidade de exercer múltiplas tarefas, e, de preferência, operando instrumentais tecnológicos em permanente mutação.

A flexibilidade externa, concretizada por meio das subcontratações (ou terceirizações em gênero), vem, portanto, acompanhada da flexibilidade interna, esta relacionada à polivalência e à disponibilidade exigida dos trabalhadores.

O trabalho organizado do esquema fordista dá lugar ao aparato produtivo flexível, com flexibilização dos trabalhadores e dos seus direitos, para que se possa dispor da força de trabalho de acordo com as necessidades do mercado consumidor.[137] Há manutenção de um número mínimo de trabalhadores vinculados ao contratante principal e a ampliação da força de trabalho ocorre por meio de horas extras, contratos temporários e/ou subcontratações. O que se intensifica é uma postura *laissez faire* que enfraquece a proteção aos trabalhadores.

Com a pretensão das empresas em focalizar as respectivas atividades na produção que possa satisfazer às necessidades específicas do mercado, "foi desenvolvida e associada ao toyotismo a técnica da terceirização trabalhista, fenômeno de gerência de empresas e de contratação de mão de obra que ganhou prestígio acentuado a partir de fins do século XX" (DELGADO, Gabriela Neves, 2006. p. 179).

É certo, porém, que a prática da subcontratação não surge como expressão apenas da era pós-fordista. Ainda que com menor intensidade — em razão da rigidez própria do sistema industrial —, o *putting-out-system* se manteve mesmo com a constituição das fábricas no contexto da Revolução Industrial.[138] Ainda

---

(136) Antunes (2008. p. 33) refere que na fábrica da Toyota no Japão cada trabalhador deveria operar em média cinco máquinas, o que rompe com o esquema homem/máquina do fordismo.

(137) Segundo Gabriela Neves Delgado, "a política trabalhista vigorante na maior parte da década de 1990 e no início do século XXI, incentivou abertamente a redução do preço da força de trabalho por meio da diminuição direta ou indireta dos direitos trabalhistas — em suma, da flexibilização empregatícia do mercado laborativo" (2006. p. 199).

(138) Thébaud-Mony & Druck (2007. p. 23) mencionam a ocorrência do *putting-out-system* por meio do artesanato rural no século XVI na Inglaterra e que tinha como eixo a "subordinação de um segmento dos artesãos e sua proletarização, isto é, a perda de sua independência e de seus direitos de propriedade sobre a produção e sobre o trabalho".

que observadas as peculiaridades de desenvolvimento do capitalismo em cada país, ocorriam, de um modo geral, "o uso do trabalho em domicílio, o pagamento por produção ou por peça na busca do menor custo" e a preservação de certa dispersão dos trabalhadores (THÉBAUD-MONY & DRUCK, 2007. p. 24). No mesmo sentido, Márcio Túlio Viana esclarece que, mesmo na fase inicial de construção do modelo fabril, o disciplinamento era muitas vezes intermediado:

> O capitalista alugava o trabalho de homens, mulheres e crianças, trazidos por uma espécie de mercador, que também fazia as vezes de capataz. Isso acontecia nos mais variados lugares, das fiações de algodão às minas de carvão, onde o capitalista terceirizava a exploração de galerias inteiras (2003. p. 777).

O que muda, no entanto, é como a terceirização ou a intermediação dos trabalhadores ganha força e se sedimenta como fórmula de gestão empresarial a partir dos anos 70 tornando prevalente aquilo que, nos primórdios do capitalismo, ainda que existente, não definia ou identificava decisivamente as movimentações dos segmentos econômicos.

Observando, assim, tendência diversa da que vinha sendo construída no decorrer do século XX, e até aproximadamente o início dos anos 70, do trabalho formalmente contratado, regulamentado e protegido, surgem e se intensificam fórmulas alternativas de vinculação e de remuneração da mão de obra.

2.3. A Emergência de uma Classe Desproletária e a Redução da Proteção Social

As novas diretrizes de inserção dos trabalhadores no mundo do trabalho apontam no sentido inequívoco da flexibilização das formas e dos modos de contratação. Em razão disso, tanto Harvey (2009. p. 144) quanto Gabriela Neves Delgado (2006. p. 180-185) fazem referência a dois eixos principais. O primeiro diz respeito a empregados altamente qualificados, com maior segurança no mercado de trabalho, que ocupam funções de tempo integral que, enfim, se inserem no âmbito das empresas.[139] O segundo eixo comporta subdivisão. No

---

[139] Embora trabalhadores desse primeiro eixo possam parecer efetivamente protegidos, é importante esclarecer que vários deles sofrem com consideráveis níveis de exploração, justificados em face da maior proteção e dos valores dos salários que recebem. Os chamados *altos empregados* têm sido vítimas de jornadas excessivas e frequentemente permanecem conectados ao trabalho pelos meios modernos de comunicação, para muito além dos limites constitucionais, e em todos os dias da semana (MAIOR, 2008. p. 200). Segundo Márcia Novas Guedes (*apud* MAIOR, 2008. p. 201), "a 'cultura gerencial', agregada à qualidade total, exige também entrega total; a regra é romper os diques entre trabalho e vida privada, entre intimidade e empresa". Ainda segundo Maior, a subordinação dos *altos empregados* ao processo produtivo é intensa, corroendo sua saúde e desagregando sua família, até porque para eles o desemprego não representa apenas uma desocupação temporária, mas a "interrupção de uma trajetória de carreira, vista como um plano de vida, implicando crise de identidade, humilhação, sentimento de culpa e deslocamento social" (2008. p. 200).

primeiro bloco podem ser inseridos trabalhadores de alta rotatividade. São empregados de tempo integral com habilidades financeiras disponíveis no mercado de trabalho, como pessoal do setor financeiro, secretárias, pessoal das áreas de trabalho rotineiro e de trabalho manual menos especializado. No segundo bloco há flexibilidade numérica ainda maior e inclui empregados em tempo parcial, empregados casuais, pessoal com contrato por tempo determinado, temporários e subcontratados em geral. Tais trabalhadores possuem ainda menos segurança na afiliação contratual empregatícia do que o primeiro grupo periférico do segundo eixo.

Essa é a análise feita por Gabriela Neves Delgado:

> Assim, na atual conjuntura, a inserção dos trabalhadores nas empresas passa a ocorrer das seguintes formas: no caso dos trabalhadores sem qualificação ou semiqualificados, por formas precárias, mediante processos de subcontratação e de contratação temporária (o que acentuou, sobremaneira, a contratação por tempo determinado e a prática da terceirização, respectivamente).
>
> No caso dos trabalhadores altamente qualificados, mediante contratos de trabalho que garantem certa estabilidade e alguns direitos trabalhistas, privilégio do sistema, exclusivo para poucos (portanto, altamente excludente, para a maioria).
>
> Na dinâmica econômica o que se percebe é que o mercado vem exigindo uma grande demanda de trabalhadores sem qualificação ou semiqualificados para compor o setor de serviços (2006. p. 183).

No âmbito das subcontratações, têm se tornado flexíveis os vínculos de trabalho, isso porque a empresa "tanto pode se valer de um autônomo, de um estagiário ou de um empregado, indiferentemente, para alcançar o mesmo resultado" (VIANA, 2003. p. 790).

Surgiu, dentre as propostas alternativas ao contrato de emprego, o uso abusivo do sistema cooperativo, tal como exemplifica Ricardo Antunes (2007. p. 17). Trata-se de prática com clara finalidade de desvirtuamento de tal proposta de associativismo, com o uso de cooperativas de trabalho, ou cooperativas patronais, conforme expressão utilizada pelo autor, para afastar a contratação formal e regular de trabalhadores empregados.

Originariamente, as cooperativas de trabalhadores serviam à união dos associados que poderiam oferecer serviços no mercado de forma competitiva, revertendo-se os ganhos para os afiliados na proporção da produtividade individual. A Constituição da República explicitamente reconhece e incentiva a existência das cooperativas.[140] Contudo, o favorecimento proveniente da ordem jurídica à prática

---

(140) No capítulo dedicado aos princípios gerais da atividade econômica, a Constituição prevê no art. 174, que "a lei apoiará e estimulará o cooperativismo e outras formas de associativismo" (§ 2º); que "o

cooperativista tem como pressuposto que ela envolva produtores e profissionais autônomos, e por isso mesmo se estabeleceu a presunção, relativa, da ausência de vínculo de emprego entre a pessoa jurídica e os cooperados.

Todavia, conjugando-se os incentivos públicos, inclusive fiscais, previstos para as cooperativas, com a previsão legal estabelecida a partir de dezembro de 1994 de que, "qualquer que seja o ramo de atividade da sociedade cooperativa, não existe vínculo empregatício entre ela e seus associados, nem entre estes e os tomadores de serviços daquela",[141] incontáveis fraudes foram praticadas em prejuízo dos trabalhadores. O que tem se observado na prática, então, é o surgimento de maciça onda de terceirizações suportada na fórmula cooperada. Atualmente, o dispositivo da CLT, introduzido em 1994, encontra-se revogado pelo advento da Lei n. 12.690, de 19 de julho de 2012. De qualquer sorte, não se trata de prática fraudulenta estimulada ou prevista em lei, ao contrário, sedimenta-se, independentemente do texto legal, no contexto de um mundo do trabalho que aponta no sentido da precarização.

As tomadoras, incluindo-se a própria Administração Pública, passaram a se utilizar das cooperativas para terceirizar atividades permanentes, ainda que não essenciais, sendo que dos trabalhadores são retirados direitos trabalhistas básicos, como aviso prévio, férias, 13º salário e FGTS, ao argumento de que não são empregados mas cooperados, ainda que presentes traços de subordinação jurídica.[142]

Estado favorecerá a organização da atividade garimpeira em cooperativas, levando em conta a proteção do meio ambiente e a promoção econômico-social dos garimpeiros" (§ 3º); e que "as cooperativas a que se refere o parágrafo anterior terão prioridade na autorização ou concessão para pesquisa e lavra dos recursos e jazidas de minerais garimpáveis, nas áreas onde estejam atuando, e naquelas fixadas de acordo com o art. 21, XXV, na forma da lei" (§ 4º).

(141) Esta era a redação do parágrafo único do art. 442 da CLT, introduzido por força da Lei n. 8.949 de 09 de dezembro de 1994. Atualmente há nova lei das cooperativas em vigor. No caso das cooperativas de trabalho há garantia para retiradas, previsão de limite diário e semanal de duração de trabalho, repouso semanal remunerado, férias, adicionais noturno, de insalubridade e de periculosidade e seguro para os casos de acidentes. Ainda no que concerne às cooperativas de trabalho, a Lei n. 12.690/2012 retira de sua incidência os trabalhadores que preencham os requisitos legais para serem considerados empregados e cria o Programa Nacional de Fomento à Cooperativa.

(142) O Ministério Público do Trabalho (Procuradoria Regional do Trabalho da 10ª Região), em razão justamente das fraudes, ajuizou ação civil pública em outubro de 2002 em desfavor de UNIWAY Cooperativa de Profissionais Liberais Ltda, UNIWORK Cooperativa de Trabalho Ltda e da União Federal (Processo n. 01082-2002-020-10-00-0). A tomadora dos serviços terceirizados (União) firmou com o Ministério Público do Trabalho acordo, que foi homologado judicialmente, em cuja cláusula primeira consta o seguinte: "a UNIÃO abster-se-á de contratar trabalhadores, por meio de cooperativas de mão de obra, para a prestação de serviços ligados às suas atividades-fim ou meio, quando o labor, por sua própria natureza, demandar execução em estado de subordinação, quer em relação ao tomador, ou em relação ao fornecedor dos serviços, constituindo elemento essencial ao desenvolvimento e à prestação dos serviços terceirizados, sendo eles: a) — Serviços de limpeza; b) — Serviços de conservação; c) — Serviços de segurança, de vigilância e de portaria; d) — Serviços de recepção; e) — Serviços de copeiragem; f) — Serviços de reprografia; g) — Serviços de telefonia; h) — Serviços de manutenção de prédios, de equipamentos, de veículos e de instalações; i) — Serviços de secretariado e secretariado

Os excessos praticados, sob o invólucro do cooperativismo, são exemplificativos do processo de precarização de direitos que tem constituído a realidade encontrada pelos trabalhadores na contemporaneidade. Houve uso abusivo de determinada previsão legal com a intenção de se concretizar a contratação barateada de mão de obra.

Na verdade, o acondicionamento dos direitos sociais e econômicos às expectativas da economia de mercado, centradas nos aspectos de maior produtividade e lucro, produz abalos consistentes sobre a classe proletária, assim considerada como o coletivo homogêneo de trabalhadores reunidos por determinado tomador. Todavia, quando constitucionalmente se prevê a busca pelo pleno emprego é necessário conectar o princípio com o pressuposto de que ainda exista uma classe trabalhadora, e não exatamente no sentido de classe vinculada ao modo industrial fordista de produção.[143] Os abusos ocorridos, como no caso das cooperativas que serviam como intermediadoras de mão de obra, visam à redução de custo, a partir da redução de direitos trabalhistas, sob a premissa de que só podem ser tais direitos exercidos pelos típicos empregados.

Da mesma forma, a descentralização produtiva, a automação e a informatização constituem meios eficientes para serem contrapostos ao poder operário e ao trabalho coletivo de massa. E "em se generalizando essa tendência (o que por enquanto é uma hipótese), é evidente que o trabalhador coletivo de massa dos anos 70 diminuirá em muito sua potencialidade revolucionária" (MURRAY *apud* ANTUNES, 2008. p. 151).[144]

A tendência de redução da classe operária fabril não é apenas uma hipótese e já atinge, no caso brasileiro, setores tradicionais, que inclusive foram importantes no passado para a conquista de direitos em face da capacidade de mobilização coletiva, como é o caso dos metalúrgicos da região do ABC paulista.

Segundo Antunes:

> Na principal área do operariado metalúrgico no Brasil, no ABC paulista, região onde se encontram as principais empresas automobilísticas, houve

---

executivo; j) — Serviços de auxiliar de escritório; k) — Serviços de auxiliar administrativo; l) — Serviços de *office boy* (contínuo); m) — Serviços de digitação; n) — Serviços de assessoria de imprensa e de relações públicas; o) — Serviços de motorista, no caso de os veículos serem fornecidos pelo próprio órgão licitante; p) — Serviços de ascensorista; q) — Serviços de enfermagem; e r) — Serviços de agentes comunitários de saúde" (Disponível em: <http://www.trt10.jus.br/index.php#>; e <http://www.prt12.mpt.gov.br/prt/licitacao/arquivos/pdf/AnexoVtermojudicial.pdf>. Acesso em: 14 de janeiro de 2010).
(143) "Art. 170. A ordem econômica, fundada na valorização do trabalho humano e na livre iniciativa, tem por fim assegurar a todos existência digna, conforme os ditames da justiça social, observados os seguintes princípios: (...) VIII — busca do pleno emprego".
(144) Ricardo Antunes (2007. p. 22) refere à questão da crise dos sindicatos proveniente da nova dinâmica do capital e do trabalho, mas rejeita a análise de autores que diagnosticam um caráter terminal das organizações de representação. Para o autor, ao contrário, "*a nova morfologia do trabalho* significa também um *novo desenho das formas de representação das forças sociais do trabalho*".

uma redução de aproximadamente 240 mil operários nos anos 1980 para menos de cem mil em 2007. Na cidade de Campinas, outra importante região industrial metalúrgica, no mesmo período o proletariado reduziu-se de cerca de setenta mil para pouco mais de quarenta mil. Este proletariado vem diminuindo com a reestruturação produtiva do capital, dando lugar a formas mais desregulamentadas de trabalho, reduzindo fortemente o conjunto de trabalhadores estáveis que se estruturavam através de empregos formais, herança da fase taylorista/fordista (2007. p. 18).

Outra classe tradicional, inclusive pela capacidade de mobilização por melhores condições de trabalho, que se encontra em franco processo de redução é a dos bancários. "No Brasil havia um milhão de trabalhadores bancários em 1985 e em 2007, esse contingente reduziu-se para menos de quatrocentos mil" (ANTUNES, 2007. p. 19).

Como elemento importante para esse processo, tem-se o próprio comportamento do governo brasileiro. Sucessivos atos normativos editados pelo Banco Central do Brasil têm permitido que atividades/serviços, que antes eram considerados estritamente bancários, e que deveriam ser exercidos/oferecidos por instituições financeiras por meio da contratação de trabalhadores bancários, se efetivem mediante outras empresas prestadoras de serviços, que, por sua vez, consideram que seus trabalhadores se inserem em categoria profissional diversa. Isso ocorre principalmente para afastar desses novos trabalhadores as normas protetivas de caráter coletivo, que representam luta histórica da categoria por melhoria das condições de trabalho, assim como a incidência da legislação que prevê jornada especial para a categoria bancária.[145] Grijalbo Fernandes Coutinho (2009. p. 159-167) faz análise de diversos atos normativos editados pelo Banco Central, e que interferem na regulamentação da atividade bancária, tanto à época do governo do Presidente Fernando Henrique Cardoso como do Presidente Luís Inácio Lula da Silva, e apresenta, dentre outras, as seguintes constatações:

> Apenas a título de exemplificação do rol extenso da terceirização regulamentada pelo Banco Central, diz a referida autarquia que os atos relativos à concessão de empréstimos e financiamentos bancários, assim como outros que cuidam da abertura de contas (*angariar clientes*), da venda de cartões de crédito emitidos pelos bancos, da separação de malotes oriundos dos caixas eletrônicos e respectiva contagem de dinheiro, da cobrança de dívidas bancárias, do pagamento de títulos, faturas e documentos pela rede bancária, da análise de cadastro para a

---

(145) Conforme disposto no art. 224 da CLT, "a duração normal do trabalho dos empregados em bancos, casas bancárias e Caixa Econômica Federal será de 6 (seis) horas contínuas nos dias úteis, com exceção dos sábados, perfazendo um total de 30 (trinta) horas de trabalho por semana".

concessão de crédito, dos descontos de cheques e do saque em dinheiro em casas lotéricas, além de quaisquer outros assim avaliados pelo Banco Central, não integram as atividades bancárias típicas, considerando que podem ser delegadas a empresas prestadoras de serviços, cujos empregados destas pessoas jurídicas constituídas apenas para servirem de intermediárias na cessão de mão de obra, na prática, têm uma realidade muito distinta daquela vivenciada pelos bancários formais (2009. p. 165-166).

Outro fator que contribui para a fragmentação da categoria, na sua identidade coletiva, e mesmo na redução do *trabalho vivo*, é justamente a oferta pelos bancos de ferramentas tecnológicas aos clientes que, sozinhos, conseguem realizar diversas operações que antes dependiam do trabalhador bancário. A atividade, enfim, se encontra em evidente e intensivo processo de automação, que tem significado avançar sobre os postos de trabalho disponíveis, sobre o poder de reivindicação do coletivo dos trabalhadores e sobre os direitos mesmos da categoria bancária. Esse processo, todavia, contrasta com a Constituição do Brasil, que explicitamente refere como direito dos trabalhadores urbanos e rurais a garantia protetiva contra a automação (art. 7º, inc. XXVII).[146]

Em tempos recentes, a articulação de dois elementos centrais, quais sejam, a descentralização produtiva e o avanço tecnológico, têm promovido a redefinição do trabalhador coletivo de massa e possibilitado não apenas maior controle como também maior exploração da força de trabalho.[147] As mudanças tecnológicas, aliás, viabilizam que o nível e a extensão da produção possam ser mantidos, ainda que se observe queda no uso do trabalho humano. O contratante, em suma, consegue diminuir sua dependência da oferta representada pela força de trabalho, embora o reverso não seja verdadeiro.

Os novos modos de produção são viabilizados, portanto, pela informática, pela microeletrônica e por eficientes estratégias de gestão de mão de obra, sendo que a distância não é impeditiva de que a corporação central possa exercer efetivo e intenso controle sobre a produção. "Como a ideia é inovar em alta velocidade, a intercomunicação deve ser intensa e onipresente. A mesma sincronia que era interna à fábrica deve existir entre ela e as empresas da rede" (VIANA, 2003. p. 780).

---

(146) O dispositivo constitucional tem a seguinte redação: "proteção em face da automação, na forma da lei".
(147) Fergus Murray, em artigo publicado em 1983, citado por Ricardo Antunes, faz referência à tendência à descentralização ocorrida na Itália a partir dos anos 70, em movimento diverso ao que ocorria entre 1960/1970, e destaca, inclusive, "como os sindicatos italianos, desenvolvidos no universo do *trabalhador coletivo de massa*, têm encontrado dificuldade em assimilar e incorporar essa classe trabalhadora mais segmentada e fracionada" (2008. p. 28). Embora as observações críticas digam respeito a ocorrências na Itália, não estão vinculadas a particularidades exclusivas daquele país. Ao contrário, Antunes revela que uma concepção de trabalho mais flexível, e diversa da produção em massa, típica da grande indústria fordista, é processo que, com várias similaridades, se faz presente também em outros países de capitalismo avançado e periférico.

Procedendo à análise das modificações ocorridas no Brasil, Márcio Túlio Viana (2003. p. 779), afirma que "a fábrica passou a mesclar a automação com os novos métodos de gestão de mão de obra. Basicamente, eram variações do *toyotismo*, o mesmo *toyotismo* que os norte-americanos haviam inventado e exportado para o Japão, em plena era fordista, e que o Japão havia aperfeiçoado, para agora exportar".

A revolução tecnológica, ou informático-eletrônica, promove uma redução do trabalho, ou ao menos diminui expressivamente a necessidade do chamado *trabalho vivo*. Essa radical transformação do mundo do trabalho vem acompanhada de uma crescente desestruturação das comunidades operárias clássicas (GENRO, 1999. p. 255). Ocorre, no entanto, que apenas o capital tem absorvido os benefícios da revolução tecnológica em andamento, sem que haja compromisso com um projeto de integração social dos trabalhadores (GENRO, 1999. p. 255).

A redução do *trabalho vivo* não equivale ao fim do trabalho, mas, sim, a uma reestruturação produtiva que aponta para a precarização e a redução de direitos.

Ricardo Antunes (2008) cita como importante referência a publicação do livro de André Gorz em 1980, *Adeus ao proletariado*, em que o autor captura a tendência de significativa redução do operariado industrial nas sociedades capitalistas avançadas. Jacques Derrida (2003), por sua vez, menciona o trabalho de Jeremy Rifkin sobre o *Fim do trabalho*, baseado nas constatações sobre as inovações tecnológicas e o economismo, que estariam nos conduzindo para um mundo sem trabalhadores, ou quase isso. Para Antunes, a *classe-que-vive-do--trabalho* não está sendo eliminada, foi, na verdade, transformada e sofre as consequências da tendência em curso de fragilização dos sistemas de proteção. Derrida também aponta para reflexões semelhantes e pontua que: "grande parte da humanidade está 'sem trabalho', quando ela desejaria trabalho, mais trabalho. Outra parte da humanidade tem trabalho demais, quando desejaria ter menos, ou até mesmo acabar com um trabalho tão mal pago no mercado" (2003. p. 63).[148]

Quando Ricardo Antunes se refere à classe-que-vive-do-seu-trabalho (2008. p. 140) pondera que essa noção amplia e incorpora a ideia de proletariado industrial, que se reduz e se torna significativamente heterogêneo, como decorrência das mudanças tecnológicas e da automação. Para ele, então, a classe proletária não pode se circunscrever àquela formada em torno da grande fábrica, como unidade homogênea de produção.

---

(148) Quando Derrida aborda a problemática do chamado *fim do trabalho*, ou ao menos de um certo tipo de trabalho, a partir de Rifkin, menciona a preocupação com a mutação absoluta que a terceira revolução, qual seja, a tecnológica pode representar por afetar radicalmente a história do trabalho. "Foi primeiramente a do vapor, do carvão, do aço e do têxtil (no século XIX), depois a da eletricidade, do petróleo e do automóvel (no século XX). Uma e outra abriam passagem, a cada vez, para um setor em que a máquina não tinha ainda penetrado. Trabalho humano, não maquinal, não suprível pela máquina, continuava ainda disponível. Após essas duas revoluções técnicas, viria a nossa, portanto, a terceira, a do ciberespaço, da microinformática e da robótica. Nesse caso, parece não existir quarta zona que ponha os desempregados para trabalhar. Uma saturação por causa das máquinas anunciaria o fim do trabalhador, um certo fim do trabalho, portanto" (2003. p. 60-61).

Segundo Cristiano Paixão e Ricardo Lourenço (2009. p. 16-17),

> Institutos jurídicos e organizacionais que constituíram a mentalidade de gerações de trabalhadores — planos de cargos e salários, vinculação do trabalhador a uma estrutura formal de hierarquia e funções, inserção na vida da empresa por meio de atividades que extrapolam a jornada de trabalho, entre vários outros — cedem lugar à sensação de instabilidade na prestação e remuneração do trabalho humano.

A *toyotização* — a significar um processo de trabalho fragmentar e fragmentado — descaracteriza e desorganiza a social-democracia, já que se trata de modelo melhor sintonizado com a lógica neoliberal (ANTUNES, 2008. p. 37-38). Essa reorganização da produção, portanto, se caracteriza por forte heterogeneidade, que torna complexas as relações entre trabalho, cidadania e democracia (SILVA, 2007. p. 1360), e atinge sobremodo o ordenamento social pactuado entre capital, trabalho e Estado.

Embora conceitos como neoliberalismo possam ser considerados problemáticos, em razão da sua alta densidade ideológica, é possível definir como liberalismo a afirmação da supremacia da instância econômica — mais precisamente dos valores do mercado — sobre outras dimensões e valores da vida social contemporânea (ALBUQUERQUE, 2006. p. 387).[149] Neste atual contexto econômico, há redefinição no papel do Estado, porque deixa de exercer os controles que lhe eram próprios numa dimensão de bem-estar sobre a mobilidade do capital (particularmente do financeiro e monetário), e verdadeira inversão de influências na definição dos campos de domínio.[150] "O ajuste estrutural e a austeridade fiscal tornaram-se a dominante, e o Estado de certo modo viu-se reduzido ao papel de descobrir maneiras de criar um clima favorável aos negócios" (HARVEY, 2006. p. 94). O vetor da eficácia econômica faz sobressair o mercado como instância determinante da vida social e condicionadora do comportamento das instituições formais.[151]

---

(149) Loïc Wacquant menciona, no contexto norte-americano, para a análise da intensidade do compromisso institucional em combater a desigualdade racial, que a *Guerra à Pobreza* do presidente Lyndon B. Johnson foi substituída pela *Guerra ao Estado de Bem-Estar* de Ronald Reagan (2005. p. 48). Essa mudança, embora referida no caso específico norte-americano, foi sentida tanto pelos países avançados como pelos chamados países periféricos. O diagnóstico feito por Harvey caminha no mesmo sentido, porquanto afirma que "... o bem-estar em favor dos pobres foi em larga medida substituído por subvenções públicas ao capital..." (2006. p. 94).

(150) Campilongo reflete criticamente sobre a crise e os limites do sistema político e acerca da alternativa falaciosa apresentada ao *déficit* de representação, qual seja, a crença construída em torno da suposta capacidade do mercado de decidir no lugar dos mecanismos de escolha coletiva. Assim, sai a política e no seu lugar se posiciona a economia. "Flexibilização do trabalho, privatização e desconstitucionalização do direito — diferentes roupagens do neoliberalismo — transferem para o sistema econômico os malogros do sistema político. Tudo em vão" (2000. p. 74).

(151) Ainda que se possa notar certo exagero na análise excessivamente generalizante promovida por Melo Filho & Coutinho, é salutar o pensamento que ambos desenvolvem sobre a expansão de uma mentalidade desprotetiva trabalhista, em favor da maior eficiência econômica, sendo que os juízes do trabalho não estão infensos à sua marcante influência. Segundo os autores: "os juízes brasileiros,

Essa, chamada por Antunes (2007. p. 13; 2004), "precarização estrutural" da época neoliberal é ao mesmo tempo uma tendência e uma realidade.[152]

Incontáveis pessoas no mundo todo já vivem o presente de uma total ou parcial exclusão:

> Sabemos que quase um terço da força humana disponível para o trabalho, em escala global, ou se encontra exercendo trabalhos parciais, precários, temporários, ou já vivencia a barbárie do desemprego. Mais de um bilhão de homens e mulheres padecem as vicissitudes do trabalho precarizado, instável, temporário, terceirizado, quase virtual, dos quais centenas de milhões têm seu cotidiano moldado pelo desemprego estrutural. Se contabilizados ainda os dados da Índia e China, a conta se avoluma ainda mais (ANTUNES, 2007. p. 13).

Há uma massa de trabalhadores que passaram da condição de assalariados, com carteira assinada, para trabalhadores sem carteira assinada, figurando dentre eles os trabalhadores por conta própria. Segundo dados do IBGE, no Brasil, os vendedores e os pedreiros são os que mais comumente comportam a situação de trabalhadores por conta própria.[153] Também os estudos da Organização Internacional do Trabalho (OIT) têm demonstrado que em muitas economias em

---

assim como os demais agentes políticos, em certa medida, também foram 'cooptados' pela avassaladora onda que atribuía ao Direito do Trabalho a responsabilidade pelo desemprego, pela informalidade e pelas selvagens condições de trabalho impostas ao contingente mais expressivo de empregados" (2009. p. 127).

(152) Segundo a Organização Internacional do Trabalho (OIT): "cerca de 180 milhões de pessoas no mundo estão numa situação de desemprego 'aberto' (procurando mas não achando), das quais bem mais de um terço são jovens de 15 a 24 anos. Cerca de um terço da mão de obra no mundo está desempregada e subempregada ('desocupada' e 'subocupada' na terminologia mais comum do IBGE). O aumento da economia informal traduz-se no aumento do subemprego e, em geral, na queda de produtividade e de remuneração que, por sua vez, geram um aumento de trabalhadores pobres" (Disponível em: <http://www.oitbrasil.org.br/emprego.php>. Acesso em: 11 de janeiro de 2010).

(153) Disponível em: <http://www.ibge.gov.br/>. Ainda de acordo com o instituto, "em março de 2008, havia 4,1 milhões de trabalhadores por conta própria nas seis regiões metropolitanas investigadas pela Pesquisa Mensal de Emprego do IBGE", quais sejam, Recife, Salvador, Belo Horizonte, Rio de Janeiro, São Paulo e Porto Alegre. Tais "trabalhadores representavam 19,2% da população ocupada, eram homens em sua maioria (60,8%), trabalhavam 41,3 horas por semana e 32,5% deles tinham 50 anos ou mais de idade. Seu rendimento médio era de R$ 1.013,50, mas 70% deles recebiam menos de dois salários mínimos por mês. Concentrados, principalmente, no Comércio (28,3%) e na Construção (17,5%), apenas um em cada cinco contribuía para a previdência social" (Disponível em: <http://www.ibge.gov.br/home/presidencia/noticias/noticia_visualiza.php?id_noticia=1134&id_pagina=1>. Acesso em: 13 de janeiro de 2010). Acerca do trabalho no comércio, em boletim divulgado pelo Departamento Intersindical de Estatística e Estudos Socioeconômicos (DIEESE) consta, como um dos principais destaques, que "na década em análise, 1998 a 2008, cerca de 20% do total de assalariados encontravam-se na condição de contratados sem carteira de trabalho assinada, sendo assim excluídos de qualquer rede de proteção social" (Disponível em: <http://www.dieese.org.br/esp/boletimTrabalhoComercio4.pdf.> Acesso em: 13 de janeiro de 2010).

desenvolvimento ou em transição uma grande parte da mão de obra trabalhadora encontra-se na informalidade (2005a. p. 10).[154] Nota-se que a afiliação salarial tradicional e o modo de organização em torno da grande empresa concentrada estão decrescendo em favor de dispersões em pequenas unidades, de deslocamentos, da ascensão do trabalho dito *independente* (SCHWARTZ, 1996. p. 148). Ainda de acordo com a OIT, os estudos revelam no tema do trabalho informal que, embora genericamente as proporções de homens e mulheres *autoempregados* sejam iguais, as mulheres estão concentradas nos trabalhos de qualidade inferior (OIT, 2007. p. 20-21).[155] Ocorre que, em razão da concorrência, os trabalhadores por conta própria são normalmente levados à autoexploração, no mínimo, impondo-se extensas jornadas de trabalho, sem descanso anual, e, portanto, usufruem de condições de trabalho inferiores aos empregados formalmente contratados. Para Márcio Túlio Viana, "o trabalho autônomo não significa necessariamente trabalho livre. A lógica do capital contamina e perverte o que poderia ser uma alternativa para ele" (2003. p. 784).

Graça Druck (2011) relata, ainda, resultados de pesquisas acerca das indústrias petroquímicas na Bahia nos anos 90, segundo os quais sobressai a figura da "empresa filhote", encontrada em 40% das pesquisadas. Nessas hipóteses, os donos eram ex-funcionários das contratantes e, em sua maioria, conheciam muito bem os processos produtivos e de trabalho, o que era vantajoso para a tomadora final. Ainda segundo a autora, que fez um balanço da terceirização no Brasil e na Bahia nos últimos 20 anos, em pesquisa de 1993 foram encontrados alguns poucos casos na indústria petroquímica em que a empresa contratante demitiu seus empregados e ofereceu um financiamento para que estes abrissem o próprio negócio, o qual se transformaria em empresa prestadora de serviços.

O toyotismo, portanto, não só se compatibiliza como amplia a mão de obra informal, a qual implica maior precariedade no mercado de trabalho.

A promoção de novas estratégias de gestão de mão de obra, figurando dentre elas as parcerias, muitas vezes comporta uma *parceira* que é apenas uma empresa de pequeno porte, ou mesmo um trabalhador individual. Nesse particular, são

---

(154) Loïc Wacquant identifica a prevalência do desemprego e do subemprego crônicos entre os moradores do gueto norte-americano, que são forçados a buscar assistência pública, e o crescimento da economia informal. A informalidade, portanto, não é realidade apenas nos países em desenvolvimento ou em transição. Segundo autor, "o crescimento da economia informal observado no cerne da maioria das grandes cidades norte-americanas pode ser atribuído diretamente à fraqueza provocada pela combinação da demanda de mão de obra de baixa qualificação, da desertificação econômica e organizacional do Centro da cidade e dos fracassos da cobertura previdenciária" (2005. p. 64).

(155) Outra *face* da informalidade no caso das mulheres é o trabalho doméstico. Mesmo com a ausência de dados globais mais precisos, os elementos coletados mostram que esta forma de emprego absorve muitas mulheres, em número crescente, como resultado, em parte, do crescimento da migração delas em busca de emprego (OIT, 2007. p. 21).

pertinentes as reflexões de Márcio Túlio Viana, acerca desse chamado *trabalho autônomo de segunda geração*, no sentido de que os pactos estabelecidos entre a empresa e os parceiros são de adesão e, tal como acontece nas relações de emprego, a relação é vertical, ainda que sob o manto da colaboração. Na realidade, "essa relação de domínio cresce na mesma medida da complexidade do processo produtivo. A tecnologia de ponta e as últimas invenções se concentram nas mãos de quem tem dinheiro para comprá-las" (2003. p. 780).

Quando se fala em *informalização* do trabalho, isso não diz respeito apenas à contratação de trabalhadores sem carteira assinada para que o contratante procure se autoisentar dos encargos trabalhistas. As mais variadas formas de subcontratações e de contratos temporários se inserem nesse mesmo processo, e são traduzidas como meios de garantir a flexibilização nas relações de trabalho, a significar a diminuição e/ou a perda de direitos.

A existência de um contrato formal de emprego, anotado na CTPS, ou ao menos de um pacto que possa reunir as características legais para ser reconhecido como tal, como critério de acesso à proteção social ampla, não promove exclusões apenas no contexto do modo de produção flexibilizado que empurra uma massa de trabalhadores à situação de desemprego ou de colocação precária no mercado. Como a construção da subjetividade passa necessariamente pela identidade, a separação entre formais e informais mesmo à época do fordismo sempre fez situar

> estes últimos como uma espécie de "párias" da sociedade salarial, que "insistem" em competir deslealmente com a "oferta" de mão de obra a menor custo. Ao invés de aglutinar esforços diante do capital, na luta por melhores condições sociais, as duas distintas "categorias" se projetam como competidoras em busca do "paraíso" (COUTINHO, Adalcy Rachid, 2006. p. 28).

A diminuição na oferta de frentes de trabalho com proteção social implica busca por qualquer colocação no mercado, o que robustece a tendência de precarização pela impossibilidade dos excluídos em reivindicar melhores condições de labor.[156] O recuo da proteção social faz diminuir as possibilidades emancipatórias para os trabalhadores.

---

(156) Nos termos do "Panorama Laboral da América Latina e Caribe" divulgado pela Organização Internacional do Trabalho (OIT), a crise financeira iniciada em 2008 deixou mais de 2 milhões de pessoas sem trabalho em 2009. O desemprego urbano chegou a 8,4%, o que significa que 18 milhões de pessoas buscam trabalho e não o conseguem. Ainda segundo a OIT, as previsões são de que, com a recuperação econômica iniciada em 2009, também haja recuperação do emprego, mas isso ocorrerá de forma lenta, já que a taxa de desemprego deve permanecer em 8,2%. No Brasil, embora a taxa de desemprego tenha demonstrado que a desocupação elevou-se no primeiro trimestre de 2009, o índice diminuiu nos dois trimestres posteriores. Além disso, o emprego assalariado registrou crescimento positivo e houve diminuição do trabalho por conta própria, em se comparando com o ano 2008 (Disponível em: <http://www.oitbrasil.org.br/topic/employment/news/news_130.php>. Acesso em: 11 de janeiro de 2010).

Para Wacquant:

> Ao contrário dos períodos anteriores de crescimento econômico, a expansão desigual dos anos 1980, onde ela ocorreu, fracassou em "içar todos os botes", produzindo em vez disso uma cisão cada vez mais profunda entre ricos e pobres e entre os empregados com estabilidade nos setores centrais e de classe média da economia e os inseridos nas margens de um mercado de trabalho cada vez mais inseguro, de baixa qualificação e de serviços (2005. p. 29).

Todavia, não ocorre de forma linear a substituição de um modo de produção por outro, senão que a combinação desses processos. O fordismo, ainda dominante, se mescla com novos processos produtivos. No desenho multifacetado da atualidade, convivem o operariado fabril e rural clássicos, embora em processo de encolhimento, com os assalariados do setor de serviços, em expansão, e os novos contingentes, também em expansão, dos terceirizados, subcontratados e temporários.[157]

Na fase pré-capitalista estabelecia-se relação mais direta entre o trabalhador e a obra ou o produto, resultados do seu trabalho. Era, em suma, possível objetar o produto do trabalho. A fase do fordismo deu curso a um processo de estranhamento entre o trabalhador e o trabalho, justamente porque o primeiro não mais dominava todas as etapas de produção, e mesmo o saber sobre o trabalho realizado. No pós-fordismo, especificamente com a ascensão do setor de serviços, o produto ou a obra deixam de ser identificáveis, o que possibilita certa invisibilidade dos próprios trabalhadores. A esse respeito, Jacques Derrida faz interessante observação:

> Muitas vezes é difícil identificar e objetivar o produto de trabalhos bastante duros, efetuados pelos trabalhadores mais indispensáveis e mais devotados, os menos bem tratados da sociedade, os mais invisíveis também (os que livram as cidades de seus dejetos, por exemplo, ou os que regulam a circulação aérea, de forma mais geral os que garantem mediações e transmissões, das quais não sobra nenhum outro vestígio e não ser virtual — e esse campo é enorme, em pleno crescimento). Há, portanto, trabalhadores cujo trabalho, até mesmo o trabalho produtor, não dá lugar a produtos substanciais ou atuais, somente a espectros virtuais (2003. p. 42-43).

Márcio Túlio Viana visualiza rearranjos complexos entre o novo e o velho e que possibilitam à classe produtiva diversificar e controlar tendo como objetivo maior eficiência econômica:

---

[157] Schwartz também traz como diagnóstico dos últimos anos a ascensão em marcha dos *serviços*, advertindo que esta noção abarca tudo (1996. p. 148).

Costuma-se dizer que o novo modo de produzir ainda está em gestação; não se definiu ainda. A prova seria a coexistência de fábricas ainda tayloristas com outras já toyotistas; e, mais do que isso, os vários arranjos entre os modelos. A própria automação, ao assumir graus e contornos variados, parece indicar que ainda não teria achado o seu caminho.

De fato, essa é uma hipótese possível, mas há uma outra mais interessante. Pode ser que o novo modelo seja exatamente essa mistura. Nesse sentido, é importante notar como as novas empresas se interagem com as velhas e mesmo com o mercado informal, articulando, produzindo e controlando a diversidade (2003. p. 790).

A nova morfologia, que resulta das mutações ocorridas no mundo produtivo do capital nas últimas décadas,

> pode presenciar, simultaneamente, a retração do operariado industrial de base taylorista-fordista e, por outro, a ampliação, segundo a lógica da flexibilidade-toyotizada, das trabalhadoras de *telemarketing* e *call center*, dos *motoboys* que morrem nas ruas e avenidas,[158] dos digitalizadores que laboram (e se lesionam) nos bancos, dos assalariados do *fast-food*, dos trabalhadores dos hipermercados etc. (ANTUNES, 2007. p. 14).

A classe trabalhadora vem perdendo gradativamente a homogeneidade do início. Essa classe, forjada num modelo fordista de produção em massa para as massas, encontra-se em franco processo de desproletarização.

Nesse cenário, precisa ser notada uma contradição importante. Os modos de produção atual, forjados no âmbito do capitalismo contemporâneo, não

---

(158) Segundo a reportagem assinada pelo jornalista Fábio Fujita da revista Piauí do mês de novembro de 2009 (*Vidas Paralisadas*), quadruplicou o número de *motoboys* em São Paulo na última década. São trabalhadores que se ativam cotidianamente na atividade de entrega de mercadorias de pequeno porte, expostos principalmente aos riscos decorrentes de acidentes de trânsito, para os quais contribui a pressão pela rapidez nas entregas. Em 2008, 478 motociclistas morreram em São Paulo no próprio local do acidente. Dentre os acidentados sobreviventes, 70% ficaram com algum comprometimento nas pernas. Os *motoboys* acidentados também encontram dificuldade na reinserção no mercado de trabalho em razão da sua baixa qualificação. Além disso, a força de trabalho é contratada sem que os beneficiários garantam formas de proteção como seguro-saúde, seguro de vida, condições dignas de trabalho (que envolve questões de jornada e remuneração), registro em carteira e fornecimento de equipamentos de segurança. A reportagem também faz referência à lei sancionada pelo Presidente Luís Inácio Lula da Silva. Trata-se da Lei n. 12.009 de 29 de julho de 2009, que regulamenta o exercício das atividades dos profissionais em transporte de passageiros, *mototaxista*, em entrega de mercadorias e em serviço comunitário de rua, e *motoboy*, com o uso de motocicleta, estabelecendo critérios para o exercício das atividades, como idade mínima de 21 anos, existência de habilitação na categoria adequada por pelo menos dois anos, frequência a curso especializado e uso de equipamentos de segurança. Todavia, não se observa na referida legislação a existência de normas que visem diretamente proteger os profissionais, à vista dos riscos e especificidades das atividades que exercem.

resultam apenas na diminuição dos postos de trabalho tradicionais, de tempo integral e com contratos relativamente estáveis de duração indeterminada. Para os trabalhadores empregados, houve o aumento na disponibilidade, ainda que disfarçada, para a atividade econômica. Trata-se do "movimento pendular que caracteriza a classe trabalhadora: por um lado, cada vez *menos* homens e mulheres *trabalham muito*, em ritmo e intensidade que se assemelham à fase pretérita do capitalismo..." (ANTUNES, 2007. p. 13). No mesmo sentido, para Derrida (2003. p. 63), as vítimas da globalização e do chamado *fim do trabalho*, ao menos na versão fabril homogeneizada, "sofrem ou porque lhes falta um trabalho de que carecem, ou porque trabalham em demasia pelo salário que em troca recebem num mercado mundial tão violentamente injusto". Mercado, aliás, cada vez mais global e desigual, "que divide tão profundamente os países como as pessoas" (VIANA, 2003. p. 789).

As transformações que vêm ocorrendo desde a década de 70, com uma forma de organização capitalista caracterizada pela especialização flexível, pelo aumento da mobilidade do capital e pela redução da proteção aos assalariados, de modo a designar novas morfologias do trabalho, conforme expressão de Antunes (2004; 2007; 2008), foram intensificadas no decorrer dos anos 90.[159]

Essa expansão ocorreu, dentre incontáveis razões, também em face da séria perda de credibilidade em torno da ideologia socialista fundamentada em Marx. Depois da queda do Muro de Berlim em 1989, alegar haver algum interesse em Marx "era cada vez mais dar a impressão de ser um dinossauro prestes a se extinguir fazendo aos soluços seus peculiares últimos ritos. O capitalismo do livre mercado percorria em triunfo o globo, pondo todos esses velhos dinossauros em seu devido lugar" (HARVEY, 2006. p. 18).

Os elementos dispostos à proteção ao trabalho num sistema de *welfare* tinham como pressuposto a homogeneização das forças de trabalho. O declínio das formas taylorianas do governo do trabalho, porém, não cria novas homogeneidades

---

(159) Grijalbo Fernandes Coutinho (2009) procura demonstrar como o Direito do Trabalho foi significativamente flexibilizado durante os governos dos Presidentes Fernando Henrique Cardoso (1995--2002) e Luís Inácio Lula da Silva (2003-2008). O autor analisa diversos atos entre 1995 e 2008, dentre eles o duro tratamento conferido à greve nacional dos petroleiros em 1995; a denúncia da Convenção n. 158 da OIT por meio do Decreto n. 2100/96; o advento da Lei n. 9.601/98 que prevê o contrato a tempo parcial com redução de direitos trabalhistas; o banco de horas, instituído por meio da modificação ao art. 59 da CLT pela mesma lei de 1998; reformas constitucionais administrativa e previdenciária com diminuição de direitos e garantias para os servidores públicos (Emendas ns. 19 e 20 de 1998); a redução, por meio da Emenda Constitucional n. 28 do ano 2000, do prazo prescricional para o trabalhador rural; nova Lei de Falências e Recuperação Judicial (n. 11.101/2005) atingindo o privilégio do crédito trabalhista em favor de outros; previsão legislativa de que não há vínculo de emprego entre o motorista transportador de cargas e a empresa do referido setor (Lei n. 11.142/2007); edição de Medida Provisória em 28 de dezembro de 2007, depois convertida na Lei n. 11.718/08, para autorizar a contratação de empregados rurais sem registro na CTPS; possibilidade prevista em portaria do Ministério do Trabalho (n. 42 de 2007) de flexibilização dos limites legais previstos para o intervalo intrajornada.

(SCHWARTZ, 1996. p. 148). O que se nota é que a fragmentação do trabalhador, coletivamente considerado, vem acompanhada da sua alta complexificação.

Harvey, ao refletir criticamente sobre elementos problemáticos do legado do *Manifesto Comunista* de Karl Marx refere que "a dificuldade central reside no pressuposto de que a indústria e a mercadificação capitalistas vão levar à homogeneização da população trabalhadora" (2006. p. 60).

O que se tem assistido, ao contrário, é à demonstração da capacidade do capital de fragmentar, diferenciar, produzir diferenciações espaciais e de se mover não apenas geográfica, mas politicamente também.

Os laços de solidariedade que eram essenciais para a concepção inicial de sindicalismo foram rompidos com a dispersão do sentido tradicional de classe que a acompanhava. Embora os subcontratados compartilhem boa parte das condições de trabalho com os permanentes mantidos pela empresa beneficiária, uns e outros não chegam a desenvolver objetivos comuns de oposição aos modos de produção capitalista, de organização da mão de obra e de articulação da força de trabalho definidas pelos empreendedores econômicos. Nos modos precários de trabalho a mão de obra é significativamente barata, dócil e não qualificada.

O problema do enfraquecimento do modelo de representação sindical, que atinge a capacidade de reivindicação coletiva e de apresentação de demandas por direitos, é sentido sobremodo pelos trabalhadores não representados ou sub-representados e que, paradoxalmente, são os que mais necessitam de proteção. É que "a perversidade das 'modernas' relações de trabalho é algo presente no cotidiano das pessoas, notada com ênfase nos segmentos de trabalhadores carentes de representação efetiva (desempregados, informais, crianças pobres que não deveriam estar trabalhando, escravos modernos, terceirizados, domésticos e aposentados)" (MELLO FILHO & COUTINHO, 2009. p. 138).

A revolução tecnológica faz revelar os problemas relacionados ao desemprego estrutural, que decorre das mudanças em certos setores da economia que eliminam empregos sem a criação de novos. A flexibilização da estrutura de produção, para a maximização dos lucros na era global, também tem implicado na flexibilização dos direitos dos trabalhadores. O descrédito na arquitetura avantajada, com sérios problemas para a democracia, de um Estado de Bem-Estar, juntamente com a crise da ideologia socialista-marxista, tem apontado na direção da desregulamentação da economia, com predomínio das regras do livre mercado, confundindo-se conceitos de desenvolvimento econômico com desenvolvimento para todos. Acresça-se a tudo isso a desarticulação do operariado fabril tradicional, que expõe as fragilidades da estrutura sindical e da capacidade de articulação coletiva dos trabalhadores.[160]

---

(160) Neste aspecto, Harvey (2006. p. 92) fala em relações sinergísticas: "a desregulamentação financeira, por exemplo, não poderia ter ocorrido sem a revolução da informação, e a transferência de tecnologia (que também se alicerçou fortemente na revolução da informação) não teria sentido sem uma facilidade bem maior de circulação de mercadorias e de pessoas por todo mundo".

Preocupado com as questões da miséria e da exclusão, Wacquant realiza a seguinte análise sobre a conjuntura do mercado de trabalho:

> Os deslocamentos no emprego, das manufaturas para os serviços que exigem treinamento intensivo, o impacto das tecnologias de eletrônica e automação nas fábricas e mesmo nos setores de colarinho-branco, como seguros e bancos, a erosão dos sindicatos e da proteção social — tudo isso se combinou para produzir destruição, informalização e degradação simultâneas do trabalho para os moradores pobres das grandes cidades. Para muitos, porém, a reestruturação econômica trouxe não apenas a perda de renda ou de emprego definido: significou a negação direta do acesso às atividades assalariadas, isto é, a *desproletarização* (2005. p. 30).

Ricardo Antunes, identificando contexto similar, também destaca as agudas transformações que vêm ocorrendo no mundo do trabalho e indica como fatores preponderantes a automação, a flexibilização, a desregulamentação, a desproletarização e a terceirização (2008. p. 140).

Essas novas morfologias, portanto, não eliminam a assimetria das relações de trabalho, antes a aprofundam porque retiram do trabalhador sua condição clássica de empregado inserido na empresa, e este movimento fragiliza o sistema tradicionalmente construído de proteção à pessoa que trabalha.

O proletariado mundial alcançou números inéditos, passou por um radical processo de feminização, tornou-se geograficamente disperso, culturalmente heterogêneo e com dificuldades de organização num movimento unificado. Essas mudanças, porém, tornam atuais velhas questões porque este novo proletariado está vivendo em condições de exploração "bem maior, no agregado, do que ocorria há vinte anos" (HARVEY, 2006. p. 93).

É notável o desenho mais frequente da classe trabalhadora que tem comportado os elementos do desemprego ampliado, e de longo prazo, da precarização exacerbada, do rebaixamento acentuado de salários e da perda crescente de direitos (ANTUNES, 2007. p. 16).

Segundo Rosa & Marcellino (2009. p. 186),

> impulsionados pela racionalidade evolucionista que realoca o posicionamento de centralidade do econômico do imaginário coletivo, entificado através do mito Mercado, e que se estabelece a ação eficiente como novo parâmero ético ao Direito e à própria sociedade, os Direitos Fundamentais vão, gradativamente, perdendo sua força compromissária e de concretude.

O progressivo enfraquecimento do sistema de proteção à pessoa trabalhadora, nos moldes típicos do Direito do Trabalho, com seu principal evento que é o contrato de emprego, representa não apenas uma crise de uma parte específica do Direito. José Eduardo Faria (2008. p. 51-62) relaciona diversas frentes de afetação do universo do direito positivo pela lógica global, sendo o Direito do Trabalho apenas uma delas. Tarso Genro (1999. p. 254), porém, afirma que a crise, para além do Direito e de suas partes específicas, é de legitimação e da racionalidade do Estado Moderno.

Segundo Tarso Genro (1999. p. 254),

> O Direito do Trabalho ocupou um papel decisivo no processo de democratização material do Estado Moderno. Através dele, o contrato social da modernidade fez os direitos da cidadania baterem nas portas da fábrica e através de um processo judicial específico, a desigualdade ficou menos desigual. A crise do Direito do Trabalho é a crise do contrato social da modernidade na sua fase madura.

Retornando à reflexão de Sayonara Grillo C. L. da Silva sobre a relação entre exclusões promovidas pelo regime de representação e as do mercado de trabalho ambientadas na era liberal, contemporaneamente se pode dizer que a condição de não cidadão do trabalhador não ocorre em razão do sistema do voto censitário. Ao contrário, a Constituição do Brasil prevê o direito ao voto qualificado por ser universal, secreto, direto e periódico (art. 60, inciso I). Outras, porém, são as formas de exclusão que se apresentam como desafios para o presente, e especificamente para a questão da cidadania.

Os processos de flexibilização e de precarização das condições de trabalho constituem marcas distintivas importantes das transformações que, nas últimas décadas, têm atingido sobremodo o trabalhador e os direitos protetivos que vinham sendo construídos desde pelo menos o final do século XIX. Esses processos, tal como o modo de reprodução da economia, são mundiais, mas, ao mesmo tempo, possuem especificidades locais, e mesmo setoriais.

O modelo de acumulação do capital não é de centro-periferia, como se de um dado lugar ele se definisse para abranger o resto do mundo.[161] O globo, ao contrário de uma superfície nivelada, é "intensamente variegada, ecológica, política, social e culturalmente diferenciada", o que faz com que os fluxos de capital encontrem ambientes mais ou menos favoráveis à ocupação do que outros (HARVEY, 2006. p. 51-52). Portanto, as condições locais, ainda que os efeitos sejam globais, são decisivas para definir os impactos e o modo aceitável de acumulação capitalista.

---

[161] David Harvey cita alguns casos em que o capitalismo se difundiu no esquema centro-periferia, como na exportação de capital excedente europeu para a Argentina ou a Austrália no final do século XIX, mas também indica a situação, para contraponto, da Coreia do Sul e da China que "se dedicam a alguma forma de acumulação primitiva internalizada e inserem sua força de trabalho e seus produtos nos mercados globais" (2006. p. 50).

No ambiente interno, a sociedade dinâmica, complexa e mundial exige uma compreensão sobre o direito que assuma as interlocuções entre produção internacional e articulações jurídicas locais.

O sistema globalizado da economia é de reprodução mundial. Por sua vez, as pessoas que vivem do trabalho são destinatárias de condições concretas e locais de vida. Por isso, o refúgio exclusivo no Estado-nação para o problema que se apresenta na questão da proteção ao trabalho é, no dizer de Harvey (2006. p. 75), cortejar com o fracasso. Também Marcelo Neves (2006. p. 281) adverte que o Estado Democrático de Direito não deve ser reduzido à forma usual do *Estado nacional*. Todavia, "a escolha da escala espacial não é uma questão de 'ou isto ou aquilo', mas de 'tanto isto como aquilo', ainda que esta última opção esteja eivada de sérias contradições" (HARVEY, 2006. p. 75).[162]

A partir da Segunda Guerra Mundial os direitos humanos deixaram de ser exclusiva atribuição dos Estados Nacionais, e a Carta das Nações Unidas de 1945 e a Declaração Universal dos Direitos Humanos de 1948 são símbolos disso. Ocorre a transnacionalização desses direitos ou, como prefere Giacomo Marramao, sua *desterritorialização*.[163] Todavia, a demanda pela concretude dos direitos humanos revela a permanência do importante papel dos Estados locais, ou a *(re)territorialização* referida por Marramao. Para ele, "... o Direito que é desterritorializado nos enunciados da Declaração Universal só pode se (re)territorializar, exatamente para poder conferir uma qualificação autenticamente democrática aos ordenamentos democráticos nacionais" (2007a. p. 5). Por isso, ao invés da fórmula dicotômica e excludente Estado Nacional X Sistema Mundializado, os direitos humanos reclamam o diálogo entre a produção internacional e as articulações jurídicas locais.

No mesmo sentido, Harvey destaca que "a força da Declaração da Organização das Nações Unidas reside no modo como reúne, de um lado, a escala universal e global e, de outro, a microescala do corpo e da pessoa política" (2006. p. 129). Ainda para o mesmo autor, a nação-Estado é "um dos recursos essenciais de defesa de identidades culturais e étnicas, bem como da qualidade ambiental, diante da compressão do espaço-tempo e da mercadificação global" (HAVEY, 2006. p. 94-95).

---

(162) Marcelo Neves, prosseguindo na abordagem sobre o Estado Democrático de Direito, conclui que "em relação ao expansionismo do código da economia sob o impulso da 'economia globalizada', ele faz — em nome do princípio da igualdade e da generalização dos direitos de cidadania — uma concorrência mais eficaz e bem-sucedida à economia mundial do que as ordens jurídicas globais plurais da 'governança privada'. Com vistas à construção de um regime de bem-estar renovado, o Estado Democrático de Direito pode gerar novas condições político-jurídicas estruturais favoráveis a uma preferência por inclusão, com as quais não cabe contar nos contornos vagos de uma política mundial". (2006. p. 282).
(163) Quanto a esse aspecto, Giacomo Marramao menciona o Artigo VI da Declaração Universal dos Direitos Humanos ("toda pessoa tem o direito de ser, em todos os lugares, reconhecida como pessoa perante a lei") para destacar que se trata de direito que independe do contexto do Estado territorial (2007a. p. 02).

A forte contestação que suscita um direito *do* trabalho e *ao* trabalho revela que se trata de questão cujos lados constitucional/internacional são complementares.

Para Schwartz,

> Quanto mais se diversificam as situações de vida e de trabalho sob o efeito do movimento do capital, das transformações nas maneiras de produzir, da crise, mais o político deve permanecer idêntico a si mesmo, como garantia de uma cidadania abstrata, expressão e definição do geral, gestão do interesse comum, e ao mesmo tempo mais deve também tornar-se experiência, aprendizagem, e agente de circulações de valores entre micro e macro, local e global (1996. p. 156).

Bourdieu afirma que as responsabilidades dos pesquisadores podem ser muito grandes, "ao menos quando, por seu silêncio ou cumplicidade ativa, eles contribuem para a manutenção da ordem simbólica que é a condição do funcionamento da ordem econômica" (1998. p. 120).

Derrida, no seu *Universidade sem condição* (2003), ao falar das Humanidades de amanhã, diz que elas deveriam tratar das produções performativas do direito (direito do homem, conceito de crime contra a humanidade), "sempre que elas impliquem a promessa e, com a promessa, a convencionalidade de um 'como se'" (2003. p. 73). Com suporte em Jacques Le Goff, o mesmo autor destaca que já no século XVI coexistiam as "reivindicações pelo prolongamento e as reivindicações pela redução da duração do trabalho", e essas se transformaram nas premissas para um direito *do* e *ao* trabalho, mais tarde inscritas nos direitos do homem (p. 64).

As reflexões sobre a dimensão constitucional da proteção ao trabalho, juntamente com o diagnóstico sobre a processualidade precarizante das relações de trabalho, são importantes expressões do compromisso de pensar os direitos humanos em face dos desafios contemporâneos de uma ordem econômica mundial, cuja lógica interna aponta para a flexibilidade desses mesmos direitos.

O objetivo estabelecido para o próximo capítulo é o de descortinar alguns elementos das interconexões possíveis entre a precariedade e a marginalidade social, enquanto desafios à concretização dos direitos fundamentais.

CAPÍTULO 3

METAMORFOSES SOCIAIS E O SURGIMENTO DA MARGINALIDADE AVANÇADA

Sob o pano de fundo da reestruturação do sistema de forças econômicas e políticas, iniciada nos anos 70, e operando diversos fatores de formas variáveis, numa articulação sincrônica e diacrônica, há um processo de intensa alteração do cenário e dos problemas sociais. Tal metamorfose está relacionada com o aumento do desemprego e das diversas formas de subemprego — estas vinculadas à flexibilização do mercado de trabalho possibilitada pelo recuo na regulação estatal — e com a celebração de valores vinculados ao mercado capitalista como dinheiro e sucesso individual. Estão, por isso, ocorrendo mudanças significativas na realidade objetiva das desigualdades sociolaborais, as quais apontam na direção de condições de vida indignas para os trabalhadores e da miséria social. Percebe-se, portanto, um contexto de precarização do trabalho, que aponta em direção às inseguranças próprias de um ambiente de marginalidade social.

3.1. Precarização: os riscos do trabalho como mercadoria

Para Wacquant (2005. p. 10), o acúmulo social e espacial de privação econômica, a desafiliação social e a deterioração da classe trabalhadora constituem desafios assustadores à moderna instituição da democracia.[164]

---

(164) Loïc Wacquant ambienta suas reflexões no *gueto* americano e na *banlieue* francesa (2005), embora também faça referência a outras experiências europeias (2001). Todavia, o resultado dessas observações microssociais se propõe a desvelar um quadro macrossocial sobre a questão atual e incômoda da marginalidade urbana. A *underclass* e a *banlieue* são faces da marginalidade avançada. A proposta do autor de identificar ferramentas para repensar a marginalidade e o tratamento da miséria é marcada, por um lado, pela pertinência de conectar-se com situações concretas, e suas interconexões possíveis, e, por outro, pela relevância em diagnosticar problemas contemporâneos que transcendam o *locus* da reflexão. Sua sociologia sobre a marginalidade avançada, a punição dos pobres, as formas de gestão da miséria e os processos intensificados de exclusão social é relevante e adequada para que se possa pensar os desafios brasileiros relacionados aos mesmos temas. Wacquant refere, na apresentação de algumas de suas obras (2001 e 2005), à favela e ao caminho que se trilha rumo a uma ditadura sobre os pobres no Brasil, o que demonstra sua proximidade com as nossas questões locais. Especificamente em *Os condenados da cidade: estudos sobre marginalidade avançada* (2005), Wacquant promove o estudo crítico das duas comunidades antes mencionadas de

Os trabalhadores com baixa qualificação, ou aqueles que experimentam situação de desemprego, em razão da diminuição dos postos de trabalho do modelo fordista-taylorista, possuem frágeis vínculos com a rede de trabalho jurídica e amplamente protegida. A estratégia das empresas de passarem a se concentrar nas atividades vinculadas ao seu núcleo central de produção, a chamada atividade--fim, com descentralização das atividades-meio para outras empresas periféricas, possibilita, inevitavelmente, "a redução no número e custos das contratações formais" (DELGADO, Gabriela Neves, 2006. p. 182).

De qualquer modo, mesmo a maior qualificação dos trabalhadores não garante, necessariamente, inserção em ocupações de qualidade, vale dizer, juridicamente protegidas (DRUCK, 2011).

Márcio Túlio Viana, embora se refira especialmente à situação dos trabalhadores na terceirização de serviços, exibe análise que é própria a todos os afetados pelas novas morfologias flexíveis de trabalho, no sentido de que vagam no espaço e no tempo: "vão e voltam, passando do emprego ao desemprego, ao subemprego e a um novo emprego, numa relação de permanente *curto-circuito*" (2003. p. 784). E há se considerar que o desemprego em massa abre possibilidades à retirada de garantias históricas da classe trabalhadora mundial (MELO FILHO & COUTINHO, 2009. p. 127).

A destruição do emprego, com a extinção de postos de trabalho tradicionais, da prática de formas variadas de subemprego, da utilização de mão de obra, qualificada ou não, mediante pactos alternativos ao contrato de trabalho, a pretexto da autonomia da vontade, atinge a força coletiva dos trabalhadores.

Wacquant identifica diversos *sinais* que apontam no sentido de uma excessiva dessocialização do trabalho assalariado, entre os quais: o crescimento do meio expediente e dos cargos com horários variáveis, *flexíveis*, com menos benefícios; o ressurgimento do trabalho por empreitada e dos trabalhos realizados em casa; o desenvolvimento do teletrabalho; a institucionalização do trabalho *permanentemente temporário* (2005. p. 171).

A precarização se internaliza com a inserção fragmentada, e fragmentária, dos trabalhadores no âmbito da atividade econômica.

Segundo Bourdieu (1998. p. 121):

> A existência de um importante exército de reserva, que não se acha mais apenas, devido à superprodução de diplomas, nos níveis mais baixos de

---

dois países desenvolvidos e procura demonstrar que "a marginalidade urbana não é a mesma em todos os lugares" (p. 07), o que é importante quando se trata de reflexões relacionadas à realidade brasileira. De toda forma, ao cumprir o seu propósito de "desenvolver imagens mais complexas e diferenciadas dos 'marginais da cidade' " (p. 08), o autor transcende a questão do gueto nos Estados Unidos e da *banlieue* francesa, construindo elementos macrossociais para que se possa repensar, em geral, a marginalidade social e a sua relação com o mercado de trabalho.

competência e de qualificação técnica, contribui para dar a cada trabalhador a impressão de que não é insubstituível e que o seu trabalho, seu emprego, é de certa forma um privilégio, e um privilégio frágil e ameaçado (é aliás o que lembram a ele, ao primeiro deslize, seus empregadores, e, à primeira greve, os jornalistas e comentaristas de todo gênero). A insegurança objetiva funda uma insegurança subjetiva generalizada, que afeta hoje, no cerne de uma economia altamente desenvolvida, o conjunto dos trabalhadores e até aqueles que não estão ou ainda não foram diretamente atingidos.

A mesma lógica de rapidez, inovação e superação presente no campo da tecnologia é utilizada não apenas na gestão de mão de obra, mas também no tratamento dispensado aos trabalhadores, que se tornam, de forma veloz, obsoletos e descartáveis e devem ser superados por outros mais novos, modernos, flexíveis e adequados às expectativas desse novo tempo e novo modo do trabalho. "É o tempo de novos (des)empregados, de homens empregáveis no curto prazo, através das (novas) e precárias formas de contrato e, dentre elas, a terceirização/ subcontratação ocupa lugar de destaque" (THÉBAUD-MONY & DRUCK, 2007. p. 26).

Trata-se da reificação do trabalhador, da retirada da sua condição de sujeito. A premissa, que precisa ser seriamente questionada, presente tanto nas opiniões de senso comum como na articulação das novas formas de gestão de mão de obra, é de que o trabalho regulamentado atrapalha o sistema da economia.

Mesmo quando acessível o emprego formal, em que são percebidas inconstâncias, inseguranças, irregularidades, a utilização de formas precárias de trabalho renova a atualidade das históricas lutas por melhor remuneração, não apenas quantitativa ou numérica, mas também estável, que não seja predominantemente vinculada à produtividade dos trabalhadores, a fim de se evitar as condições de autoexploração. A precariedade significa, por um lado, expansão econômica, mas, por outro, regressão das condições materiais e de oportunidades de vida aos trabalhadores. O que se presentifica é um senso de indignidade social.

Na verdade, formas precarizadas de organização da força de trabalho invadem o cotidiano laboral e esse processo redunda na diminuição de direitos trabalhistas. Os terceirizados, por exemplo, têm dificuldade de acesso aos mesmos benefícios, normalmente mais vantajosos, dos empregados pertencentes à categoria vinculada ao tomador final dos serviços. Os *parceiros* em geral, que, na verdade, eram trabalhadores que deveriam ser contratados de modo efetivo, mas que hoje prestam seus serviços a partir das mais variadas formas: pessoas jurídicas; firmas individuais; cooperativas; prestador autônomo; consultor etc., não são beneficiados pelos direitos básicos referidos no art. 7º da Constituição de 1988, como controle de jornada, horas extras, 13º salários, férias, acrescidas do 1/3 constitucional, aviso--prévio, FGTS, dentre outros. De outra parte, há uma expansão dos trabalhadores por conta própria, a significar pessoas que vivem do seu trabalho e às quais é imputada parte do risco do negócio.

A utilização contínua da força de trabalho sem a garantia dos direitos fundamentais sociotrabalhistas "tende a agravar, cada vez mais, os já notórios péssimos índices de distribuição de renda no Brasil" (DELGADO, Gabriela Neves, 2006. p. 193).

Além dos bloqueios de acesso à fórmula empregatícia prevista na CLT, no Brasil ainda prevalece a denúncia vazia dos contratos de trabalho, motivo pelo qual a dispensa do trabalhador não precisa ser antecedida de motivação consistente, a não ser nos casos de ilícitos contratuais praticados pelo empregado (na sua maioria, previstos no art. 482 da CLT). Também aqui uma feição privatística do contrato se presentifica. O que se poderia chamar de *facilidade na saída* ilustra a ausência de proteção efetiva à dispensa arbitrária ou sem justa causa (art. 7º, inc. I, da Constituição). A proteção individual contra o desemprego, que é, em termos constitucionais, princípio vinculante da Ordem Econômica e Financeira (art. 170, inc. VIII), tem se circunscrito ao levantamento do Fundo de Garantia do Tempo de Serviço (FGTS), à indenização de 40% sobre o FGTS — em ambos os casos sem obrigatoriedade de que isso ocorra para a categoria dos empregados domésticos — e às estabilidades provisórias para casos específicos, como é o caso da gestante, do dirigente sindical, do representante da CIPA (Comissão Interna de Prevenção de Acidentes) e da vítima de acidente do trabalho. As garantias contra a despedida são de preponderante natureza econômica, e não de verdadeira afiliação ao sistema de emprego.[165]

---

(165) No tema pertinente à dispensa arbitrária, a OIT possui importante normativa representada pela Convenção n. 158, a qual vincula a validade da despedida do trabalhador à existência de motivo técnico, econômico, financeiro, estrutural, ou outro similar. A proteção do direito ao trabalho e a necessidade de motivação das despedidas esteve presente em artigo publicado no periódico C&D — Constituição e Democracia, produzido pelo grupo de pesquisa Sociedade, Tempo e Direito (STD) da Faculdade de Direito da Universidade de Brasília, n. 28, dezembro de 2008, p. 08-09 (PORTO, Noemia & MARTINS, Tahinah Albuquerque). Nos termos ali debatidos, a convenção confere "densidade ao devido processo legal em âmbito contratual, isto é, o trabalhador tem direito de conhecer as razões da sua dispensa e que o conduzem à situação de desemprego. Justamente por isso, e para além da proteção ao emprego, a Convenção possibilita controle sobre atos de despedida discriminatórios e antissindicais. Nesse quadro, a reintegração do trabalhador se apresenta como forma possível de reparação acaso a despedida seja arbitrária". Todavia, embora a Convenção tenha entrado em vigor em 04/1996 (promulgada pelo Decreto Federal n. 1.855/96), três meses depois sofreu os efeitos do ajuizamento de Ação Direta de Inconstitucionalidade (1.480), a qual questionava seus arts. 4º a 10. "Os argumentos propagados contra a convenção eram no sentido da necessidade de edição de lei complementar para regulamentar, em âmbito interno, a proteção internacional à despedida desmotivada, e que a convenção não atendia a esse propósito, em face do 'status' equivalente à lei ordinária. Além disso, defendia-se que a proteção constitucional estava satisfeita com a prevalência apenas de pagamento da indenização compensatória de 40% sobre o FGTS, nos casos de dispensa sem justa causa do trabalhador, tal como previsto no art. 10 do ADCT". Mesmo permanecendo os debates em torno da internalização da convenção, há se considerar que "a garantia laboral contra a despedida arbitrária ou sem justa causa, desmotivada, é por si só bastante para assegurar o pleno direito ao trabalho. Em outras palavras, trata-se de norma de aplicabilidade imediata, nos termos do art. 5º, § 1º, de nossa Constituição. A previsão de lei complementar contida no art. 7º, inc. I, serve apenas para determinar os limites do texto constitucional, por meio da

Para Baylos Grau e Pérez Rey (2009. p. 42), o tema da dispensa

> tem que ser contemplado como um ato de força, um fenômeno de violência inserido nos itinerários da autoridade empresarial. Enquanto fenômeno de empresa, mais além de sua forma jurídica e de seu encaixe no mecanismo regulador das relações de trabalho entre o momento contratual e o organizador, é antes de tudo um ato de violência do poder privado que se expressa como tal. A empresa, por meio da privação do trabalho a uma pessoa, procede à sua expulsão de uma esfera social e culturalmente decisiva, ou seja, de uma situação complexa em que, por meio do trabalho, ela obtém direitos de integração e de participação na sociedade, na cultura, na educação e na família. Cria uma pessoa sem qualidade social, porque sua própria qualidade e os referentes que lhe dão segurança na vida social dependem do trabalho.

Independentemente do nível salarial atribuído ao trabalhador em certa e determinada relação contratual, a precariedade "se revela com a percepção de que se atribui unilateralmente à parte empregadora a faculdade de despedida imotivada, que transmuta a renda auferida em renda inexistente" (SILVA & HORN, 2008. p. 203). Por isso, a precariedade não advém apenas dos vínculos incertos com o trabalho assalariado de prazo indeterminado e/ou das baixas remunerações, mas também da latente exposição daqueles que detêm colocação no mercado à situação de desemprego, sem que para isso seja necessária qualquer justificativa por parte de quem despede (salvo nos casos de justa causa do trabalhador).

A referida denúncia vazia dos contratos permite certo nível de controle sobre a subjetividade do trabalhador. A competitividade de dois níveis (no mercado de trabalho e no âmbito das próprias empresas), aliada à ameaça do desemprego, compromete, inclusive, a integridade do meio ambiente do trabalho, atingindo a saúde dos trabalhadores.[166]

Aliás, é notável a "financeirização" do debate trabalhista em geral, e não apenas no caso da dispensa. Assim, a violação a direitos é normalmente traduzida em demandas de cunho indenizatório/monetário/reparatório. Como se a tal violação pudesse se resolver e se resumisse a determinado pagamento em dinheiro.[167]

---

definição das hipóteses de despedida arbitrária ou de justa causa". Isso ocorre porque "a norma internacional que pretende o controle sobre dispensas arbitrárias, inibindo o desemprego, o qual acarreta inúmeras consequências sociais, e não apenas individuais, possui inegável conteúdo de direitos humanos".
(166) O aumento do ritmo de trabalho, e do controle sobre ele, levanta questões relacionadas aos problemas de assédio moral no trabalho, assim compreendido como conduta abusiva de natureza psicológica que se repete e se prolonga no tempo, expondo a vítima a situações humilhantes e constrangedoras com finalidades diversas, inclusive para que se sinta compelida a se demitir do emprego, por exemplo.
(167) O excesso de jornada, por exemplo, que sabidamente interfere na integridade física, emocional e psicossocial do trabalhador, e não é compatível com a necessidade de criação de novos postos de trabalho, normalmente se resume ao pagamento de horas extras com o acréscimo constitucional (50%), ou por meio de outro índice previsto em norma convencional, mas sem outras consequências.

Os acontecimentos relacionados ao mercado de trabalho, porém, não ficam restritos ao campo da economia e/ou do Direito do Trabalho, ao contrário, há diversas interferências conexas.

A relação que se pretende descortinar, nesta parte da obra, é entre mercado de trabalho e marginalidade social, ambientada nesse período de mudanças sociais e de insegurança econômica, sob a premissa de que a consequência de se transformar a força de trabalho em mercadoria é mais ampla do que seus efeitos sobre o funcionamento ordinário do mercado de trabalho.

Afinal, quais riscos estão presentes no processo de mercantilização do trabalho, que se expressa na forma de precarização, ao invés da proteção social que lhe seria devida?

É na organização social do trabalho que desaparece qualquer separação ou disjunção entre flexibilidade e precariedade. Ao contrário, constitui a referida organização o lugar em que pode ser apreendida a relação que entre elas se estabelece (THÉBAUD-MONY & DRUCK, 2007. p. 37).

A precarização deve ser compreendida como um processo social que amplifica e institucionaliza a instabilidade e a insegurança, as quais decorrem, de um lado, das novas formas de organização da força de trabalho, despontando dentre elas as subcontratações de trabalhadores, e, de outro, mas de maneira relacionada à primeira, do recuo estatal na regulação do mercado de trabalho e da proteção social.[168] Relativamente ao Estado, seu recuo ocorre tanto na forma de inovações legislativas/executivas/administrativas de conteúdo trabalhista e previdenciário, como na interpretação/decisão dos tribunais sobre a legitimidade dos atos que externalizam no mundo da vida as novas morfologias do trabalho, como no caso da terceirização de serviços.[169]

A processualidade precarizante, que concretamente promove a degradação das condições de trabalho e de vida dos trabalhadores, atinge a todos indistintamente, e não apenas àqueles submetidos a estatuto jurídico menos vantajoso, sob o ponto de vista da proteção social.

Segundo THÉBAUD-MONY & DRUCK,

> o debate acerca da precarização do trabalho no Brasil refere-se fundamentalmente aos resultados e impactos da flexibilização, cujas noções que marcam as análises são a fragmentação, a segmentação

---

[168] As definições em torno do que se considera precarização estão embasadas nas ideias de Thébaud-Mony & Druck (2007. p. 29-38).
[169] A esta altura é relevante destacar que não se trata de impedir, através do Estado, o curso da realidade no que pertine aos novos contornos do mercado de trabalho, mas de produzir respostas institucionais constitucionalmente adequadas aos novos problemas que são vivenciados, sobretudo, pelas pessoas que vivem do trabalho.

dos trabalhadores, a heterogeneidade, a individualização, a fragilização dos coletivos, a informalização do trabalho, a fragilização e crise dos sindicatos e, a mais importante delas, a ideia de *perda* — de direitos de todo tipo — e da degradação das condições de saúde e de trabalho. Noções que dão conteúdo à ideia de precarização, considerada como a implicação mais forte da flexibilização (2007. p. 30).

Para Bourdieu (*apud* THÉBAUD-MONY & DRUCK, 2007. p. 33-34), a flexibilidade é uma estratégia de precarização, produto de uma *vontade política*, e não de uma fatalidade econômica propiciada pela mundialização.[170] E, como regime político, a precarização resulta de uma situação generalizada e permanente de insegurança, visando obrigar os trabalhadores à submissão e à aceitação da exploração. Por isso, ao invés de *leis inflexíveis* do sistema econômico, é preciso voltar a atenção às vontades ativas e passivas dos poderes públicos que se transformam concretamente em escolhas orientadas à dominação completa não só do trabalho como também dos trabalhadores.

A realidade contemporânea convive com a produção de situações de precariedade tanto do emprego como do trabalho. E como não existe "a sociedade de um lado e os excluídos de outro", uma vez que as exclusões são constitutivas da própria sociedade, é necessário considerar que o que se produz é uma "desestabilização dos estáveis".[171] As consequências da marginalidade socioeconômica são sentidas, portanto, não apenas por aqueles que a vivenciam diretamente, mas também pela sociedade como um todo.

Há incontáveis problemas na crença difundida de que o mercado autorregulado pode gerar progresso econômico e social indistinto, isto é, suficiente para alcançar todas as pessoas. Dentre eles se pode dizer que permitir que as necessidades convergidas pela dinâmica do mercado simbolizem e atuem como único dirigente do destino das pessoas, e mesmo como árbitro da quantidade e do uso do poder de compra, pode resultar no *desmoronamento* da sociedade.[172] Quando se fala no uso da força de trabalho, mais ou menos protegida, ou não utilizada, não se trata apenas de considerar uma mera questão da engrenagem do mercado, mas da afetação que ocorre em relação ao indivíduo humano, portador

---

(170) Referindo-se ao debate na França sobre o processo de precarização, Thébaud-Mony & Druck afirmam que a flexibilidade vem se expressando desde os anos 80 e mais intensamente nos anos 90 em diferentes modalidades, mas sempre como se resultado fosse de uma orientação inevitável decorrente das novas regras de competitividade (2007. p. 38).

(171) As expressões são de Béatrice Appay citada por Thébaud-Mony & Druck, as quais fazem a seguinte indicação bibliográfica: Béatrice Appay, *Précarisation sociale et restructurations productives*, p. 512 (2007. p. 31).

(172) *Desmoronamento da sociedade* é expressão utilizada por Polanyi, e presente no estudo de Silva & Horn (2008. p. 189). Tanto o primeiro quanto os segundos acreditam que tal processo pode ser contido por *contramovimentos protetores*, isto é, que possam cercear o seu avanço, sobretudo atuando contra o abuso perpetrado em relação às mercadorias fictícias, como é o caso do trabalho humano.

dessa "mercadoria" peculiar que é a força de trabalho. Dispor dessa mercadoria é dispor das pessoas, em toda a sua complexificação física, psicológica e moral. Na verdade, "despojados da cobertura protetora das instituições culturais, os seres humanos sucumbiriam sob os efeitos do abandono social; morreriam vítimas de um agudo transtorno social, através do vício, da perversão, do crime e da fome' (POLANYI, 1988: 85)" (SILVA & HORN, 2008. p. 189).[173]

É necessário o resgate da relação entre exclusão no trabalho e marginalidade porque

> a despeito do enriquecimento coletivo das décadas de industrialização, a sociedade brasileira continua caracterizada pelas disparidades sociais vertiginosas e pela pobreza de massa que, ao se combinarem, alimentam o crescimento inexorável da violência criminal, transformada em principal flagelo das grandes cidades (WACQUANT, 2001. p. 08).

A precarização socioeconômica pode implicar tanto na exclusão das pessoas que vivem do trabalho, como ainda conferir movimento e intensidade à marginalidade social. São riscos que potencializam outros riscos. Não se trata, porém, de um processo planificado, sincrônico e homogêneo, mas se encontra em toda parte. Sua intensidade e suas faces ganham marcas próprias a depender do lugar concreto e das condições muito específicas enfrentadas pelos trabalhadores.

Todavia, a realidade globalizada da economia permite várias aproximações e, ainda, identificar semelhanças entre as diversas realidades — mesmo que vivenciadas por países de capitalismo avançado ou em fase de desenvolvimento econômico —, sobretudo quanto aos modos de se produzir exclusão. Tal proximidade, aliás, se faz mais presente nas exclusões do que nas inclusões.

---

(173) David Harvey descreve suas constatações após ter assistido, em cronologia inversa, a dois filmes que, para ele, podem levantar importantes questões sobre a exclusão, a marginalidade e o desenho atual do espaço urbano. Trata-se de *O Ódio* (*La Haine*, no original), de 1995, produção francesa sob a direção de Mathieu Kassovitz, e de *Duas ou Três Coisas que Eu sei sobre Ela* (*Deux ou Trois Choses Que Je Sais D'elle*, no original), de 1966, produção francesa sob a direção de Jean-Luc Godard. Para ele, a metrópole contemporânea em ação é um lugar de empobrecimento tanto da vida como da arte, se não de impossibilidade humana (HARVEY, 2006. p. 22) porque a globalização que se intensifica é a da miséria (HARVEY, 2006. p 105). Sobre *O Ódio*, em que três homens jovens, de origens diversas, estão vinculados sob as condições de vida da juventude contemporânea, Harvey descreve que "impelidos por seu ódio e suas emoções brutas, esses indivíduos são vulneráveis até a medula, mas também buscam desesperadamente atenção, identidade e reconhecimento envolvendo-se no único tipo de comportamento que chama a atenção dos detentores do poder — a agressão, por vezes não imediata, mas sempre imprevisível e disruptiva. A única forma de empoderamento de que dispõem os protagonistas está num revólver (uma arma de serviço perdida por um policial e que um deles achou). A única questão existencial relevante que paira sobre o filme é como e quando usar essa arma" (2006. p. 22). O segundo filme é o retrato de uma sociedade de consumo dos anos 60, em meio à pobreza das mesas e aos conflitos de grande porte, como a Guerra do Vietnã. Feita a comparação entre as duas obras, "a cidade do futuro que paira como interrogação no filme de Godard está plenamente formada em *O ódio*. O anseio utópico cedeu lugar ao desemprego, à discriminação, ao desespero e à alienação. As repressões e a raiva estão hoje evidentes em todo e qualquer lugar. Não há contra elas defesas

É relevante pontuar que a análise dos problemas relacionados à marginalidade social não deve se ater a supostos méritos ou deméritos individuais, ou da parcela da população que sofre de suas consequências, mas sim ao desafio de desvendar os mecanismos institucionais que são decisivos para a sua produção.⁽¹⁷⁴⁾ De fato, o processo de marginalização pode receber nos círculos políticos e intelectuais acepções diversas, de natureza estrutural ou comportamental ou ecológica. A primeira delas envolve relacionar análises sobre a estrutura do mercado de trabalho. A segunda diz respeito à conduta e aos traços pessoais dos indivíduos incriminados. A terceira, por sua vez, destaca as características sociais do bairro, dos locais nas cidades ocupados pelos despossuídos.⁽¹⁷⁵⁾

A interconexão entre precarização e marginalidade social deve ser desvendada sob o recorte da estrutura do mercado de trabalho, para viabilizar uma visão mais amplificada no âmbito brasileiro acerca do processo de exclusões possibilitadas pela desproteção social trabalhista.⁽¹⁷⁶⁾

A exclusão social não é uma categoria apreensível por um conceito fechado, mas uma noção contextual e aberta. Nem por isso prescinde de uma análise crítica acerca do formato que adquire na contemporaneidade, e dos desafios que estabelece para o direito, ainda que a reflexão seja sempre precária e provisória.⁽¹⁷⁷⁾

---

estéticas nem intelectuais. Os signos nem sequer continuam a importar em algum sentido fundamental. A cidade encarcera os subprivilegiados e os marginaliza ainda mais com respeito à sociedade mais ampla" (HARVEY, 2006. p. 25).

(174) O Direito e as instituições têm efetiva participação na construção história da separação e da marginalização social. Esta é a perspectiva que Seelaender utiliza para análise do problema da igualdade constitucional e do intervencionismo segregador na Primeira República. Afirma o autor que, "para pôr os pobres no seu lugar, limitando seus movimentos e sujeitando-os ao trabalho produtivo sob os mestres e proprietários, desenvolveu-se no antigo Regime um vasto conjunto de normas em torno do vago conceito de 'vadiagem'. A preocupação com os deslocamentos da mão de obra potencial — também presente na legislação sobre ciganos e sobre os habitantes das ilhas atlânticas — se refletiu, a partir do período pombalino (1750-1777), no advento de diversas normas tentando limitar, vigiar e controlar os movimentos dos 'vadios' e pobres em geral, inclusive com a instituição de mecanismos de vigilância sobre moradores e viajantes, passaportes e restrições à moradia" (2006. p. 4-5).

(175) Wacquant menciona os aludidos três usos diversos, mas os relaciona à *underclass* urbana nos Estados Unidos, que possui características peculiares, sendo a mais evidente a homogeneidade racial. Todavia, tais acepções são válidas para as reflexões macrossociais sobre a marginalidade social. Ainda sobre as acepções estrutural, comportamental e ecológica, o autor destaca a segunda como aquela que comporta carga semântica cujas associações causam indignação pela presença de traços marcantes de preconceito (2005. p. 97).

(176) A rejeição da análise sob o prisma de méritos ou deméritos individuais ocorre em face do preconceito que carrega, ao atribuir às pessoas a responsabilidade exclusiva pelo processo de exclusão que experimentam. Embora as favelas brasileiras possam servir como importantes fontes de observação sobre a situação experimentada por incontáveis pessoas que já sofrem as consequências tanto da desproletarização quanto da marginalidade social, o próprio Wacquant admite que o elemento decisivo de análise, inclusive do lugar, é a relação precária ou mesmo rompida com o mundo assalariado (2005. p. 99).

(177) É válida a advertência de Wacquant quando fala na imprescindibilidade de uma crítica histórica e lógica a categorias eruditas e mundanas de construção da realidade para uma sociologia rigorosa da

Assim, embora a marginalidade social seja objeto com contornos variáveis, é possível contribuir para o questionamento sobre as formas de triagem social, tendo como ponto de referência as condições que as mudanças no mundo do trabalho impõem às pessoas que dele dependem.

3.2. Marginalidade, Pobreza e os Desafios à Cidadania

Quais consequências os processos de desassalariamento, desafiliação do sistema de proteção social e de decomposição da relação trabalho-salário, além da retração da política social, podem gerar para a organização social?

A marginalização dos trabalhadores e os bloqueios ao incremento da sua condição social, pensados a partir de fatores estruturais, possibilitam conectar mercado de trabalho, marcado pelo processo de precarização, e pobreza urbana.

As reflexões sobre a proteção ao trabalho não devem ser realizadas no âmbito exclusivo do papel que podem desempenhar as normas formais e abstratas. Num contexto de integridade, é preciso empreender tentativa de estabelecer uma visão mais abrangente, ainda que sempre incompleta, sobre as implicações possíveis relacionadas à proteção ao trabalho, observando-se as demandas concretas dos trabalhadores, não apenas como tais, mas também na condição de cidadãos, para além, portanto, da participação numa relação reconhecida pelo mercado econômico.

O que se nota no cenário dos centros urbanos no Brasil, e dos países ocidentais em geral, é a presença, de forma mais ou menos intensa, de espaços de exclusão.[178] "*Favela* no Brasil, *poblacione* no Chile, *villa miseria* na Argentina, *cantegril* no Uruguai, *rancho* na Venezuela, *banlieue* na França, *gueto* nos Estados Unidos..." (WACQUANT, 2005. p. 7). Segundo pensam tanto os seus habitantes como os não habitantes, esses são locais conhecidos, que devem ser evitados e

---

marginalidade urbana, bem como quando pontua que a noção de *exclusão*, se inflar indevidamente, pode se tornar obstáculo "à compreensão das múltiplas dinâmicas sociais que alimenta a volta da miséria, da violência e do desamparo urbanos nas sociedades que acreditavam ate pouco tempo que estivessem deles definitivamente curadas" (2005. p. 108).

(178) Ainda no âmbito da Primeira República, Seelaender aborda o tema do combate ao cortiço. Suas descrições são atualíssimas, se considerarmos a organização dos espaços urbanos ainda existente no Brasil. Segundo o autor, "normas impondo rígidos padrões de construção, limitações à coabitação, recuos consideráveis, 'cubagens de ar' e áreas mínimas são um meio eficaz, embora aparentemente neutro, de 'desenhar uma muralha invisível' entre as classes. Criam despesas que afugentam os pobres e chegam mesmo a tornar irracional a locação para estes últimos, com aluguéis baixos. Assim sendo, ao mesmo tempo em que afetam direitos dos proprietários, reduzindo sua liberdade individual, tais normas os livram do incômodo de ter pobres como vizinhos. A ausência destes, por sua vez, torna o bairro 'nobre' e o valoriza, o que afasta ainda mais os pobres" (2006. p. 18).

temidos, porque se trata de territórios de privação e abandono, em suma, de regiões-problema (WACQUANT, 2005. p. 7).[179]

O subproletariado ocupa os centros urbanos e trata-se de trabalhadores que não se afiliam de forma consistente e duradoura à rede de emprego. Todavia, as exclusões de hoje não são as mesmas enfrentadas durante o período do *welfare state*, quando havia a crença generalizada de que eram temporárias e de que a expansão econômica, com a geração de mais riquezas e mais postos de trabalho, seria suficiente para a absorção dessas pessoas.

Nas cidades, que são os lugares de vivência concreta dos cidadãos, a divisão espacial com características de exclusão mantém certas e determinadas especificidades. Referindo-se às áreas de banimento, Wacquant destaca que:

> Algumas dessas regiões servem como reservatórios ativos e elásticos de força de trabalho de baixa qualificação; outras são apenas armazenamento de população excedente sem utilidade política e econômica identificável no novo capitalismo dualizante; outras, ainda, são depósitos meramente espaciais para o exílio de categorias sociais indesejáveis. Assim, no Brasil, o mesmo rótulo de *favela* pode conter áreas estáveis que continuam a oferecer abrigos sólidos de integração da classe trabalhadora dentro da cidade, zonas nas quais as vítimas da 'desindustrialização regressiva' são entregues ao seu próprio destino, vivendo da economia informal das ruas, cada vez mais dominada por atividades criminosas, e enclaves de *marginais* marcados pela experiência do estigma e da mácula coletiva (2005. p. 11).

Luiz Cesar de Queiroz Ribeiro, no prefácio à edição brasileira de *Os Condenados da Cidade: estudos sobre marginalidade avançada*, de Loïc Wacquant, faz a seguinte análise pertinente acerca da organização espacial da desigualdade social brasileira:

> Talvez a posição das favelas e seus congêneres no espaço social brasileiro tenha a ver com o fato de o poder de segregação das nossas elites econômicas e intelectuais, todas brancas, por meio do qual asseguram

---

(179) Consiste importante aspecto das reflexões de Wacquant as diferenças existentes entre a *banlieue* e o *gueto*. Em relação à primeira, o autor afirma que "os bairros franceses não são agrupamentos multifuncionais dotados de uma divisão do trabalho que lhes permita reproduzir-se sem trocas com seu ambiente" (2005. p. 124). Além disso, são zonas com multiplicidade de nacionalidades (2005. p. 125). No prefácio à obra, Luiz Cesar de Queiroz Ribeiro parece chegar à mesma constatação em relação às favelas brasileiras, isto é, quanto às constantes trocas com o ambiente. Já em relação ao *gueto* americano, as coisas se passam de outra forma. Trata-se de "um continente dotado de uma divisão do trabalho social e de uma (relativa) autonomia institucional que o possibilita funcionar largamente fechado em si mesmo" (2005. p. 124), tal como uma *cidade negra dentro da* cidade. Por isso, as relações entre seus residentes se "dão essencialmente no interior do espaço social homogêneo do gueto" (2005. p. 124). O *gueto* americano, em suma, "é antes de mais nada um mecanismo de *exclusão racial*" (2005. p. 125).

e legitimam a distância e as desigualdades sociais que as separam e diferenciam do 'povo, todos negros ou quase negros', concretizar-se por outras instituições sociais que prescindem do isolamento territorial dos pobres. Por essa razão, a organização das nossas grandes cidades segue um modelo que combina proximidade física e distância e separação sociais, pois cada um sabe exatamente o seu lugar no espaço social (2005. p. 16).[180]

As grandes cidades, incluindo as brasileiras, são locais visíveis do processo de disseminação da *nova pobreza*.[181]

No modelo fordista de produção, a fábrica era importante centro irradiador da organização do espaço urbano. As casas ou vilas de trabalhadores, mais ou menos homogeneizadas, eram construídas tendo como ponto de referência a fábrica. Na contemporaneidade, porém, são observáveis outros fatores complexos e dispersos responsáveis pelo desenho dos centros urbanos, deixando a fábrica, portanto, de ser o ponto de referência mais visível. O palco do trabalho são as cidades.

---

(180) Luiz Cesar de Queiroz Ribeiro traça os pontos de contato e de distanciamento entre a realidade das nossas favelas e aquela analisada por Wacquant, especialmente no que concerne ao *gueto* norte-americano, e, ao fazê-lo, pontua importantes aspectos da exclusão social no Brasil. Consta nas suas reflexões o seguinte: "uma favela brasileira pode ser muito semelhante a um gueto negro norte-americano quando comparamos as suas respectivas condições sociodemográficas, pois ambos são territórios de concentração de camadas pobres com forte presença de segmentos não brancos, jovens e velhos, de altas taxas de desemprego, especialmente entre os jovens, de famílias chefiadas por mulheres etc. Quando comparamos, porém, os lugares ocupados por uma e outra e seus respectivos espaços sociais, verificamos a existência de fortes diferenças. Em primeiro lugar, o termo 'favela', embora pretenda descrever uma situação socialmente homogênea, esconde fortes diferenças quanto ao papel dos territórios pobres na economia e na sociedade das grandes cidades brasileiras. (...) As favelas na cidade de São Paulo, por exemplo, constituem uma posição hierarquicamente mais inferior do que no caso do Rio de Janeiro. No Distrito Federal, por outro lado, morar em favela é estar em posição de forte precariedade urbana, enquanto no Rio de Janeiro a favela já alcançou total estabilidade. Também, no interior das metrópoles, há importantes diferenças entre as posições sociais das favelas das áreas centrais e as localizadas nas periferias. (...) Os 'favelados' não apresentam o mesmo grau de isolamento social que os moradores dos guetos norte-americanos. Estão inseridos na divisão social do trabalho, embora em posições marginais, mantendo relações de troca com o mundo social exterior. (...) A conexão da favela com a sociedade, ainda que subalterna, permite ao seu morador experimentar a alteridade. (...) Morar na favela não representa sempre estar em uma etapa da mobilidade social descendente. (...) Pelo contrário, as favelas continuam representando a porta de entrada pela qual o trabalhador pobre do campo tem acesso às melhores condições de renda e de vida presentes na cidade" (2005. p. 15-16).

(181) Wacquant, ao elucidar as estruturas da chamada *nova pobreza*, relacionada ao período, em curso, de transição pós-fordista, identifica vários traços comuns presentes em sociedades de capitalismo avançado como Estados Unidos, Inglaterra, França, Itália e Holanda, e que se pode considerar que não distam da realidade brasileira. São eles: "desemprego prolongado ou atividades ocupacionais precárias, acúmulo de carências múltiplas no âmbito de famílias e de bairros, encolhimento das redes sociais e afrouxamento dos laços sociais, dificuldade das formas tradicionais de segurança social e de assistência pública para atender ou corrigir a carestia e o isolamento ..." (2005. p. 135).

Ainda a partir de Wacquant (2005. p. 169) é possível falar em *marginalidade avançada*, que adquire o significado de marginalização que surge e/ou que se intensifica na sociedade pós-fordista, não como manifestação de atraso econômico, mas, na realidade, de transformações desiguais e desarticuladas de diversos setores sociais, e especificamente do setor econômico. Essas novas formas de exclusão repercutem nos extratos mais baixos da classe trabalhadora e não conseguem ser superadas progressivamente pela expansão do livre mercado ou pelas premissas próprias de um Estado de Bem-Estar Social. Por isso mesmo, o autor faz menção à necessidade de se apontar para novas formas de intervenção política.

Wacquant, ciente de que são necessárias diversas precauções quando se pretende conceituar fenômenos sociais, relaciona seis características distintas da marginalidade avançada, com a finalidade de proceder à análise acurada de cada uma delas (2005. p. 170-175).[182] Dessas, pelo menos quatro (*o trabalho assalariado como parte do problema*; *desconexão funcional proveniente de tendências macroeconômicas*; *a perda do interior*; e *fragmentação simbólica e social*) podem ser consideradas efetivamente pertinentes para conectar a realidade brasileira. As outras duas (*fixação e estigmatização territoriais* e *a alienação territorial, ou a dissolução do "lugar"*), embora não sejam de todo impertinentes,[183] estão evidentemente embasadas nas análises empreendidas pelo autor acerca das distinções e proximidades existentes entre o *gueto* norte-americano e a *banlieue* francesa.

Em primeiro lugar, tem-se o trabalho assalariado que passa a ser visto como parte dos problemas concernentes à marginalidade urbana e à destituição social. Wacquant reconhece que nas décadas de expansão do modelo fordista (ou de *capitalismo organizado*) a relação trabalho-salário parecia suficiente para a solução de tais problemas. Atualmente, porém, "tornando-se 'internamente' instável e heterogêneo, diferenciado e diferenciador, o contrato de trabalho assalariado transformou-se numa fonte de fragmentação e precariedade, em vez de homogeneidade e segurança, para os indivíduos mantidos na periferia do mercado formal" (2005. p. 171). Além disso, ao lado da erosão da capacidade integradora da relação trabalho-salário, outros elementos de segurança, concebidos sob o modelo *fordista-keynesiano*, também se encontram em processo de enfraquecimento, dentre eles: "a segurança do mercado de trabalho (esforços do Estado para alcançar o pleno emprego), a garantia de uma renda (por meio de

---

(182) Wacquant explicitamente menciona que oferecerá, com reservas, caracterização resumida da marginalidade avançada, isso porque "oposições binárias como as promovidas por tais exercícios conceituais são propensas a exagerar as diferenças, confundir descrição e prescrição e estabelecer fortes dualismos que desconsideram continuidades, subestimam contingências e exageram a coerência interna de formas sociais" (2005. p. 170).
(183) Alguma pertinência existe ao menos quando se considera a presença nos centros urbanos brasileiros das segregações existentes nas periferias, nas favelas e nos bairros pobres em geral.

provisões sociais, benefícios para os desempregados e pertencimento a sindicatos) e a segurança no emprego (a redução de contratação e demissão)" (WACQUANT, 2005. p. 171).

Acerca da desconexão funcional proveniente de tendências macroeconômicas, Wacquant pondera, no contexto da segunda característica, que "a marginalidade avançada parece estar cada vez mais desligada das flutuações de curto prazo da economia, de modo que as fases de expansão de emprego e consumo têm pouco efeito duradouro sobre ela" (2005. p. 171).

Essa característica coloca à reflexão o problema das políticas adequadas para a reabsorção dos chamados *expulsos* do mercado ou os *novos excluídos*. As expressões de Wacquant podem ser utilizadas para abarcar os trabalhadores que experimentam situação de desemprego consistente — isto é, que se prolonga no tempo —, aqueles que procuram sobreviver a partir de colocações informais no mercado de trabalho, os prestadores de serviços de baixa qualificação — que se afiliam ao sistema de emprego formal em postos com alta rotatividade —, bem como os que apenas se habilitam aos empregos de caráter temporário — ainda que de longa duração, como ocorre com as terceirizações nas atividades permitidas.

Na forma contemporânea de organização do trabalho, o trabalhador deve permanecer empregável, mas não empregado.

A colocação dessas pessoas que dependem do trabalho em situação de emprego com segurança (vale dizer, destinatário de proteção social nos termos constitucionais, inclusive com garantias contra a demissão) dependeria de uma tão espantosa quanto improvável época de expansão econômica.

Para Wacquant,

> isso significa que, longe de realmente garantir empregos, as políticas sociais baseadas na impulsão da capacidade de absorção do mercado de trabalho são, na verdade, dispendiosas e ineficientes, pois os novos excluídos são os últimos a serem atingidos pelos seus benefícios, o que ocorre somente depois de todos os outros grupos mais privilegiados haverem sido beneficiados pelo crescimento econômico (2005. p. 172).

Outra característica que relaciona mercado de trabalho e marginalidade social é chamada por Wacquant de *a perda do interior*. O que se tem observado nos centros urbanos é o crescimento da economia informal, sem que tal ocorra de modo paralelo ou vinculado à oferta de empregos. Atualmente é possível observar a dissociação entre trabalho informal e postos de emprego. Os excluídos de empregos remunerados fazem uso de estratégias individuais para tentar sobreviver, o que significa o desenvolvimento de *trabalho clandestino*, comércio informal e a institucionalização da malandragem profissional. Acerca do caráter da economia informal Wacquant afirma que "parece que ela está cada vez mais desligada do setor comum do trabalho assalariado e que seus circuitos paralelos oferecem poucos pontos de entrada para o mundo de trabalho legal; assim, jovens envolvidos em trabalhos ilegais têm mais chance de ficar por longo tempo marginalizados" (2005. p. 175).

Acerca da *fragmentação simbólica e social* como característica, Wacquant destaca aspecto diferenciador da marginalidade avançada em relação a situações precedentes. É que, na contemporaneidade, o contexto em que se insere a marginalidade avançada é o de decomposição da classe trabalhadora. Precisamente, o que tem ocorrido é a pressão pela desproletarização ao invés da pressão da proletarização (2005. p. 175).

O que se nota, portanto, é que a relação trabalho-salário não mais constitui o ponto de referência para um processo de inclusão que signifique a generalização de direitos, ao contrário, é fonte de exclusões de pessoas que dependem do trabalho. Observando a versão contemporânea do capitalismo, e mais precisamente as exclusões que possibilita em face da paralisação da integração social, políticas concentradas apenas nas promessas advindas da expansão econômica não são capazes de efetivamente promover a colocação de pessoas em situação de emprego protegido. Na mesma esteira, o desenho fragmentado dos centros urbanos contemporâneos é reflexo de uma dispersão própria de uma economia que se desenvolve cada vez mais dissociada da ideia e da proposta de criação de postos de emprego. Além disso, a marginalidade social e avançada não é um fenômeno independente, isto é, que possa ser adequadamente compreendido sem os influxos decorrentes não apenas do sistema da economia, mas sobremodo das metamorfoses do mundo do trabalho.

A despeito dos problemas vinculados à reestruturação produtiva, há ainda uma crise em curso relacionada à capacidade de reivindicação e de mobilização dos que são atingidos pelos seus mais variados efeitos.

Nesse particular, há pontos evidentes de convergência entre as reflexões de Wacquant, Ricardo Antunes e Márcio Túlio Viana sobre o problema enfrentado pelo coletivo dos trabalhadores e acerca da insuficiência do modelo sindical para fazer frente à situação experimentada pelas pessoas que vivem do trabalho, as quais não necessariamente pertencem a uma categoria profissional específica. De fato, o sindicalismo foi construído sob as premissas do modelo fordista de produção capitalista, com seu pressuposto de homogeneidade da classe trabalhadora. Não foi possível à fábrica que reunia para produzir evitar os efeitos dessa união.

Para além das questões do desemprego estrutural, e das formas fragmentadas de inserção dos trabalhadores, especialmente os desqualificados, é preciso notar que na grande empresa contemporânea as pessoas que vivem do trabalho deixam de ser trabalhadores propriamente ditos e se tornam parceiros ou colaboradores, o que adquire o sentido de uma adesão experiencial à corporação. A ênfase ao mérito individual do trabalho é reforçada pelas novas formas de remuneração variáveis praticadas, incrementadas com bônus, prêmios e outras rubricas similares. A promessa de ganhos no trabalho que dependem preponderantemente da capacidade individual reafirma a relação forte existente entre trabalho e consumo ou entre a remuneração percebida por meio do trabalho e o acesso às possibilidades de consumo, as quais carregam incontáveis significados de pertencimento social. Num cenário de competitividade entre os próprios trabalhadores e de adesão à corporação surgem enormes dificuldades à organização sindical tradicional, até então baseada na solidariedade da classe operária. No capitalismo contemporâneo é possível reunir sem unir os trabalhadores.[184]

Segundo Wacquant:

> A ausência de uma linguagem comum que os unifique simbolicamente acentua a dispersão e a fragmentação social dos novos pobres urbanos. O instrumento organizacional permanente da voz coletiva e das reivindicações do proletariado urbano, a saber, os sindicatos, é completamente inadequado para enfrentar as questões que surgem e se estendem além da esfera convencional do trabalho assalariado regulamentado, e suas táticas tradicionais de defesa parecem somente agravar os dilemas enfrentados (2005. p. 175).

Parecem necessárias outras e novas formas de defesa dos direitos dos trabalhadores que convivam com as tutelas tradicionais.

Esse processo de marginalidade avançada, que comporta no seu interior o uso diversificado da força de trabalho, com fórmulas que implicam em desproteção, além das situações de desemprego, aponta no sentido da exclusão em massa de populações situadas em setores urbanos desfavorecidos. Schwartz, embora referindo-se à realidade europeia, especialmente no que toca à expansão do desemprego, afirma que "doravante é compartilhada a consciência de um risco maior para as nossas sociedades" (1996. p. 148).

Wacquant relata distúrbios urbanos ocorridos no decorrer dos anos 80 em países como Estados Unidos, França e Grã-Bretanha e destaca que foram traduzidos, especialmente pela mídia, como a extensão de protestos contra a injustiça racial que vinham ocorrendo no decorrer do século XX, todavia, para o autor, há nas desordens coletivas urbanas a combinação de duas lógicas: primeiro, a de resistência contra a injustiça racial (o que inclui a questão dos negros americanos e dos diversos imigrantes na França e na Grã-Bretanha), mas numa nova perspectiva; e a outra, de insurgência dos pobres que se levantam contra "a *privação e as desigualdades*

---

(184) Para Bourdieu (1998. p. 122), num contexto de desemprego, "a concorrência pelo trabalho é acompanhada de uma concorrência no trabalho, que é ainda uma forma de concorrência pelo trabalho, que é preciso conservar, custe o que custar, contra a chantagem da demissão".

sociais crescentes com a arma mais efetiva, quando não a única, de que dispõem, notadamente a ruptura da vida civil com o recurso direto à força" (2005. p. 27).[185]

Ainda segundo Wacquant, "é tentador encarar explosões de violência coletiva 'vinda de baixo' como sintomas de crise moral, de patologias das classes baixas, ou como tantos outros indícios de iminente ruptura societal da 'lei e da ordem' " (2005. p. 28). Todavia, como adverte Corsi, é preciso procurar a estranheza naquilo que é aparentemente normal (2001. p. 170).

Embora devam ser consideradas as diferenças e as especificidades próprias da *banlieue* francesa, do *gueto* norte-americano e da favela brasileira, em todos os casos, a retração do mercado de trabalho e a oferta de ocupações sem a adequada proteção social despontam como problemas que permitem relacionar exclusão social e miséria. Em suma, o desemprego e o subemprego figuram dentre as principais causas das desarticulações sociais contemporâneas.[186]

O desemprego em massa, "persistente e crônico, representando para segmentos inteiros da classe trabalhadora a desproletarização que traz em seu rastro aguda privação material" (WACQUANT, 2005. p. 29), pode ser considerado um dos aspectos relacionados ao que o autor denomina como *violência vinda de cima*, e que se conecta à realidade brasileira.[187]

A flexibilização do trabalho, produtora de precariedade, é fator decisivo por ampliar as situações de pobreza e generalizar a insegurança (WACQUANT, 2005.

---

(185) Na análise sobre os protestos, e especificamente sobre o chamado levante em *Los Angeles* ocorrido em face de flagrante discriminação racial perpetrada pela polícia, durante o qual foram pilhados supermercados e pequenos *shoppings* no bairro *South Central*, Wacquant fala em *revolta da fome*, contra a pobreza, a carestia e as severas privações materiais trazidas não apenas com a recessão econômica, mas também pelo corte de gastos governamentais com programas sociais (2005. p. 28).

(186) Refletindo criticamente sobre o que ocorre no debate francês, Thébaud-Mony & Druck ponderam que a disseminação de diversas formas de precariedade e de exclusão social ocupam hoje o centro das preocupações sociais e políticas, justamente em face dos riscos de instabilidade que elas comportam. Todavia, o discurso político e midiático as transformam em um fenômeno em si, como novo flagelo dos tempos modernos, em relação ao qual a ação "humanitária" e de caridade laica figurariam supostamente como tratamento para compensar a impotência do Estado (2007. p. 38). Todavia, na perspectiva desta pesquisa, o exercício da cidadania e da cidadania no trabalho implica em reivindicações, na luta por direitos, e não na conversão dos problemas gerados pela desestruturação social propiciada pelas antigas e novas formas de exploração do sistema do capital em assunto para a ajuda humanitária ou para os assistencialismos público ou privado.

(187) O autor desenvolve raciocínio em relação à inquietação pública dos pobres urbanos na Europa e nos Estados Unidos como forma de reação à violência estrutural sofrida em face de uma série de transformações econômicas e sociopolíticas, e destaca como outros dois dos seus componentes "o exílio em bairros decadentes, onde escasseiam os recursos públicos e privados à medida que a competição por eles aumenta, devido à imigração" e a "crescente estigmatização na vida cotidiana e no discurso público, tudo isso ainda mais terrível por ocorrer em meio a uma escalada geral de desigualdade" (WACQUANT, 2005. p. 29).

p. 179). De fato, a competição e a busca por eficiência econômica, quando importam em competição que gera exclusões sociais, ou *resíduos*, retiram de diversos trabalhadores o trabalho e/ou o acesso a condições dignas de trabalho.

A pobreza, também ela, envolve diversos significados e, portanto, não se acondiciona apenas na situação de privação das pessoas de condições materiais que lhes possibilitem existência digna. A pobreza também é um estigma, sobretudo numa sociedade que incorporou a dinâmica do consumo, e cuja participação ativa nesta esfera é condição de reconhecimento social, tal como "um passaporte para a cidadania, mesmo entre os despossuídos" (WACQUANT, 2005. p. 33).

Numa realidade de retração do emprego estável e protegido, é de se indagar quais reações são provocadas pela ausência de dinheiro e de bens de consumo essenciais à ascensão de uma existência socialmente reconhecida.[188]

A cena urbana contemporânea é a do convívio entre dois fenômenos aparentemente contraditórios, mas na realidade ligados (WACQUANT, 2005. p. 191). A riqueza produzida por um sistema econômico mundial, volátil e transnacional não tem se convertido numa igual distribuição de benefício para todos. Convive-se com o paradoxo entre abundância e pobreza (OIT, 2005b. p. 17-19). Antunes destaca, acerca da realidade existente na sociedade regida pelo valor, a dialética da riqueza-miséria, da acumulação-privação, do possuidor-possuído (2008. p. 145).

Airton Cerqueira-Leite Seelaender adverte que

> Sociedades complexas, marcadas pela desigualdade, não se caracterizam, somente, pela presença de mecanismos institucionais e ideológicos que assegurem um grau mínimo de integração social. Costumam apresentar, também, múltiplas formas de separar os indivíduos de grupos sociais distintos, identificando-os e pondo-os no lugar que lhes cabe (2006. p. 1).[189]

---

[188] Wacquant elenca "a proliferação do 'assalto à mão armada' na *inner city* britânica, da *dépouille* (ato de tirar as roupas sob ameaça de uso da força) nos terrenos da *banlieue*, do roubo de correntes de ouro e do tráfico de drogas nas ruas do gueto negro norte-americano ..." (2005. p. 33) como atos de violência praticados por jovens da classe trabalhadora e acrescenta em nota de rodapé que "é possível suspeitar que uma lógica semelhante esteja em ação, *mutatis mutandis*, nas temíveis irrupções de *funkers* nos fins de semana nas praias ricas e brancas de Ipanema e Copacabana, no Rio de Janeiro". O autor, então, associa tais ilícitos praticados por jovens à necessidade de aquisição daquilo que é considerado atributo de *status* social, mas que normalmente se encontra acessível apenas a outras classes sociais.

[189] O autor prossegue lançando importantes questionamentos que envolvem a problemática contida na contradição entre igualdade constitucional e as múltiplas formas de separação de indivíduos de grupos sociais distintos: "Como se dá essa separação, porém, no campo do direito? Poderíamos dizer que tal fenômeno é estranho ao direito de nossa época? Que as constituições democráticas o teriam definitivamente desterrado do mundo jurídico, tornando-o uma prática social totalmente destituída de lastro legal?" (SEELAENDER, 2006. p. 1).

Embora o Brasil ainda não se situe entre os considerados ricos, é visível, internamente, a distinção entre ricos e pobres, e, externamente, a sua condição de país em desenvolvimento. No caso do Brasil, sua subida na escala dos países em desenvolvimento não necessariamente implica, na mesma proporção, no incremento do Índice de Desenvolvimento Humano. Esse ambiente permite considerar válida também aqui a observação de Wacquant de que, além de enfrentarem a falta de condições adequadas e de meios de sobrevivência, os pobres possuem o *status* da anomalia social, e perdem o controle sobre sua representação e identidade coletiva (2005. p. 139).[190]

Ainda de acordo com Wacquant:

> Para indivíduos que são repetidamente rejeitados no mercado de trabalho ou que se negam a sujeitar-se a 'trabalhos de escravo' sem possibilidade de ascensão, que os privam de dignidade porque envolvem tarefas servis e pagam salários de fome, sem incluir benefícios, as atividades subterrâneas podem transformar-se facilmente num emprego por tempo integral (2005. p. 67).

A pobreza e a marginalidade não são atributos sociais recentes. Todavia, elas adquirem características próprias que as distinguem da produzida no regime fordista de expansão industrial. Contemporaneamente, são crescentes a instabilidade e a heterogeneidade produzidas pelas novas formas da relação trabalho-salário, sendo importante, como característica, a ausência de um idioma coletivo de reivindicações.

Nas sociedades industriais, a pobreza era compreendida ou como um resíduo de desigualdades e de atrasos passados, ambos passíveis de serem superados em razão dos resultados que adviriam de um extenso progresso econômico, ou como produto de deficiências individuais.

As prováveis interconexões entre mercado de trabalho e desordem social, que se apresentam como um desafio à democracia, também estão presentes nas reflexões de Albuquerque:

> Neste sentido, a globalização neoliberal fundada na expansão desenfreada das empresas transnacionais, no culto totêmico ao mercado, na complexificação crescente das sociedades contemporâneas, na fundação de novas linguagens e espaços virtuais de sociabilidade através dos meios de comunicação, tem resultado, mormente nas periferias, não somente na desconstrução dos valores da cidadania e da razão

---

(190) Wacquant acrescenta, pensando na realidade dos pobres em sociedades ricas, que "a análise da pecha pública, que marca tanto o gueto norte-americano quanto a periferia francesa, serve para realçar a desapropriação simbólica que transforma seus habitantes em verdadeiros proscritos sociais" (2005. p. 139).

democráticas, mas também no aprofundamento da desordem social, da exacerbação dos conflitos e da anomia (2006. p. 393).

A relação entre instabilidade do mercado de trabalho e marginalidade social e criminal é investigada e identificada por Loïc Wacquant quando, por exemplo, acentua que "diferentemente de tantos estabelecimentos de serviços em que se trabalha por salários de fome com pouca chance de aumento, o emprego no tráfico promete recompensa imediata aos que apresentam uma boa ética de trabalho" (2005. p. 68). Dependendo as pessoas, para a sua sobrevivência e a da sua família, dos rendimentos do seu trabalho, o recurso à economia subterrânea se converte em alternativa aos excluídos de um mercado de trabalho protegido ou que com ele mantêm frágil inserção.

A decomposição do trabalho assalariado e a hipermobilidade do capital desestabilizam a sociedade. Por seu turno, a incapacidade do Estado em contê-las reafirma sua onipotência no domínio restrito da manutenção da ordem pública (WACQUANT, 2001. p. 07). Wacquant menciona a existência de contexto duplo de redução do mercado e de omissão da política social nos centros urbanos, com o desdobramento correspondente em uma polícia ostensiva e onipresente e um aparato penal (2005. p. 08-09).

Explicitamente, a pobreza de massa alimenta de forma inexorável a violência criminal (WACQUANT, 2001. p. 08). Tarso Genro, falando de um modo geral, acredita que "os excluídos, isoladamente, não têm condições de constituir um novo projeto e alternarão espasmos de inconformidade irracional com a adesão aos poderes paralelos do crime ou das religiões fundamentalistas" (1996. p. 51).

Para José Eduardo Faria, há consequências contraditórias nesse "processo de descentralização, desformalização, deslegalização e desconstitucionalização" porque, por um lado, "a desregulamentação em alguns setores — como no plano socioeconômico, por exemplo — vem sendo promovida paralelamente ao aumento de regulamentação em outros — como na esfera penal" (2008. p. 55). Trata-se da questão social vista como *caso de polícia*.[191]

Tal como refere Garland, "o centro de gravidade política se deslocou, e um novo e rígido consenso se formou em torno de medidas penais que sejam

---

(191) Tratar a questão social como caso de polícia não é, obviamente, comportamento exclusivamente desenvolvido dentro das sociedades contemporâneas. Nelas, porém, a exclusão social sobressai como contradição constrangedora, na medida da histórica, e supostamente solidificada, afirmação, inclusive em declarações universais e internacionais, da igualdade constitucional. Analisando o contexto da Primeira República no Brasil, Seelaender resgata o tratamento policial endereçado a problemas sociais, e sem a presença de qualquer feição garantista nos processos investigatório e condenatório. Segundo o autor, "a Coroa também tentava conter a deturpação de suas leis pelos juízes e advogados, quando estavam em jogo o controle dos pobres e o disciplinamento da mão de obra. O *processo de polícia* se construiu, sobretudo a partir do período pombalino, sobre a ideia de que em alguns campos o útil deveria prevalecer sobre o justo, sendo neles a celeridade e a eficácia mais importantes do que o formalismo e o apego às formas tradicionais de atuação no meio jurídico" (2006. p. 7).

percebidas pelo público como duras, hábeis e adequadas" (2008. p. 58) e "a linguagem da condenação e da punição voltou ao discurso oficial, e o que se diz representar 'a expressão do sentimento público' tem sido prioritário na análise de especialistas da pena" (2008. p. 53). Há evidente reforço do setor penal.[192]

Investindo numa análise sobre o pluralismo jurídico, o mesmo autor (FARIA, 2008) aponta oito tendências para o direito contemporâneo. Segundo seu diagnóstico, as sete primeiras versam sobre a incompatibilidade entre a concepção de tempo do processo judicial e a prevalente no processo decisório dos mercados transnacionalizados; a expansão hegemônica dos padrões legais anglo-saxônicos (rapidez, pragmatismo e flexibilidade); a redução do grau de coercibilidade do direito positivo; a "reprivatização do direito"; o enfraquecimento progressivo do Direito do Trabalho; a relativização/desfiguração do caráter público do Direito Internacional; e a regressão dos direitos sociais e dos direitos humanos. A oitava tendência tem relevância especial para o presente estudo:

> Como a produtividade na economia globalizada vem sendo obtida às custas da degradação salarial, da rotatividade no emprego, do aviltamento

---

[192] A apresentação, em 14 de maio de 2009, na Câmara dos Deputados, da Proposta de Emenda Constitucional n. 364, que visa alterar o art. 5º, XLIII, da Constituição serve como exemplo desse reforço da esfera penal. Conforme consta na explicação da ementa, a proposta "determina o cumprimento da pena no regime integralmente fechado ao autor de crime hediondo" e foi apelidada de "PEC Kaytto Guilherme". Refere a justificação da proposta que as garantias individuais conferidas aos *cidadãos de bem* pela Constituição de 1988 também atendem aqueles que, embora pratiquem atos ilícitos, merecem ser tratados como seres humanos (BRASIL, Câmara dos Deputados, 2009b. p. 01). Mas, transcorridas mais de duas décadas da promulgação da Constituição, a sociedade agora clama por garantias aos *cidadãos de bem*, aos quais devem ser assegurados os seus benefícios. Nesse sentido, conforme consta na proposta, a Constituição brasileira não só confere tratamento mais rigoroso aos chamados crimes hediondos como também garante aos brasileiros e estrangeiros residentes no Brasil a inviolabilidade do direito à vida e à segurança, motivo pelo qual a progressão de regime que beneficia os condenados por tais práticas contraria a própria constituição. Ainda segundo os termos da justificação, quando o legislador constituinte originário estabeleceu como direitos fundamentais "a proteção à vida e à segurança pública, fez em defesa da sociedade e, em especial, para proteger os homens de bem, e não para proteger delinquentes, e ainda mais autores de casos criminosos que causam significativa repercussão social" (BRASIL, 2009b. p. 02). Como, em razão da isonomia, é necessário tratar os iguais de maneira igual e os desiguais de forma desigual, na medida da sua desigualdade, adequa-se ao princípio o cumprimento da pena no regime integralmente fechado no caso dos condenados pela prática de crimes hediondos, de maneira a prevalecer o interesse público sobre o interesse individual. O bom comportamento carcerário, ainda segundo o autor da proposta, não significa aptidão do condenado para "uma boa convivência no seio da sociedade" e, na verdade, "conceder a progressão como estímulo ao bom comportamento do delinquente não se justifica a esse tipo de criminoso" (BRASIL, 2009b. p. 03). A alteração constitucional, enfim, na visão dos seus proponentes, pretende dar resposta à "grande onda de violência que atinge o país" (BRASIL, 2009b. p. 05). A aludida PEC havia sido, em 31 de janeiro de 2011, arquivada pelo término da legislatura, porém, foi desarquivada pelo seu autor, reeleito para mais um mandato eletivo. Atualmente, encontra-se designado relator na CCJ (Deputado Edson Silva PSB-CE). O discurso desenvolvido como justificação para a proposta revela como a questão da segurança é compreendida apenas na dimensão criminal, tal como destaca Wacquant (2001. p. 07) na sua nota aos leitores brasileiros de *As Prisões da Miséria*.

das relações trabalhistas, da informatização da produção e do subsequente fechamento dos postos convencionais de trabalho, a sinergia entre a marginalidade econômica e a marginalidade social tem levado o Estado a reformular seus esquemas de controle e prevenção dos delitos, a esvaziar o processo penal de suas feições garantistas e a incorporar, no âmbito das políticas penais, os problemas e as situações criadas tanto pela deslegalização e desconstitucionalização dos direitos sociais quanto pela ausência de políticas distributivas e compensatórias (FARIA, 2008. p. 61).

As homogeneizações possíveis ou forjadas no âmbito da sociedade industrial, com crescimento protegido sob as premissas de um Estado de Bem-Estar, incorporado à ideia de Estado-nação, estabeleciam clara distinção entre membros e não membros e conseguiam garantir "um grau relativamente alto de congruência entre as dimensões básicas do pertencimento" (WACQUANT, 2005. p. 39).

A mundialização da economia corrói as fronteiras externas e faz questionar o nível de poder, prerrogativas e possibilidades de atuação dos Estados-nação. Ao mesmo tempo, a decomposição da classe operária industrial promove a ruptura da homogeneidade interna (real ou imaginada).

O que se torna mais claro é que "a cidadania não é uma condição adquirida ou garantida de uma vez por todas e para todos, mas um 'processo instituído' conflituoso e desigual, que precisa ser continuamente conquistado e reassegurado" (WACQUANT, 2005. p. 39).

No campo das ciências sociais, teorias desenvolvidas no período pós-guerra acerca da sociedade pós-industrial, dentre elas principalmente as correntes do estrutural-funcionalismo e do marxismo desenvolvimentista,[193] apontavam no sentido de que os chamados laços sociais atribuídos, notadamente com base na etnicidade e na raça, seriam dissolvidos, em razão de aspectos novos como a ascensão da alfabetização, da tecnologia e dos meios de comunicação de massa, motivo pelo qual os antigos agrupamentos de exclusão passariam a ser vistos como atrasados, reativos ou derivados, típicos "impedimentos transitórios no curso natural da sociedade moderna rumo ao universalismo" (WACQUANT, 2005. p. 24).

Giacomo Marramao refere que "o apelo ao universalismo dos direitos humanos arrisca, de fato, a se transformar em uma retórica vazia se não se conjuga

---

[193] Wacquant, quanto ao paradigma do estrutural-funcionalismo, aponta como um dos seus rebentos a teoria da modernização, tendo como defensores David McLelland, Alex Inkeles e Daniel Lemer e, no que diz respeito ao marxismo desenvolvimentista, indica a obra dos *dependentistas* latino-americanos e a teoria do sistema mundial, figurando autores como André Gunder Frank e Fernando Henrique Cardoso (2005. p. 23).

com o *pathos* analítico, que visa a determinar conceitualmente e a localizar operativamente as raízes efetivas da violência, do poder e da violação da dignidade da pessoa" (2007a. p. 7).[194]

Os direitos humanos atuam num mundo geopolítico dividido, socialmente fragmentado, mas, paradoxalmente, globalizante.

A reprodução do sistema da economia é mundial, ao passo que os trabalhadores enfrentam condições concretas de trabalho em âmbito local. Quando se fala na afirmação de direitos, é preciso lembrar que a universalidade não é apenas das declarações em torno dos direitos humanos e dos direitos humanos dos trabalhadores, mas também do sistema da economia e da tendência que o acompanha de precarização nas formas de organização do trabalho. Assim, acerca da regulação do trabalho, é necessário questionar se ela deveria ser local ou internacional. Como relacionar o global e o local? Aliás, nesse mesmo sentido, não apenas as instituições estatais interferem na dinâmica entre as exigências do mercado mundial e as condições de vida proporcionadas aos trabalhadores. Vale lembrar o importante papel dos bancos centrais e das instituições financeiras como poderosos mediadores entre a universalidade do dinheiro no mercado mundial e as particularidades de trabalhos concretos (HARVEY, 2006. p. 55).

Entre o global e o local, Harvey (2006. p. 121-122) alerta que é possível assumir posturas diversas, todas elas, pelo seu radicalismo, com sérias dificuldades em encontrar respostas às demandas atuais por proteção aos trabalhadores em contraponto às demandas próprias de uma economia globalizada. É possível, segundo o autor, assumir uma posição marxista rígida, o que significa afirmar que, como as concepções de direitos são dependentes de instituições burguesas, ativar políticas de implementação em torno dessas concepções equivale ao puro reformismo. Também é possível assumir uma postura amplamente pós-moderna, a fim de atacar as concepções de direitos como filhas postiças de padrões errôneos do pensamento iluminista, incapazes de adaptar-se a um mundo de diferenças culturais irreconciliáveis. Ainda segundo Harvey, é necessário considerar, acerca da postura pós-moderna, que há provas acumuladas demonstrativas de que a alegação de universalidade pode se tornar, com demasiada facilidade, veículo de repressão e dominação da parte de outros interesses.

Para Harvey, então,

> A alternativa é reconhecer que todas as alegações de universalidade estão prenhes de dificuldades e que a distinção entre reformismo e

---

[194] De acordo com Harvey, "o direito à diferença confronta a universalidade dos direitos. Esse elemento pode de certo modo ser considerado uma circunstância antes feliz do que desesperadora, pois é precisamente dessas questões insolúveis que se pode construir novos estados do ser humano" (2006. p. 129).

revolução nunca é tão clara quanto o sustentam alguns marxistas. Do mesmo modo, não é sem dificuldades que se define a distinção entre particularidade e universalidade. O problema é por conseguinte encontrar formas de ampliar e amplificar o alcance dos direitos humanos de maneira que sejam o máximo possível simpáticas ao direito a ser diferente ou ao 'direito à produção do espaço'. Toda interpretação estrita e estreita dos direitos humanos tem de ser contestada (2006. p. 122).

Não há uma conciliação definitiva entre o respeito às diferenças locais e os ideais universais relativos aos direitos fundamentais. Porém, a permanência do dilema, próprio a uma sociedade aberta, plural, mundial e complexa, não significa que os problemas relacionados a demandas concretas pela realização dos direitos humanos sejam insolúveis. Segundo Harvey (2006. p. 130), há um abundante espaço de negociação entre relativismo absolutista, segundo o qual qualquer coisa que ocorre em determinados locais não pode ser objeto de juízo moral ou político em razão das suas especificidades, e a rigidez de uma universalidade vista como questão de total uniformidade e igualdade de julgamento e de atuação.[195]

O universalismo mencionado por Marramao não se confunde com a proposta universalizante do Estado Social. No âmbito do trabalho, a proposta universalizante do Estado de *welfare* visava encontrar respostas para as demandas em torno do trabalho a partir da homogeneização da proteção em face do contrato de emprego. No processo de construção da dimensão democrática de direito, porém, essa universalidade precisa se conjugar com a diferença, a heterogeneidade e a complexidade de demandas colocadas pelos trabalhadores por meio do exercício da sua autonomia.[196]

Como a inclusão no mercado de trabalho não pode mais ser considerada uma medida segura para reduzir a pobreza urbana, assim como há expansão recorde da força de trabalho e intensificação do subemprego, modelos "francamente 'social-democratas' de intervenção estatal estão condenados a estancar, desiludir e, eventualmente, decepcionar a si mesmos" (WACQUANT, 2005. p. 178). Em se tratando de marginalidade avançada, ambientada em contexto de pressão pela desproletarização dos trabalhadores, as políticas sociais destinadas a combatê-la precisam adquirir dimensão para além da tradicional afiliação salarial empregatícia e do próprio paradigma de mercado.

---

(195) Para Harvey, é exemplo das possibilidades que podem ser construídas entre os extremos do relativismo e da universalização, o recente ressurgimento de questões de longa data acerca do direito das minorias, que levou em 1992 à declaração da Organização das Nações Unidas sobre o assunto (2006. p. 130).
(196) As reflexões de Marramao apontam para a reconstrução do universal não pela ideia do denominador comum, mas pelo critério da diferença ou o "pressuposto da inalienável e inapropriável diferença singular de qualquer um ou qualquer uma" (2007b. p. 13).

A estrutura capitalista pressiona por formas renovadas de trabalho flexível, ou por modelos de contratação de trabalhadores desembaraçados de regras jurídicas de controle e proteção. Pressiona-se, enfim, pela consolidação de uma legislação trabalhista *amigável*.

A desigualdade está na origem da pobreza (OIT, 2005a. p. 06). A preocupação da democracia como processo de inclusão demanda estratégias de redução das desigualdades derivadas das posições e das identidades sociais atribuídas a determinadas pessoas e segmentos.

Os fracos vínculos com o mercado de trabalho, que fragilizam a própria proteção social devida aos trabalhadores, e a repressão penal utilizada como forma de tratamento à pobreza que molesta, remetem ao problema da tensão constitutiva do constitucionalismo e da democracia presente na igualdade e na liberdade.

Na precisa consideração de Dworkin, "nenhum governo é legítimo a menos que demonstre igual consideração pelo destino de todos os cidadãos sobre os quais afirme seu domínio e aos quais reivindique fidelidade. A consideração igualitária é a virtude soberana da comunidade política" (2005a, introdução, p. IX).

Menelick de Carvalho Netto (2006) afirma que "uma constituição constitui uma comunidade de princípios; uma comunidade de pessoas que se reconhecem reciprocamente como iguais em suas diferenças e livres no igual respeito e consideração que devotam a si próprias como titulares dessas diferenças" (p. 23).

Os princípios, inseridos numa esfera de normatividade, operam como padrões obrigatórios para as autoridades de uma comunidade, padrões que regulam suas decisões a propósito de direitos e de obrigações jurídicas (DWORKIN, 2002. p. 61).

O princípio da igualdade, aliás, pode ser entendido como "motor das diversas transformações dos conteúdos dos direitos: a igualdade que se encarna em contextos histórico-culturais efetivos" (MARRAMAO, 2007a. p. 6). Todavia, exatamente em virtude dessa encarnação, se tornará depois consciente outra polaridade, que, ao contrário do que o senso comum sugere, não contrasta com a igualdade, que é justamente o princípio da diferença (MARRAMAO, 2007a. p. 6).

Sobre a tensão entre liberdade e igualdade é possível dizer que

> a liberdade e a igualdade não podem entrar em conflito como duas virtudes políticas fundamentais, pois a igualdade só pode ser definida quando se presume a liberdade em vigor, e não pode ser aprimorada, nem no mundo real, por políticas que comprometam o valor da liberdade (DWORKIN, 2005a. p. 249).

No contexto da realidade brasileira, Marcelo Neves alerta para a relação entre subintegração e sobreintegração (NEVES, 2006. p. 248), que compromete a concretização dos princípios da liberdade e da igualdade.

Os *subcidadãos*, na visão de Neves, não estão totalmente excluídos do sistema. É que, "embora lhes faltem as condições reais de exercer os direitos fundamentais constitucionalmente declarados, não estão liberados dos deveres e responsabilidades impostas pelo aparelho coercitivo estatal, submetendo-se radicalmente às suas estruturas punitivas" (2006. p. 248).

E prossegue:

> sendo a Constituição a estrutura normativa mais abrangente nas dimensões temporal, social e material do direito, isso vale para todo o sistema jurídico: aqueles que pertencem às camadas sociais 'marginalizadas' são integrados ao sistema jurídico, em regra, como devedores, indiciados, denunciados, réus, condenados etc., não como detentores de direitos, credores ou autores (NEVES, 2006. p. 249).

De outra parte, a sobreintegração, que é inseparável da subintegração, significa a prática de grupos privilegiados que, especialmente amparados pela burocracia estatal, se beneficiam da impunidade. "Os sobreintegrados, em princípio, são titulares de direitos, competências, poderes e prerrogativas, mas não se subordinam regularmente à atividade punitiva do Estado no que se refere aos deveres e responsabilidades" (NEVES, 2006. p. 250).

Ambas as situações implicam na insuficiente inclusão no sistema legal e na carência de cidadania, a qual, "pressupõe igualdade não apenas em relação aos direitos, mas também a respeito dos deveres, envolvendo uma relação sinalagmática de direitos e deveres fundamentais generalizados" (NEVES, 2006. p. 253-254).

Em relação aos subintegrados, a fragilização da rede de proteção social é fator decisivo para que não se realizem expectativas relacionadas aos direitos fundamentais.

Enquanto os direitos de conteúdo econômico-social-trabalhista forem tratados como bagatela, disponíveis, essencialmente pertinentes à normatividade infraconstitucional, sem nenhum caráter de fundamentalidade, para incontáveis trabalhadores, o processo de *subcidadania* permanecerá em movimento de considerável intensidade.

É por isso que não se descortina apenas um cenário de marginalidade, mas de marginalidade avançada, no sentido de que ela não se encontra no nosso passado, mas, ao contrário, tem projeção perspectiva para o futuro (WACQUANT, 2005). É neste presente, numa sociedade que carrega a crença num sistema de meritocracia, e que supostamente superou o sistema de castas típico das sociedades medievais, que pessoas que dependem do seu trabalho vivenciam a imobilidade social.

Ainda segundo Wacquant:

> ... desenvolver o Estado penal para responder às desordens suscitadas pela desregulamentação da economia, pela dessocialização do trabalho

assalariado e pela pauperização relativa e absoluta de amplos contingentes do proletariado urbano, aumentando os meios, a amplitude e a intensidade da intervenção do aparelho policial e judiciário, equivale a (r)estabelecer uma verdadeira *ditadura sobre os pobres* (2001. p. 10).

Ocorre que mesmo o paradoxo vivencial entre pujança e miséria parece não ter força suficiente para refrear o senso comum que se intensifica em torno da ideia de que o desenvolvimento econômico, desembaraçado da regulação estatal, é que poderá propiciar bem-estar para todos.

Consideradas tais circunstâncias, o Estado deveria ser capaz de amortecer os impactos causados pela processualidade flexibilizante do mercado econômico mundial que pressiona pela diminuição de direitos reconhecidos aos trabalhadores, bem como de adotar uma política contrária à fragmentação da esfera pública. A regulação não mercantil das relações de trabalho surge como uma necessidade para a preservação da democracia.

Segundo Wacquant (2005. p. 195), "Estados fazem diferença — isto é, quando assumem a tarefa de proteção. Portanto, é imperativo trazê-los de volta ao epicentro da sociologia comparada da marginalidade e da polarização como instituições *preventivas* ou *remediadoras*". Nem sempre o atuar das instituições concretiza processos de integração social. Permanece, porém, salutar o papel do Estado quando se trata da questão da proteção, sobretudo em ambientes de intensa, gradual e degradante violação de direitos, embora, paradoxalmente, ele também ajude a "determinar quem será relegado, como, onde e por quanto tempo. Os Estados são, por si sós, os principais motores de estratificação, e em nenhum lugar isso é mais evidente do que no fundo da ordem socioespacial" (ESPING-ANDERSEN apud WACQUANT, 2005. p. 193). Para Marramao o *curto-circuito* se cria "porque os Estados soberanos singulares tornaram-se muito pequenos para fazer frente à competição do mercado global e tornaram-se muito grandes para controlar a proliferação das temáticas, das reivindicações e dos conflitos causados pelos diversos localismos" (2007b. p. 10).

A hegemonia em torno da crença nas possibilidades decorrentes do progresso econômico, que só poderia ser alcançado por meio do recuo na regulação estatal, traz também consolidado o valor da meritocracia individualista, ou seja, a crença na progressiva fluidez e porosidade da estrutura de classes, que presentifica uma memória liberal-burguesa. É neste cenário que ganham espaço concepções moralistas e moralizadoras que, diante das diferenças sociais e culturais entre os deserdados e os vencedores da sociedade de mercado, apontam no sentido de responsabilizar os pobres e os excluídos pela sua pobreza e exclusão. "A miséria é resultado da negligência pessoal dos miseráveis" (WACQUANT, 2005. p. 106) — esse é o tipo de certeza produzida pelo pensamento individualista que domina vários cenários da vida contemporânea. Assim, ao invés de vínculos de solidariedade, adquire razoável dimensão o individualismo no trato e na compreensão das questões sociais.

Intensos níveis de marginalidade e de exclusão comprometem a ocupação do espaço público e o exercício dos direitos de cidadania, notadamente no que diz respeito às pessoas que vivem do trabalho. Uma comunidade política pode ser mais fortemente formada e mantida, menos pelo convencionalismo de suas regras, e mais pelo compartilhamento de princípios comuns, os quais só podem sê-los, num sistema em que todos os membros são igualmente dignos.[197]

De fato,

> da indagação sobre o que é estar protegido no século XXI (...) surge não um questionamento da proteção, mas sim uma reafirmação de sua necessidade. Se a insegurança social se amplia com a desestruturação das redes até então formadas, mais do que nunca é válido e necessário indagar como atribuir proteção, e sob que formas jurídicas e através de que instituições do mercado de trabalho se protege e se obtém segurança no trabalho e às trajetórias profissionais (SILVA & HORN, 2008. p. 202).

O Poder Judiciário Trabalhista, enquanto centro de decisão do sistema do direito e forma de garantia do direito *do* e *ao* trabalho, possui um imenso desafio na concretização do princípio da proteção, considerando um mundo do trabalho fluido, heterogêneo e estruturalmente assimétrico.

3.3. Direito Fundamental do e ao trabalho: possibilidades a partir da proteção versada na Constituição de 1988

Permanecendo a sociedade, a despeito de incontáveis transformações, marcadamente desigual, com aprofundamento do processo de marginalização social, decorrente das precarizações do mundo do trabalho, o que o direito constitucional, assentado na premissa de uma ordem estruturada sob os primados da liberdade e da igualdade, tem a dizer sobre isso?

De fato, a flexibilização (no sentido usual de precarizar)[198] atua na desestabilização do valor do trabalho digno e em favor da predominância da

---

(197) As referências a um sistema de castas para o qual alguns membros são intrinsecamente menos dignos que outros e ao modelo do princípio para a comunidade política encontram-se em Dworkin (*Império do direito*. Tradução Jefferson Luiz Camargo. São Paulo: Martins Fontes, 1999. p. 243 e 254).
(198) Gabriela Neves Delgado observa a distinção entre flexibilização e desregulamentação para considerar a primeira fenômeno de típica adaptação que não visa, pelo menos num primeiro momento, à perda de normas protetivas. A desregulamentação, por sua vez, nega a legitimidade do Direito do Trabalho, e, portanto, de qualquer intervenção estatal nas relações de trabalho. Todavia, ambas são propostas básicas de um mesmo contexto político: do Estado Poiético de diretriz neoliberal (2006. p. 194-195). A despeito dessa distinção, no decorrer deste trabalho tem-se estabelecido como premissa uma ausência de verdadeira distinção entre flexibilização e desregulamentação. De fato, como movi-

autonomia privada. A persistência e a consolidação desse cenário, sem uma reflexão consistente sobre o significado da Constituição, podem transformar o Direito do Trabalho em algo meramente formalista, voltado apenas à garantia, aos atores sociais, das condições para negociarem as relações de trabalho no campo privado (DELGADO, Gabriela Neves, 2006. p. 195).

A relação que precisa ser resgatada é a da Constituição, ou especificamente das suas estruturas normativas, com o mundo do trabalho caracterizado por incessantes transformações, que acarretam novas e fluidas formas de organização da força de trabalho.

Nessa perspectiva, é preciso assentar de início que o volume das ocupações no mercado de trabalho é resultado da demanda existente em relação aos *produtos* — ainda que eles sejam serviços e não um bem material — que o trabalhador gera. Todavia, o direito de acesso a um trabalho decente não pode estar condicionado pelas ofertas definidas no âmbito econômico porque, do contrário, poderá ser facilitada a proliferação das chamadas formas atípicas de emprego.[199]

Questão crucial quando se observa o curso da precarização das relações de trabalho é refletir sobre o valor do trabalho. Dizer que este se encontra na medida em que permite ao trabalhador *ganhar a vida* é o mesmo que considerar a noção de trabalho no quadro exclusivo da sociedade de mercado. Todavia, "mais do que um ponto de partida, esta afirmação precisa ser reapreciada ao longo do caminho" (SCHWARTZ, 1996. p. 155). Há possibilidades para o trabalho como mecanismo mais amplo de exercício da cidadania?

No quadro atual, a constatação em torno do polimorfismo do trabalho e da perda da centralidade da relação empregatícia pode conduzir a comportamentos institucionais diversos. Numa primeira perspectiva, é possível que se dê prevalência à flexibilização que preariza as relações de trabalho, sob a justificativa das demandas do mercado. Nesse particular, é importante revolver algumas das questões que surgiram durante a construção dos fundamentos que conduziram à edição da

---

mento geral, se tem observado que a flexibilização leva à precarização. Entre flexibilização e desregulamentação o que se tem são apenas formas diferentes de fazer a mesma coisa, ou seja, retirar pedaços de proteção, seja com a eliminação de uma regra, seja criando outra, ou ainda transformando uma existente em dispositiva, tudo no sentido de tornar o Direito do Trabalho mais *amigável*, e por isso mesmo menos Direito. A desregulamentação ocorre até quando não há modificação legislativa formal, mas as releituras interpretativas sobre o texto apontam no sentido da flexibilização. Assim a flexibilização acontece regulamentando, desregulamentando, interpretando, negociando, fiscalizando etc. Trata-se de uma postura contrária ao significado protetivo do Direito do Trabalho.
(199) Tais demandas, impulsionadas pela competitividade mundial, pelo lucro e pelas metas em torno da melhor produtividade apontam para a descentralização da produção, com terceirização dos serviços, proliferação de contratos a tempo parcial, contratação de trabalhadores por meios alternativos ao contrato de emprego formal (cooperados, autônomos, colaboradores, parceiros em geral) etc. A relação entre demandas da economia e o surgimento de novas formas de organização produtiva, com redução dos direitos dos trabalhadores, está presente no desenvolvimento do Capítulo 2.

Súmula n. 331 do TST, e também aquelas relacionadas às decisões do tribunal destinadas à solução de controvérsias mais recentes sobre o tema. Observou-se no processo de compreensão pelo Tribunal Superior do Trabalho sobre o fenômeno da terceirização que a triangulação das relações de trabalho, construída no âmbito do mercado, passou a ser aceita inclusive como fator impeditivo à aplicação do princípio de integração do trabalhador na empresa, vale dizer, na tomadora e beneficiária final dos seus serviços. A melhoria da condição social dos trabalhadores terceirizados fica acondicionada à realidade das intermediadoras de mão de obra, utilizadas como forma de barateamento na contratação e manutenção dos serviços, de acordo com as exigências do mercado relacionadas à eficiência e produtividade econômica. Ainda em razão da expansão da terceirização, mas também da aceitação dessa fórmula como lícita para a contratação de trabalhadores, as normas trabalhistas passaram a ser aplicadas com caráter de disponibilidade. Do mesmo modo, houve expansão dos serviços vinculados à Administração Pública, mas com contratação de terceirizados, que não se beneficiam da proteção destinada aos servidores públicos efetivos.[200] A preocupação, no tribunal, com a proteção ao trabalho tem se concentrado, no caso dos terceirizados, apenas na garantia patrimonial de dívidas trabalhistas mediante responsabilização subsidiária do tomador final dos serviços, e até isso fica dificultado após a decisão do STF presente na ADC n. 16-DF, que afasta a hipótese de responsabilidade objetiva da Administração Pública.

Todavia, o processo de cidadania exige outra postura das instituições, qual seja, a do resgate do trabalho como categoria de inclusão.[201] Para SILVA, é preciso "adjetivar o trabalho como um *locus* de democracia e de participação" (2007. p. 1364).

A adequada localização jurídica do princípio protetivo, que vincula trabalho e cidadania, para lhe reconhecer atributos constitucionais, não traz consequências apenas numa forma de ordenação hierárquica — ou seja, com a sua prevalência sobre as normas infraconstitucionais —, mas para a própria consistência do constitucionalismo brasileiro. Na esteira de Rosenfeld (2003. p. 36), o constitucionalismo moderno exige três pressupostos fundamentais: governo limitado, aderência às regras de direito (Estado de Direito) e a proteção aos direitos fundamentais. No mínimo, a construção da identidade constitucional exige o reconhecimento e a adoção da legitimidade que advém desses três elementos.

O pluralismo é inerente ao constitucionalismo, e também por isso não se pode evitar o contraste entre o *eu* (*self*) e o outro (ROSENFELD, 2003. p. 29-30).

---

(200) O próprio Judiciário Trabalhista "moderniza" seus serviços contratando e expandindo a contratação de trabalhadores terceirizados, não apenas para as atividades de conservação e limpeza, mas também de segurança, de atendentes, de secretárias etc.

(201) Este raciocínio está presente em SILVA, que o desenvolve com suporte em Boaventura de Sousa Santos (SILVA, 2007. p. 1363 — nota de rodapé).

Na realidade, "a identidade do sujeito torna-se assim predicável com o reconhecimento dos outros" (ROSENFELD, 2003. p. 31). Todavia, a mera alteração de foco, isto é, dos objetos para os demais sujeitos, não gera, por si só, o reconhecimento recíproco entre iguais (ROSENFELD, 2003. p. 31). Tratar o outro com igual respeito e consideração não é a natural consequência da necessidade do outro para a construção da própria identidade. As relações entre senhor e escravo, dominantes e dominados, permanecem, e notadamente naquelas construídas sob as premissas do mercado de trabalho.

O desafio quando se conjuga Constituição, trabalho e democracia é o de impedir maior contração e fragmentação da esfera da cidadania e a preponderância da autonomia privada tipicamente contratual em detrimento do princípio protetor.

Acerca da proteção à pessoa que vive do seu trabalho, as normas correspondentes devem ser consideradas de origem pública, porque pertinentes à densificação dos direitos fundamentais no campo social-trabalhista, e é esta natureza pública, fora, portanto, do espaço meramente privado e de disponibilidade da empresa, que pode conferir respostas mais adequadas às oscilações da conjuntura econômica.

A proteção ao trabalho, em termos constitucionais, exige, em face dos desafios dispostos pelas novas morfologias do trabalho, que se institucionalize uma concepção amplificada de trabalho e da classe trabalhadora, para abarcar

> a totalidade dos assalariados, homens e mulheres que vivem da venda da sua força de trabalho e não se restringindo aos trabalhadores manuais diretos, devemos incorporar a totalidade do trabalho social e coletivo, que vende sua força de trabalho como mercadoria, seja ela material ou imaterial, em troca de salário. E devemos incluir também o enorme contingente sobrante de força de trabalho que não encontra emprego, mas que se reconhece enquanto parte da classe trabalhadora desempregada (ANTUNES, 2007. p. 18).

A igualdade, com respeito à diversidade dos trabalhadores, implica em luta pela integração dos marginalizados de todo tipo.[202] Na atualidade, há um acentuado declínio não apenas da população empregada, mas do número de ocupantes de atividades remuneradas protegidas nos termos previstos no art. 7º da Constituição, o que faz com que diversas pessoas dependam de algum tipo de assistência pública para sobreviver. Essa desfiliação pode gerar respostas *desordeiras* à *violência vinda de cima*, isto é, como produto colateral do abandono político das instituições públicas.

---

(202) Por isso mesmo, o direito de greve, como direito social fundamental da classe trabalhadora, não pode mais se articular apenas de modo tradicional, com manifestações e paralisações das atividades por certa categoria de trabalhadores empregados. É viável a construção de atos de integração com outros movimentos sociais de reivindicação e de afirmação de novos direitos, de maneira a dar voz aos diversos integrantes dessa classe trabalhadora amplificada (o que inclui os desempregados).

Por isso, a insegurança no trabalho, que atrai a necessidade de proteção, não ocorre apenas numa dada relação de emprego. Na realidade, tal insegurança advém "das condições em que se processam as transações, com vendedores de força de trabalho que não possuem outros meios de subsistência que não os provenientes da alocação de sua capacidade de trabalho" (SILVA & HORN, 2008. p. 203).

Para a garantia dos direitos fundamentais, é importante a separação dos sistemas do direito, da política e da economia ou, dito de outra forma, é essencial que as operações que envolvem as questões relacionadas ao trabalho não estejam condicionadas pela lógica própria do sistema da economia.[203]

Para Souza Neto

> o dilema com o qual o constitucionalismo brasileiro realmente se depara hoje não é optar entre uma teoria constitucional democrática e uma teoria social-dirigente. O verdadeiro dilema atual é o embate entre uma teoria constitucional democrática e uma teoria constitucional de cunho neoliberal, ainda que mitigada pelos artifícios simbólicos da terceira via (2006. p. 127).[204]

Embora o tema da universalização da proteção jurídica às pessoas que vivem do trabalho alcance razoável complexidade, é possível traçar algumas possibilidades vinculadas a uma teoria constitucional democrática.

Silva & Horn (2008. p. 200) exploram as condições teóricas e sociais para a reconstrução do problema relacionado à compreensão do princípio de proteção, a ser aplicado de forma normativo-vinculativa, como estruturante e estruturador do Direito do Trabalho.

A primeira dessas condições diz respeito ao "processo de desorganização das instituições do mercado de trabalho, de redução dos direitos e de inversão da tendência outrora expansionista das regras laborais e de precarização das condições de trabalho e de vida da classe trabalhadora" (SILVA & HORN, 2008. p. 200).

A segunda relaciona-se à transformação substancial no âmbito da teoria do direito quanto à natureza dos princípios. Neste aspecto — e em acréscimo aos

---

(203) Campilongo, desenvolvendo abordagem sobre o sistema político e o jurídico, assevera que: "o que se pressupõe é que esta distinção de funções, esta delimitação do campo do Direito e do campo da política, possa servir como um instrumento de garantia, de afirmação dos Direitos Fundamentais. Possa, de fato, fazer dos Direitos Fundamentais o núcleo de toda a Constituição: direitos invioláveis, absolutos, indisponíveis, irrenunciáveis, imprescritíveis, enfim, tudo aquilo que se diz dos Direitos Fundamentais" (2000. p. 107).
(204) Ainda de acordo com o autor, "na verdade, sobrou pouco do projeto constitucional original. Em seu lugar, passaram a integrar a Constituição diversos conteúdos normativos vinculados ao liberalismo econômico, impondo à soberania popular diversas restrições tendentes à garantia de um arranjo institucional subjugado ao livre mercado" (2006. p. 127).

autores antes referidos — é salutar a contribuição de Ronald Dworkin (1999; 2005) para a Ciência do Direito, consistente na relevância e na concepção jurídica atribuída aos princípios — e não às regras. Os princípios passaram a adquirir patamar de normas-valores, cuja positividade primeira se encontra estabelecida na Constituição. Com a normatividade dos princípios, superou-se o tradicional confronto entre princípio e norma, já que a segunda seria o gênero com as espécies: princípios e regras. Na verdade, a distinção entre regra e princípio é o ponto nodal no conceito versado em Dworkin (1999; 2005) sobre as normas jurídicas. Como os princípios são normas jurídicas, possuem caráter vinculante.

Voltando a Silva & Horn, foi ultrapassada uma concepção positivista dos princípios jurídicos aos quais era atribuída "mera função subsidiária de critérios de orientação para o julgamento" (2008. p. 200).

Como terceiro aspecto relevante, sobressai o processo de valorização da Constituição, que permite o exercício de uma jurisdição constitucional orientada por valores, ideias de direito e princípios. Embora Silva & Horn (2008) se refiram explicitamente ao controle de constitucionalidade que, sob tais premissas, reduz o espaço do legislador — obviamente nas oportunidades em que constatados excessos -, é necessário acrescentar que, embora o contraste entre legislação infraconstitucional e Constituição represente importante aspecto de atuação do aludido controle, não se pode considerar seja ainda hoje seu ponto mais sensível. A aplicação da Constituição, que envolve construção e reconstrução interpretativa dos seus sentidos, e a definição, a partir dela, das conformidades ou deformidades institucionais são um campo vastíssimo e complexo para a atuação da jurisdição constitucional.[205]

Em termos diagnósticos, atualmente, são fracos os vínculos estabelecidos entre as pessoas que vivem do seu trabalho e o mercado de trabalho, seja em razão do desemprego, seja do acesso a colocações que não recebem adequada proteção social, o que produz ambiente de insegurança social. Aliás, "num contexto de desemprego estrutural e dificuldades na criação de novos postos de trabalho, a locação de mão de obra aparece como uma das modalidades mais agudas de precarização do trabalho" (PAIXÃO, 2006b. p. 9).

Por isso mesmo, a compreensão do princípio protetivo não pode estar condicionada à ideia de que representa exclusivamente a contrapartida teórica do estado de subordinação clássico no Direito do Trabalho. Na realidade,

---

(205) Afirmar que os princípios possuem força vinculante, porquanto devem ser considerados normas jurídicas, evidentemente que, em si, não resolve o problema relacionado à ausência de adequada proteção às pessoas que vivem do seu trabalho, isso porque determinadas leituras interpretativas sobre os princípios podem apontar em sentido contrário à referida proteção e, desse modo, o fortalecimento do princípio como norma pode eventualmente significar o enfraquecimento do Direito. A questão, portanto, parece se situar na zona complexa entre a normatividade dos princípios e a busca pela integridade do Direito, assim concebida no âmbito do compromisso com os Direitos Fundamentais.

a racionalização do poder empresarial e as modificações na estrutura da subordinação na relação de emprego e o reconhecimento de um estado de parassubordinação em relações de trabalho não tiveram o condão de afastar a sua real natureza de uma relação entre partes desiguais em face da desigualdade estrutural do próprio mercado de trabalho" (SILVA & HORN, 2008. p. 203).

A tendência à parassubordinação está presente no acréscimo das contratações temporárias e a tempo parcial em prejuízo dos contratos por prazo indeterminado.[206] O movimento global de precarização é observável não apenas em razão dos contratos temporários e precários, mas também à vista do aparecimento de outras formas de remuneração, pelo que a contraprestação fixa, contabilizada a partir do fator tempo do trabalhador, deixou de ser prevalente. Também a remuneração se flexibiliza para se tornar variável.

A assimetria própria à estrutura do mercado de trabalho, que evoca a consolidação da normatividade do princípio protetivo, se intensificou com as novas organizações das forças de trabalho, e se localiza, portanto, para muito além das questões, ainda que importantes, relacionadas ao contrato de emprego.

As reflexões sobre a garantia constitucional do pleno emprego precisam se vincular às demandas advindas das relações precárias ou rompidas com o mundo assalariado. A plenitude não deve significar, de forma simplificada, apenas a disponibilidade quantitativa de ocupações para as pessoas que vivem do trabalho, mas, sim, a oferta de trabalho protegido, num contexto de dignidade, e também a construção de alternativas de inclusão àqueles que, embora trabalhadores, não se afiliam ao sistema de emprego.

A garantia do pleno emprego como princípio que vincula a Ordem Constitucional Econômica e Financeira, conecta-se, ainda, com a proteção, igualmente constitucional, devida contra os efeitos da automação. O uso de recursos

---

(206) Pode-se considerar, ainda, que a parassubordinação se situa entre a subordinação jurídica clássica e a autonomia. O representante comercial, os profissionais liberais e as situações de teletrabalho podem ser considerados exemplos da parassubordinação porque em relação aos trabalhadores envolvidos em tais relações não se verificam presentes a totalidade, mas apenas parte, dos requisitos versados nos arts. 2º e 3º da CLT. De todo modo, não deixam de ser trabalhadores que prestam serviços de forma pessoal, vivem dos frutos do trabalho e dependem economicamente dos tomadores. Destaca-se, a propósito, alteração legislativa realizada em torno do disposto no art. 6º da CLT, que, atualmente, prevê a não distinção entre o trabalho realizado no estabelecimento do empregador, o executado no domicílio do empregado e o realizado a distância, desde que estejam caracterizados os pressupostos da relação de emprego (caput). Além disso, nos termos do parágrafo único, "os meios telemáticos e informatizados de comando, controle e supervisão se equiparam, para fins de subordinação jurídica, aos meios pessoais e diretos de comando, controle e supervisão do trabalho alheio". A despeito do avanço, no reconhecimento de situação de parassubordinação para não exclusão da proteção, a questão continua confinada nos requisitos do contrato de emprego.

tecnológicos que transformam e dinamizam a produção econômica não se traduz, em si, em comportamento contrário à Constituição. Todavia, o processo de automação que implique apenas na exclusão do mercado de pessoas que vivem do trabalho, de fato se contrapõe à proposta de proteção. Isso ocorre tanto quando há extinção de postos de trabalho, com demissão de trabalhadores de um ou vários setores, os quais são lançados à situação de desemprego, como também quando a automação, embora não represente imediata demissão dos trabalhadores, promove o bloqueio na contratação de outros, isto é, fechando, para o futuro, a possibilidade de novas inserções. Há nessas hipóteses situação de desemprego estrutural, sendo certo que os trabalhadores diretamente excluídos ou potencialmente excluídos — estes em razão do bloqueio de novas contratações — transitam à margem do mercado regulado.

Tarso Genro (1996. p. 53) lança a ideia de uma tutela laboral coletiva com a finalidade de socializar os postos de trabalho, "com a reorganização, gradação e redução da jornada laboral, nos setores diretamente atingidos pela revolução da microeletrônica, da informática e da digitalização, pois o direito ao trabalho, produtivo ou útil, deve se configurar como princípio de um novo Direito do Trabalho".

A afiliação precária dos trabalhadores a uma rede de proteção social, por meio do trabalho, atinge o preceito da liberdade, na medida em que, dispersos, perdem a força própria às reivindicações coletivas e, individualmente, ficam compelidos à aceitação de qualquer ocupação no mercado de trabalho. Para a retirada da pessoa trabalhadora de uma situação de precariedade é imprescindível a sua inserção num estatuto adequado de garantias. Nesse ponto é importante destacar que, nos termos da Declaração Universal dos Direitos Humanos de 1948, "toda pessoa tem direito ao trabalho, à livre escolha de emprego, a condições justas e favoráveis de trabalho e à proteção contra o desemprego" (art. XXIII, item 1). Da mesma forma:

> Art. XXV — 1. Toda pessoa tem direito a um padrão de vida capaz de assegurar a si e a sua família saúde e bem-estar, inclusive alimentação, vestuário, habitação, cuidados médicos, e os serviços essenciais indispensáveis, e direito à segurança em caso de desemprego, doença, invalidez, viuvez, velhice ou outros casos de perdas dos meios de subsistência em circunstâncias fora de seu controle.

Sob a premissa da normatividade do princípio protetivo, e levando a sério os direitos fundamentais próprios às pessoas que vivem do trabalho, deve ele representar limite ao poder de reforma constitucional, motivo pelo qual não pode ser considerada constitucional proposta de emenda que pretenda a mera *desconstitucionalização* dos direitos sociais trabalhistas, a pretexto de que eles *sobrecarregam* a Constituição (tal como ocorria no caso da PEC n. 341/2003).

Tendo como norte as reflexões de Cristiano Paixão, é possível afirmar que a ideia de Constituição traz consigo uma dimensão temporal. "Isso ocorre porque a Constituição — como qualquer regra jurídica — opera, no direito da sociedade moderna, em um grau de elevada variabilidade, ou seja, de possibilidade contínua de alteração. É essa a marca fundamental da positivação ..." (2002. p. 272).

É certo, porém, que, conforme constata o autor, o constitucionalismo ocidental tem construído limitações às possibilidades de reforma constitucional. Essa é a função, aliás, do art. 60 da atual Constituição. Especificamente o § 4º do referido dispositivo pretende elencar um núcleo significativo insuscetível de reforma pelo poder derivado. Entretanto, a presença dessas limitações não é garantia de imutabilidade. A intangibilidade dos direitos fundamentais não significa que o texto constitucional e a própria Constituição, vista como prática interpretativa, sejam imutáveis, isto é, independentemente da ação implacável do tempo, que modifica e altera a realidade constantemente. Diante disso, algumas indagações são possíveis:

> como opera a conexão entre as demandas da sociedade e a normatividade constitucional? Quem são os intermediários dessa relação? Como a Constituição afeta o mundo? Sempre haverá textos constitucionais escritos e sempre haverá governos e casas legislativas. Mas como eles se comportam reciprocamente? Esse é o desafio que se apresenta às próximas gerações. Após a escritura do texto constitucional e sua consolidação institucional (ainda em curso), cabe agora indagar: como manter os princípios que informam o texto numa sociedade que se transforma a todo momento? Como ler os sinais de mudança a partir de uma perspectiva inclusiva? A pergunta só pode ser respondida com outra pergunta: o futuro da Constituição terá um futuro? (PAIXÃO, 2008. p. 13)

Tal como afirma Cristiano Paixão, ao falar da disjunção entre norma constitucional e realidade constitucional, da qual nasce a mutação constitucional, não é tarefa fácil estabelecer critérios adequados para aferir o divórcio, em dada circunstância, entre a regulamentação constitucional e a concretude das relações que se desenvolvem no contexto político-jurídico de uma determinada sociedade (2002. p. 294). O desafio que se apresenta é como analisar, concretamente, quando se trata de uma modificação necessária, ocorrida em razão da alteração da realidade constitucional, para distingui-la dos casos em que, na verdade, o que se tem são propostas sem amparo na Constituição, e contrárias a ela.[207] Ainda de acordo com o autor, "a melhor forma de respeitar a Constituição é vivê-la como um processo dinâmico, de constante transformação, com um pano de fundo baseado naquelas premissas que inspiraram a Assembleia de 1987/1988: democracia, liberdade, autonomia e participação" (PAIXÃO, 2008. p. 13).

---

(207) José Adércio Leite Sampaio fala do desafio que representa "o equilíbrio que deve haver entre o 'sentimento constitucional', nutrido na ideia de um pacto social permanente ou, ao menos, estável e a necessidade de adaptá-la à realidade" (2002. p. 401).

A despeito dessa problemática, no caso específico da PEC 341/2003, que remetia à lei infraconstitucional a definição dos direitos dos trabalhadores, é possível constatar, ainda que com a precariedade e a sujeição à contingência, que são próprias à dinâmica do direito, que vinha sendo trilhado o caminho inverso à demanda existente por proteção às pessoas que trabalham, as quais se encontram vulneráveis, em razão das inúmeras modificações ocorridas no modo de produção capitalista, e expostas a contextos de marginalidade, com sério comprometimento aos preceitos da igualdade e da liberdade.

Neste caso, é possível concluir que a mera retirada do texto constitucional dos direitos sociais de conteúdo econômico-social-trabalhista, que têm sofrido com as tendências flexibilizantes que procuram impor ao Direito do Trabalho a perda de sua autonomia em favor da lógica da economia, representa o desprezo pela necessidade de afirmação de direitos de uma classe que, embora numerosa em termos quantitativos, permanece minoria no âmbito do exercício eficiente de direitos de cidadania. Essa (eventual) disjunção entre a realidade e a Constituição, argumentada na proposta de emenda, não pode servir para encobrir a própria normatividade do texto constitucional e a necessidade de afirmação dos direitos dos trabalhadores.

Para Silva & Horn,

> Ainda que se considere que o princípio da proteção seja um princípio *no* Direito do Trabalho, é também um princípio *do* direito, sendo possível concluir que existem obstáculos constitucionais à redução dos direitos dos trabalhadores, mesmo através do exercício do poder de reforma por emenda constitucional. Não é suscetível, portanto, neste estado de direito, a redução dos patamares de direitos universalizados de proteção social. Mais que alguns direitos específicos a serem preservados, a assertiva é no sentido de afirmar que, entre os direitos fundamentais constitucionalmente reconhecidos, está o de assegurar *direitos em favor do trabalhador* (2008. p. 201).

Há se considerar, portanto, que os direitos sociais, incluindo os de conteúdo econômico-social-trabalhista, em face do art. 60, § 4º, da Constituição, não podem estar livremente disponíveis à atuação discricionária do poder derivado. Tal previsão também se articula com a abertura presente no art. 7º da Constituição, relacionada à melhoria da condição social dos trabalhadores. Por isso, ainda que não deva existir apego excessivo à ideia de imutabilidade, não podem ser consideradas constitucionais propostas de reforma que atinjam o núcleo fundamental dos direitos fundamentais. Em outras palavras, há inconstitucionalidade em propostas que venham violar a própria ideia de proteção dos direitos fundamentais.

Nesse mesmo sentido, durante a I Jornada de Direito Material e Processual da Justiça do Trabalho, promovida pela Associação Nacional dos Magistrados da

Justiça do Trabalho (ANAMATRA) e pelo Tribunal Superior do Trabalho (TST), ocorrida em novembro de 2007, foi aprovado o seguinte enunciado, vinculado ao temário geral da *flexibilização*:

> FLEXIBILIZAÇÃO DOS DIREITOS SOCIAIS. Impossibilidade de desregulamentação dos direitos sociais fundamentais, por se tratar de normas contidas na cláusula de intangibilidade prevista no art. 60, § 4º, inc. IV, da Constituição da República.

A desregulamentação pode ocorrer tanto de forma explícita, como se vê na proposta contida na PEC antes mencionada, como também a partir de processo de desconstitucionalização forjado no âmbito de decisões judiciais, isso quando negam, ao deixarem de aplicar, a normatividade do princípio protetivo e/ou quando a autonomia do Direito do Trabalho não é observada em face da internalização das lógicas de outros sistemas sociais, e notadamente do sistema da economia.

Como adverte José Adércio Leite Sampaio (2002. p. 409):

> Certamente a imprecisão dos conceitos de "federação", "direitos e garantias individuais" ou "separação de poderes" torna frágil e igualmente imprecisa a garantia da intangibilidade, pois se se duvida que o legislador constituinte tenha a desfaçatez ou a coragem para abertamente revogá--los, será, todavia, difícil saber se não está a desgastá-los impunemente um pouco a cada dia.

É preciso notar que a PEC antes referida continha a desfaçatez que Sampaio não acreditava pudesse acompanhar uma proposta explícita de alteração do texto constitucional.

De todo modo, o desgaste que desconstitucionaliza não diz respeito apenas aos processos formais de reforma constitucional, mas também às possibilidades presentes num movimento de construção, interpretativa e aplicativa, da própria Constituição.

Num contexto de desconstitucionalização, surge importante refletir sobre a intensidade e o alcance possíveis do princípio constitucional de proteção ao trabalho, incluindo as questões de igualdade e liberdade *no* e *de* trabalho.

A força do Direito do Trabalho, desde o seu surgimento no âmbito das sociedades capitalistas, reside na engrenagem dinâmica de atuação coletiva e proteção individual. São as suas duas faces, até porque apenas preceitos heterônomos de proteção individual não são suficientes para responder à expansão transnacional do código econômico. Por isso, a referida concepção amplificada da classe trabalhadora deve se estender à organização coletiva dos trabalhadores, essencial à demanda por novos direitos. Márcio Túlio Viana afirma que "também o sindicato terá de reunir os empregados aos sem-emprego e mesmo aos autônomos, desde que economicamente dependentes" (2003. p. 789).

As terceirizações, em particular, demandam reflexões críticas sobre a desigualdade vivenciada pelos trabalhadores em relação aos direitos que lhes são reconhecidos. Porém, a discussão sobre a extensão de direitos ou sobre a intensificação dos mecanismos de proteção não deve significar ou resultar na simples absorção ou (re)condensação de categorias, isto é, somando-se terceirizados e efetivos sob a mesma representatividade sindical. Na realidade, um dos principais desafios aos sindicatos na contemporaneidade é o de lograrem êxito na reunião de identidades diferentes, com respeito a todas elas.

Igualmente Harvey (2006. p. 74) destaca a necessidade de construção de modelos alternativos de organização, em face do seguinte diagnóstico:

> O ponto de partida tradicional da luta de classes tem sido um espaço particular — a fábrica —, e é a partir dele que a organização da classe trabalhadora tem sido construída por meio de movimentos sindicais, partidos políticos e coisas do gênero. Mas o que acontece quando as fábricas desaparecem ou se tornam tão fluidas que dificultam, quando não impossibilitam, a organização permanente? E o que sucede quando boa parte da força de trabalho se torna temporária ou eventual? Nessas condições, a organização do trabalho à maneira tradicional perde sua base geográfica, sofrendo sua força uma correspondente diminuição.[208]

A atuação coletiva, igualmente amplificada, dos trabalhadores é relevante num contexto de necessidade de afirmação do direito ao trabalho e de reivindicação em torno das possibilidades que decorrem do princípio protetivo.

Tal como surgiu nos fundamentos dos precedentes do Tribunal Superior do Trabalho vinculados à edição da Súmula n. 256, observa-se que as subcontratações, incluídas as terceirizações de serviços em sentido estrito, promovem a divisibilidade da figura, a princípio indivisível, do empregador; por isso mesmo, é importante reconsiderar a abrangência da normatividade normalmente atribuída às convenções e aos acordos coletivos de trabalho, a fim de reconhecê-la incidente para além da figura do empregador formal.

De acordo com Silva:

> Em vez de esvaziar as potencialidades de instituição de direitos e criação de tutelas laborais por meio de ações que visem a reduzir a incidência

---

[208] Nota-se também neste ponto a compatibilidade entre as constatações de Ricardo Antunes e David Harvey, na medida em que ambos não acreditam no diagnóstico sobre o fim das organizações de representação dos trabalhadores ou da sua inutilidade. Ao contrário, os novos contornos do modo de produção e acumulação capitalista desafiam pensar em formas renovadas que possibilitem esta intermediação reivindicatória. Acerca dessas possibilidades alternativas, Harvey cita o exemplo de um movimento no nível de toda a cidade de Baltimore em favor de um salário digno, que teve como base alianças de instituições da comunidade (particularmente as Igrejas), organizações ativistas, grupos de estudantes e apoio sindical (2006. p. 75).

das normas coletivas, há que reconhecer tais instrumentos como meios hábeis para a introdução de normas obrigacionais entre os contratantes que incidam não apenas nas relações de emprego firmadas pelos sujeitos atingidos pela contratação, como também nas relações contratuais estabelecidas pelas empresas envolvidas ou representadas pelas entidades representativas das categorias econômicas (2008b. p. 143).[209]

Também os papéis que vêm sendo desempenhados pela autonomia e a heteronomia trabalhistas precisam ser repensados. A estrutura de um sindicalismo centrado na ideia de classe vinculada à relação de emprego, e sem atuação projetada e organizada para as questões laborais que transcendem o *locus* de certos e determinados empregadores, ou de certos e determinados segmentos econômicos, não parece ser adequada às fragmentadas e multiformes características que identificam o trabalho e o trabalhador contemporâneos. De outro lado, a tutela estatal legislativa, quando visa apenas reforçar os direitos individuais trabalhistas, merece como sério contraponto os desafios dinâmicos de uma lógica globalizada, que remodela, segundo os seus critérios de eficiência econômica, a própria ideia de trabalho e de trabalhador.

Ocorre que independentemente do modelo jurídico adotado, isto é, se assentado na autonomia coletiva ou na legislação estatal, ou nas trocas intercambiáveis entre ambas, a proteção ao trabalhador deve permanecer como fundamento estruturante.

Em relação ao beneficiário do trabalho prestado por outrem, a liberdade para contratar e estabelecer as condições que vigoram para o pacto de trabalho estabelecido só poderá ser efetivamente constitucional se abrigar a exigência, também constitucional, do respeito à igualdade. Para Harvey, "o trabalhador como pessoa deveria sempre ter plenos direitos sobre o próprio corpo, e deveria sempre entrar no mercado de trabalho em condições de liberdade de contrato..." (2006. p. 147). A imposição da terceirização, por exemplo, sobretudo na forma de substituição de postos de trabalho efetivo por sublocação de mão de obra, é uma prática que implica em tratamento desigual.

Em relações materialmente desiguais, a liberdade de contrato fica comprometida a partir do primado da autonomia da vontade de caráter privatístico, que tem

---

[209] Sayonara Grillo Coutinho Leonardo da Silva exemplifica conteúdo de previsões coletivas que poderiam representar contexto de proteção mais adequada aos trabalhadores atingidos pelas subcontratações, e desde que sua normatividade fosse estendida a todos os envolvidos, tais como: "... a existência de cláusulas nas quais as empresas se comprometem a não contratar por meio de interposta pessoa, serviços que digam respeito à sua atividade-fim, relacionando-os; ou ainda cláusula obrigacional que determina que na contratação de empresa prestadora de serviços, a empresa convenente se obrigará a incluir certos direitos nos contratos, ou a exigir periodicamente a quitação de salários, contribuições previdenciárias, sob pena de multas" (2008b. p. 143).

como uma das suas premissas básicas a igualdade formal entre os pactuantes. No caso da terceirização de serviços, por exemplo, a necessidade de aceitação de postos de trabalho que desconectam a realidade da tomadora final em relação à intermediadora de mão de obra, criando uma classe de trabalhadores desvinculada da atividade econômica que principalmente se beneficia dos serviços prestados, equivale à ausência de autêntica liberdade de contrato para os que sobrevivem do trabalho. A situação aponta para a necessidade de reafirmação do princípio protetivo, mas desta feita não apenas como uma especificidade trabalhista infraconstitucional, mas vinculado à normatividade constitucional.

A diversidade da força de trabalho resulta igualmente em diversas formas de *laços sociais*.[210] Na perspectiva democrática de direito, a igualdade vincula-se ao respeito e à promoção da diversidade e da diferença.

Nesse sentido, doutrinas sociotrabalhistas, e respectivas soluções construídas como respostas ao problema da proteção ao trabalho, que tenham como ponto de partida a homogeneização da classe trabalhadora, distanciam-se do real cenário do mundo do trabalho contemporâneo. A tendência atual é de ausência de vínculos clássicos de pertencimento. As respostas, por isso, precisam ser tão diversas quanto diversos são os problemas enfrentados pelos trabalhadores nas múltiplas faces em que se apresentam no mercado de trabalho.

Numa concepção em que a interferência estatal na ordem econômica seja rechaçada, e que a autonomia da vontade de caráter privado receba valorização para a livre movimentação do sistema do capital, é esperado que aquelas situações novas de contratação de mão de obra, que não se inserem nos pressupostos dos arts. 2º e 3º da CLT, sejam consideradas fora do sistema de proteção definido pelo art. 7º da Constituição. Por outro lado, sob as premissas de um universalismo homogeneizador, é compreensível a tendência de promover, via contrato de emprego, a partir do alargamento dos referidos requisitos, a inclusão de pessoas contratadas em modalidades contemporâneas de gestão da mão de obra. Em ambas as situações, porém, o contrato permanece como epicentro irradiador das decisões jurídicas. Todavia, o desafio que se apresenta é o de se apontar na direção do universalismo da proteção fundamental, vale dizer, para além do contrato de emprego, a ser construída, de forma adequada e concreta, em relação a cada uma, e em relação a todas as novas e renovadas situações em que o trabalho humano é exigido para a produção de riqueza, e em que os seus resultados se perfaçam essenciais para a sobrevivência da pessoa que é portadora desta especial *mercadoria*.

---

(210) Esta expressão é utilizada por Schwartz na seguinte passagem: "visam-se *aproximações*, sinergias, relações de trabalho? Mas entre um maquinista da SNCF, um consultor independente, um operário de linha e montagem, um empregado de comissão local para o emprego..., aqui também quantas formas diversas de 'laço social'!" (1996. p. 150).

Deveria, enfim, ser levada em consideração a "necessidade de superação do 'assujeitamento do sujeito trabalhador' como condição de implementação do projeto da modernidade" (COUTINHO, 2006. p. 29). A proliferação de relações de trabalho mais amplas que as clássicas relações de emprego decorre das mutações em curso no modo de produção capitalista. Nesse quadro, dentre os desafios postos à doutrina do Direito do Trabalho, se encontra justamente o de redefinir os conceitos de trabalho por conta alheia e trabalho dependente (SILVA, 2008b. p. 123).

A luta contra a precarização das relações de trabalho exige repensar o sistema de proteção para além do esquema jurídico conhecido da relação empregatícia, a qual, hoje em dia, é cada vez mais protagonizada por menos trabalhadores. A questão central que se apresenta é a da garantia dos direitos sociais a todos os trabalhadores, nas diversas e variadas formas de ocupação. O sentido que precisa ser construído sobre o art. 7º da Constituição é o da extensão dos direitos sociais para todos.

Evidentemente, há direitos arrolados no art. 7º que não são de fácil extensão àqueles que dependem do trabalho para sobreviver, mas não se afiliam à rede de emprego. A título exemplificativo é possível questionar como garantir proteção contra a dispensa arbitrária ou sem justa causa (art. 7º, inciso I, da Constituição de 1988) para trabalhadores cooperados, ou autônomos, ou consultores vinculados a determinados projetos? Todavia, as dificuldades, que devem ser vistas como iniciais, não podem ser, em si, impeditivas de que os direitos fundamentais alcancem a universalidade a que se propõem.[211]

Na Constituição de 1988, direitos como seguro-desemprego e FGTS podem ser ajustados para atender a trabalhadores não empregados e que se ativam no mercado de forma diversa, a fim de que possam ser devidamente assistidos nos períodos em que não encontram trabalho (caso dos autônomos e pequenos empreiteiros, por exemplo) e, portanto, privados de sustento em face de ociosidade involuntária.

Da mesma maneira, um programa de saúde voltado às questões do trabalho não pode estar circunscrito às obrigações exigíveis de contratantes empregadores, mas de todo e qualquer tomador de serviços de pessoa que vive do seu trabalho. Nesse sentido, é necessária uma extensão de cobertura social.

Tarso Genro (1996. p. 53) destaca a necessidade de construção de uma tutela laboral para os casos de prestação autônoma de serviços, independente e

---

(211) Para Pisarello (2007. p. 81), não são as garantias concretas que se assinam a um direito que determinam seu caráter fundamental; ao contrário, é a sua consagração dentre aquelas normas consideradas fundamentais que obrigam os operadores jurídicos a maximizarem, pela via interpretativa ou por meio de reformas, os mecanismos que permitam sua proteção. É o que ocorre na dimensão constitucional brasileira com a proteção social devida às pessoas que trabalham.

intermitente, inclusive porque esta é a realidade enfrentada por grande contingente de profissionais inscritos no mercado. Essa necessidade, segundo o autor, e outras pautas jurídicas relacionadas à tutela das novas formas de trabalho revelam-se pertinentes acaso a sociedade brasileira pretenda se constituir como uma coletividade de indivíduos que exercem sua cidadania e dignidade por meio do trabalho.

O eixo referencial do art. 7º da Constituição deve ser a melhoria da condição social de todos os trabalhadores.

Em se tratando da extensão de direitos, surgem, e continuarão surgindo, reflexões em torno de saber de quem cobrar pelo seu cumprimento. Esta não é questão que envolve resposta unificada, capaz de abarcar todas as hipóteses. Há casos mais simples. No caso de um cooperado (autêntico, e não por afiliação fraudulenta ao sistema cooperado), a própria cooperativa deverá responder pelos direitos trabalhistas. Mas há outros, como do autônomo que presta serviços para vários tomadores, em que o Estado precisará redefinir suas políticas voltadas ao tema do trabalho, a fim de que possa atuar de maneira a garantir o exercício de direitos, quando a imputação não puder se realizar em relação a um determinado tomador dos serviços. De todo modo, a questão do trabalho, e dos meios para sua proteção, deve ganhar contornos de interesse público. São necessárias, ainda, novas tutelas legislativas ao trabalho que não é emprego, inclusive para alcançar os trabalhadores autônomos e outros tipos de trabalho fronteiriços aos da relação de emprego.[212]

A expansão e o alargamento da proteção à pessoa que necessita viver do seu trabalho exigem, sobretudo, uma nova postura interpretativa sobre o significado da constituição, a compromissar os tribunais, as políticas públicas conduzidas pelo Estado e os desenhos normativos traçados pelo legislador, assim como a atuação dos organismos em geral de representação dos trabalhadores.

---

(212) Sayonara Grillo Coutinho Leonardo da Silva (2008b. p. 124) menciona a aprovação na Espanha da Lei n. 20/2007 que instituiu o Estatuto do Trabalho Autônomo — LETA —, o qual introduz direitos individuais e coletivos para profissionais tradicionalmente excluídos das fronteiras do Direito do Trabalho. Segundo a autora, "o Estatuto do Trabalho Autônomo se aplica a pessoas físicas que realizam de modo direto, pessoal e habitual atividade profissional e econômica, com finalidade lucrativa, desde que por conta própria e fora do âmbito de direção e organização de outra pessoa, independentemente de contratarem ou não trabalhadores por conta alheia" (2008b. p. 124). No Brasil ainda não há proposta legislativa no sentido concretizar direitos trabalhistas àqueles que não sejam empregados. Todavia, como resultado dessas iniciativas pontuais, pode ser citada a Lei n. 12.690/2012, aprovada após longos anos de tramitação, e que versa sobre as cooperativas, excetuando-se as de assistência à saúde, as do setor de transporte, as formadas por profissionais liberais e as dos médicos. Ainda nos termos da lei aprovada, diversos direitos passaram a estar garantidos aos cooperados, como retiradas, limite de jornada, repouso semanal remunerado, repouso anual remunerado, acréscimo de valor para o trabalho noturno, insalubre e perigoso e seguro de acidente de trabalho. Consta, ainda, dentre os princípios que devem reger as sociedades cooperativas, o de não precarização das relações de trabalho.

Atuando como força contrária ao excesso de individualismo presente nas novas propostas e formas de organização do trabalho, o resgate da solidariedade pode ser importante ponto de referência. Tarso Genro (1996. p. 53) aborda esse aspecto na perspectiva de estímulo à utilização do tempo livre "para serviços comunitários de prestação voluntária e/ou intermitentes, visando estimular uma rede de solidariedade social que hoje, nos países altamente desenvolvidos já representa uma grande parte do PIB".

Os direitos sociais são, na verdade, direitos humanos indisponíveis, irrenunciáveis, não devendo estar sujeitos a toda sorte de retrocessos conduzidos pela economia de mercado e tampouco explicáveis ou exercitáveis a partir da lógica privatística do Direito Civil.

No elo entre cidadania e democracia é preciso situar os direitos indisponíveis das pessoas que vivem do seu trabalho e não são proprietárias de capital, a fim de que não sejam compelidas a se ativar no mercado em condições de risco, sem proteção social, levadas à exaustão, com salários indignos, sujeitas a condições que podem atingir sua integridade física e psicossocial e sem efetiva representação coletiva que lhes possa conferir direito de voz, de protesto e de resistência.

Considerar que a cidadania no trabalho está limitada àqueles que possuem um empregador, nos moldes da CLT, equivale a consolidar um processo de exclusão de número considerável de pessoas.

A proteção própria de um direito *do* trabalho e *ao* trabalho não pode se vincular apenas à ideia de subordinação jurídica ou à relação que se estabelece entre empregado e empregador. A proteção construída por meio do direito do trabalho, com atuação favorecida ao trabalhador, remete "aos elos de coesão social e às demandas decorrentes da insegurança dos não proprietários no capitalismo" (SILVA & HORN, 2008. p. 202).

A diversidade do uso e da organização da força de trabalho na contemporaneidade desloca a reflexão da centralidade do contrato de emprego, como ponto de convergência da proteção devida à pessoa que trabalha, para a normatividade do princípio da proteção, isto é, compreendido e aplicado às relações de trabalho em sentido lato. Silva & Horn acreditam que seja "possível a utilização do instrumental da proteção e da equidade para reduzir as disparidades de poder entre os sujeitos das relações de trabalho, entre as quais a utilização de critérios interpretativos provenientes do princípio da proteção" (2008. p. 203).

Embora a excessiva concentração dos esforços jurídicos na categoria do contrato de emprego, como meio para a aplicação de normas de proteção trabalhista, possa representar incontáveis exclusões, isso não significa, porém, que a referida categoria tenha se tornado obsoleta. Da sua permanência como possibilidade — mas não como limite — parece depender um enorme contingente de trabalhadores que ainda se ativam no mercado de trabalho, e, nesse sentido, há se referenciar as questões ainda atuais do trabalho forçado, do trabalho infantil e da desigualdade no trabalho.[213]

Mesmo no contexto do contrato de emprego, cuja categorização é ainda útil como forma de proteção a diversos trabalhadores, seus tradicionais pressupostos exigem releitura interpretativa, notadamente quando se trata da subordinação, para que seja possível a inclusão daqueles que se inserem em novos modos de organização da força de trabalho, e que exatamente por isso necessitam da extensão do princípio protetivo.

A doutrina trabalhista expressa a existência de razoável consenso sobre o significado da expressão *dependência* contida no art. 3º da CLT, denunciando sua inexatidão terminológica, isso porque o pressuposto ali disposto seria, na verdade, o da subordinação, e mesmo assim, jurídica e objetiva. Trata-se da sujeição do trabalhador ao poder diretivo e disciplinar do empregador, mas analisada sob o prisma objetivo do modo de realização da prestação de serviços. O outro elemento constitutivo da subordinação jurídica do trabalhador seria precisamente o poder de direção empresarial exercido pelo contratante da força de trabalho (DELGADO, 2008a. p. 302-305; BARROS, 2005. p. 257-260).

Há se considerar, no entanto, que

> não teremos no futuro apenas uma forma de trabalhar, nem um só modelo de empresa, mas uma multiplicidade crescente. Por isso, também o Direito do Trabalho terá de ser flexível, mas não no sentido de abrir espaço ao mais forte — e sim no de persegui-lo em suas mutações. Ao mesmo tempo, terá também de ser rígido na defesa de seu princípio mais importante — o de proteção — do mesmo modo que o capital também o é quando se trata de acumular riquezas em poucas mãos (VIANA, 2003. p. 790).

A vivência contemporânea num mundo do trabalho não apenas modificado, mas complexificado, tem exposto a insuficiência do critério da subordinação jurídica, concentrado que se encontra na submissão profissional, no controle sobre as atribuições inerentes à função realizada pelo trabalho e ao modo de sua concretização. Aqueles que se ativam no mercado de trabalho, ou que dele dependem, encontram evidente assimetria econômica em relação ao beneficiário, direto ou não, dos serviços prestados. O que se nota é que uma certa objetivação do art. 3º da CLT —

---

[213] A Organização Internacional do Trabalho (OIT), na Conferência de Genebra, ocorrida em 18 de junho de 1998, definiu princípios fundamentais que serviriam de norte à sua atuação, quais sejam: a liberdade sindical e o efetivo reconhecimento do direito à negociação coletiva; eliminação de todas as formas de trabalho forçado ou obrigatório; a efetiva abolição do trabalho infantil; e a eliminação da discriminação em matéria de emprego e ocupação (ILO, 1998).

vale dizer, com exclusão dos critérios de dependência econômica e técnica, considerados imprecisos para definir o contrato de emprego — talvez tenha conseguido o resultado da diminuição das suas potencialidades, mas que podem ser resgatadas a partir da ideia central de *dependência* ali contida. Nesse ponto, é possível entrever, nos raciocínios doutrinários, apego à identificação de critérios que possam, segundo esta mesma doutrina, ser considerados explicáveis técnica e cientificamente, com desprezo às demais possibilidades.[214]

Ora, até que ponto uma busca por critérios que possam se traduzir como "mais" ou "menos" técnicos deveria orientar ou enriquecer a interpretação sobre o significado do que seja *dependência* para fins de reconhecimento do contrato de emprego e, como consequência, de toda a proteção social que lhe é endereçada? Há nisso um certo positivismo na postura interpretativa?

Segundo Silva,

> ... é preciso partir para uma visão ampliada da proteção social que reconheça que a necessidade de proteger o trabalhador decorre não somente de uma subordinação jurídica na relação de emprego, mas sobretudo diante do reconhecimento da subordinação estrutural da força de trabalho no mercado de trabalho capitalista (2008b. p. 130).

Especialmente no contexto atual de concentração e descentralização do trabalho, isto é, concentração econômica em grandes corporações e desmembramento dos processos produtivos, respectivamente, deve se considerar que autonomia supõe capacidade real de auto-organização, o que efetivamente não ocorre nas unidades empresariais menores criadas para atender à flexibilização do trabalho. Por isso, Márcio Túlio Viana propõe que o conceito de subordinação envolva o da dependência econômica e até que se identifique com ela. "Seria uma forma de o Direito do Trabalho neutralizar a estratégia externalizante da empresa" (2003. p. 786).

Tarso Genro (1996. p. 53) também propõe que se reflita sobre uma tutela laboral da prestação de serviços por *contrato de equipe*, isto é, que ocorra entre duas empresas mas que detenham situação econômico-financeira desigual, ou, ainda, entre uma empresa e uma cooperativa de trabalho autêntica.

---

(214) Segundo Delgado, o critério econômico, fundado na assincronia econômico-social maior ou menor entre os dois sujeitos da relação de emprego, teria irrefutável validade sociológica, mas seria insuficiente para explicar o nexo preciso da assimetria existente no binômio poder de direção/subordinação. De acordo com o critério da dependência técnica, a assimetria de conhecimento técnico serviria de fundamento à assimetria da relação jurídica de emprego, já que o empregador monopoliza o conhecimento necessário ao processo de produção no qual se encontra inserido o trabalhador (2008a. p. 304). Nota-se no raciocínio empreendido a tentativa de escolha do melhor critério, sob o ponto de vista de certa rigidez teórica, para explicar, objetivamente, o paradoxo entre trabalho livre e sujeição do trabalhador, do qual sobressai o da subordinação jurídica.

A subordinação, com o significado de dependência não opera apenas de forma direta e incisiva, vinculada a certo e determinado ambiente de trabalho verticalizado.

Como adverte Gabriela Neves Delgado sobre a subordinação,

> Embora mais viva do que nunca, torna-se possível sem a necessidade de um ambiente empresarial ou de um espaço fixo predeterminado para legitimar-se. É o caso, por exemplo, do trabalho em domicílio, onde o empregador, regra geral, exerce seu poder diretivo por meio do controle do resultado da produção (2006. p. 191).

Em se tratando de marginalidade avançada, de novas formas de atuação capitalista e de organização da força de trabalho, apenas a valorização de uma política de emprego não é suficiente.

Sobre uma forma de tutela que não se vincule diretamente às regras econômicas do mercado, Tarso Genro (1996. p. 53) chama a atenção para a necessidade de regulação dos serviços sem qualificação, "cujo valor mínimo deve ser pautado pelo Estado, já que são serviços que tendem a ser degradados na nova ordem capitalista (serviços tais como de limpeza, atividades manuais subsidiárias nas empresas altamente qualificadas, cozinha, prestações domésticas de todos os tipos, etc.)".

Wacquant, por sua vez, defende que se incorpore, para fazer diante dos desafios impostos à cidadania, políticas sociais para além do emprego, direcionadas "à criação de um direito à subsistência fora da tutelagem do mercado, via algumas variantes de 'renda básica' " (2005. p. 10).

Quando Wacquant aborda as questões relacionadas às políticas de Estado que podem fazer frente à nova realidade do mercado de trabalho, sugere, a curto prazo, o restabelecimento e a expansão de serviços públicos que possam garantir provisões iguais de bens públicos básicos. Cuida-se, de certa forma, do tratamento emergencial às situações de pobreza. A longo prazo, porém, o autor acredita que seja preciso rever as políticas estatais de assistência para que elas avancem de forma menos dependente do assalariamento dos trabalhadores. Além disso, é possível incentivar e reforçar as estratégias de reprodução e subsistência domésticas (2005. p. 179).

E prossegue:

> Abandonando a suposição altamente discutível de que a grande maioria dos membros das sociedades desenvolvidas podem ter ou terão suas necessidades básicas satisfeitas via emprego formal (ou pelo emprego de membros de suas famílias), as políticas públicas destinadas a conter a marginalidade avançada devem operar para facilitar e suavizar o fim da subsistência por meio do trabalho, a renda por trabalho pago e a participação social proveniente de ganho salarial... (2005. p. 179).

Para a teoria do Direito do Trabalho há, portanto, um campo imenso a ser explorado na redefinição dos conceitos de trabalho, de trabalhador e da proteção adequada às pessoas que vivem do trabalho.

CONCLUSÃO

A despeito das construções normativas, interna e internacional, voltadas ao estabelecimento de condições decentes de trabalho e de vida para os trabalhadores, não há uma trajetória ascendente e evolutiva no que diz respeito ao primado da dignidade.

O mundo do trabalho não consegue mais ser retratado pelo modelo de fábrica, hierarquizado, integrado e fechado, típico do fordismo-taylorismo. As modificações em curso são resultado de respostas que estão sendo construídas para as demandas de um sistema econômico de mercado, descentralizado, aberto, complexo, intensivo em serviços e com padrões de consumo altamente diferenciados. Com a retirada do trabalhador da sua condição clássica de empregado inserido em determinada empresa, as novas morfologias têm promovido a intensificação das assimetrias do mercado ao atingirem o sistema tradicionalmente construído de proteção jurídica às pessoas que trabalham.

O que está em curso é um processo de dissolução de garantias sociais fundamentais. A miséria, o desemprego e as consistentes exclusões experimentados por considerável parcela da população brasileira são demonstrativos claros de que o desfacelamento dos direitos sociais contraria o vínculo que a Constituição deveria representar para os poderes constituídos. A despeito de certas resistências que resultaram em alguns êxitos, a história do Direito do Trabalho que vem sendo escrita nos últimos 20 anos é a da fragilização das suas normas protetivas. Esse não é o projeto de um governo ou de um parlamento específico ou, ainda, resultado do perfil dos juízes do trabalho. O papel do Estado brasileiro, no que concerne às relações de trabalho, vem se definindo por um recuo que favorece as tendências de desregulamentação e precarização. A desregulamentação trabalhista é processo que corresponde à própria desconstitucionalização de direitos fundamentais.

Wacquant, no que concerne à situação atual pós-fordista, descreve os sintomas da marginalidade avançada na cidade:

> O fim do século XX testemunha momentos de transformação das raízes, da composição e das consequências da pobreza urbana na sociedade ocidental. Com a aceleração da modernização econômica causada pela reestruturação global do capitalismo, com a cristalização de uma nova divisão internacional do trabalho (promovida pela velocidade frenética dos fluxos financeiros e pelo aumento da mobilidade de trabalhadores

através das porosas fronteiras nacionais) e com o crescimento de singulares indústrias de conhecimento intensivo baseadas em revolucionárias tecnologias de informação e geradoras de uma estrutura ocupacional dual, chegamos ao que se pode chamar de *modernização da miséria* — o surgimento de um novo regime de desigualdade e marginalidade urbana que contrasta com o regime predominante durante as três décadas do pós-guerra ... (2005. p. 188-189).

Nunca coincidiram completamente o espaço geográfico e o espaço social, no entanto, "muitas diferenças que, geralmente, se associam ao efeito do espaço geográfico, por exemplo, à oposição entre o centro e a periferia, são o efeito da distância no espaço social, quer dizer, da distribuição desigual das diferentes espécies de capital no espaço geográfico" (BOURDIEU, 2009. p. 138 — nota de rodapé).

As cidades são o palco não apenas do trabalho, mas também das vivências de insegurança inseridas no contexto da marginalidade avançada, fruto das transformações desiguais e desarticuladas de diversos setores sociais. A desarticulação do mercado de trabalho, e sua relação com a desordem social, trazem consequências, inclusive, no desenho das grandes cidades. De fato, os infoproletários ocupam os centros urbanos, nos quais é possível observar um processo em curso, de disseminação da chamada nova pobreza, que designa uma paralisação da integração social. Essa contextualização aponta no sentido da necessidade de se pensar em possibilidades de proteção que não sejam dependentes das promessas advindas da busca por expansão econômica, e que especificamente retomem a reflexão sobre o papel dos direitos humanos numa época globalizante.

A dinâmica econômica tem produzido a dessocialização do trabalho assalariado em face de transformações quantitativas, relacionadas à eliminação de postos de trabalho, e qualitativas, que envolvem a degradação e a dispersão de condições básicas de emprego (WACQUANT, 2005. p. 192). As pessoas devem estar preparadas para o trabalho, mas não têm trabalho. Ao mesmo tempo, a marginalidade urbana aparece como subproduto dessas transformações ocorridas na esfera do trabalho. Como os estudos de Wacquant indicam que a marginalidade avançada parece estar desacoplada das flutuações cíclicas da economia, então o crescimento econômico futuro "promete produzir mais desarranjo urbano entre os submersos e aprisionados no fundo da ordem urbana emergente" (2005. p. 192). Ainda segundo o mesmo autor, "o crescimento econômico e sua correspondente expansão do setor assalariado, que costumava fornecer a cura universal contra a pobreza e a polarização, hoje faz parte da doença" (2005. p. 193).

O quadro de precarização consegue estar representado, no âmbito do mercado de trabalho, pelos vínculos incertos com o trabalho assalariado de prazo indeterminado, pelas baixas remunerações e pela exposição daqueles que detêm colocação no mercado à situação de desemprego.

Com o processo de desregulamentação seguindo seu curso, assim como a sedimentação de um discurso sobre o custo econômico dos direitos sociais, como argumento para a sua redução e flexibilização, haveria se questionar quem detém, nesta dimensão constitucional, o atributo da soberania, se o povo, o Estado ou o mercado (ou sistema da economia), a despeito do que prevê o parágrafo único do art. 1º da Constituição de 1988.[215]

O neoliberalismo que se assenta na competição e no primor técnico que o viabilize, é uma forma de exacerbação do capitalismo, que sedimenta uma perspectiva utilitária, isto é, as coisas, e também as pessoas que vivem do seu trabalho, são medidas pelo seu valor econômico, e é neste quadro que os direitos são vistos na perspectiva de custos.

Todavia, vigorando a democracia, e com ela necessariamente os direitos fundamentais, a livre iniciativa deveria encontrar limites. Embora se possa considerar que as normas do texto constitucional são importantes pontos de partida, não envolvem conteúdos definitivos sobre os direitos fundamentais.

Na verdade, a concretização dos direitos fundamentais adquire movimento na dinâmica do mundo da vida e dele fazem parte as construções e reconstruções dos seus sentidos. Esse processo (de construção e reconstrução), porém, não deve seguir um curso arbitrário porque a linguagem constitucional não é arbitrária.[216] Rosenfeld faz essa advertência quando reflete sobre a suplementação do ideal sobre o real:

> Em razão dessa pobreza inerente do real é necessário recorrer ao ideal para formular uma concepção adequada da auto-identidade constitucional. Sem dúvida, à medida que do nosso próprio ponto de vista historicamente limitado não podemos ver o 'eu' constitucional de que somos parte, buscamos imaginá-lo. Para se estabelecer uma auto-identidade viável, o real deve ser suplementado pelo ideal; ou, para dizê-lo de outro modo, os fatos devem ser enriquecidos pela imaginação contrafactual. Desse modo, construção e reconstrução foram pensadas para erguerem pontes entre o real e o ideal, entre os fatos e os contrafatos. No entanto, como o ideal não apenas suplementa o real, mas também o contradiz, construção e reconstrução, embora necessárias, são ferramentas perigosas que devem ser adequada e legitimamente usadas (2003. p. 43).

---

(215) De acordo com o parágrafo único do art. 1º da Constituição de 1988: "todo o poder emana do povo, que o exerce por meio de representantes eleitos ou diretamente nos termos desta Constituição".
(216) Com suporte em Marcelo Neves (2006. p. 206), é possível afirmar, como ponto de partida, a contingência do direito e da constituição, mas isso não possui o mesmo significado de considerar a linguagem jurídica como sendo arbitrária.

Pensando na identidade constitucional, sempre aberta, incompleta e fragmentada, é importante a relação entre ideal e real, a qual reflete o próprio caráter contrafactual do direito. Tal abertura, aliás, é essencial para que a inclusão dos cidadãos seja produzida.

A tensão entre universalismo da proteção ao trabalho como direito fundamental e a centralidade do contrato de emprego encontra nos tribunais importante *locus* de significação. Entre o real e o ideal, e entre eles e as demandas por reformulação flexibilizante das garantias para os trabalhadores, não poderiam, no entanto, sob o ponto de vista constitucional, prevalecer tratamentos que atinjam o núcleo essencial dos direitos de liberdade e de igualdade no trabalho. A precarização decorrente das novas práticas de exploração do trabalho contraria a própria identidade constitucional, que garante a proteção ao trabalho e o reconhecimento de condições de cidadania aos trabalhadores. Seria viável considerar satisfeitas essas condições confinando-se o trabalhador e o valor do trabalho à perspectiva de acesso ao consumo? Ou, na verdade, a cidadania deveria ser um processo de emergência de sujeitos políticos?

A exclusão que a diferença entre assalariados e não assalariados promove pode vir a representar, segundo Silva, "... a negação de um dos objetivos históricos que levaram à criação do Direito do Trabalho: o de que o trabalho humano não pode ser encarado como uma mercadoria" (2008b. p. 129).

Observando as formas de organização do trabalho desde a emergência do sistema capitalista com a chamada Revolução Industrial, o processo de luta por direitos dos trabalhadores, que visavam à melhoria de suas condições de vida e de trabalho, era expressivo da demanda pela universalização da liberdade e da igualdade, a qual passava necessariamente pela ideia de universalização da relação salarial. O trabalho hoje está no centro da crise, mas não mais o trabalho assalariado, isso porque no capitalismo contemporâneo há inclusão sem integração. Isto é, as inclusões não ocorrem pela universalização da relação salarial, mas por meio do consumo; ao mesmo tempo, porém, observa-se a retração da integração social, enquanto generalização de direitos. Há, em suma, inclusão sem direitos. Na temática do trabalho, porém, os direitos deveriam ser considerados *a priori*, e não como dependentes da relação salarial e das possibilidades e formas de organização definidas pelo sistema da economia, sob pena de o trabalho assalariado dessocializado ou a ausência de trabalho despontar como imposição que compromete a cidadania.[217]

---

(217) Wacquant, abordando, dentre outros temas, a estupenda expansão do sistema carcerário norte-americano, afirma que "a atrofia do Estado social e a hipertrofia do Estado penal são duas transformações complementares e correlativas que fazem parte da instituição de um novo governo da miséria..." (2005. p. 198). Além disso, o mesmo autor em outra obra revela que é sabido, "desde os trabalhos pioneiros de Georg Rusche e Otto Kirscheimei, confirmados por cerca de 40 estudos empíricos em uma dezena de sociedades capitalistas, que existe no nível societário uma estreita e positiva correlação entre a deterioração do mercado de trabalho e o aumento dos efetivos presos — ao passo que não existe vínculo algum comprovado entre índice de criminalidade e índice de encarceramento" (WACQUANT, 2001. p. 206).

Nesse quadro de inclusão sem direitos, novas respostas precisam ser buscadas em termos de tutelas laborais, não apenas para estes igualmente novos desafios contemporâneos à questão do trabalho, mas também para que se possa insistir na busca por alternativas a antigas, e persistentes, questões, como a de se reconhecer os direitos sociais, incluindo os trabalhistas, como direitos fundamentais, sedimentando-se uma concepção de trabalho protegido como uma questão social.[218]

Uma dessas respostas pode estar presente no resgate da internacionalização do Direito do Trabalho e na incorporação de suas normas internacionais. Em suma, há necessidade de normas jurídicas internas e internacionais de proteção, e respectivas observância e aplicabilidade concreta, para a garantia de que a globalização se converta em oportunidades iguais para todos.[219]

O Protocolo de *San Salvador* (adicional à Convenção Americana Sobre Direitos Humanos em Matéria de Direitos Econômicos, Sociais e Culturais) possui disposições expressas sobre a necessidade de os países adotarem medidas que possam garantir a efetividade do direito ao trabalho, dentre elas o art. 6º, segundo o qual "toda pessoa tem direito ao trabalho, o que inclui a oportunidade de obter os meios para levar uma vida digna e decorosa por meio do desempenho de uma atividade lícita, livremente escolhida ou aceita". Além dele, o item 2 do mesmo artigo refere que os Estados devem se comprometer a adotar medidas que garantam plena efetividade do direito ao trabalho, especialmente as referentes à consecução do pleno emprego, à orientação vocacional e ao desenvolvimento de projetos de treinamento técnico-profissional, particularmente os destinados aos deficientes. O aludido compromisso deve, ainda segundo os termos do *Protocolo*, incluir a execução e o fortalecimento de programas que coadjuvem um adequado atendimento da família, a fim de que a mulher possa ter real possibilidade de exercer o direito ao trabalho.

No Brasil, porém, em razão da ausência de garantias heterônomas e de eficiente atuação sindical, não há proteção eficaz contra a despedida e a ameaça do desemprego é fator de insegurança para os trabalhadores e que atinge, em relação a eles, a ideia de liberdade de contrato, na medida em que se sentem

---

(218) Pisarello formula crítica à percepção dogmática dos direitos sociais como direitos de tutela debilitada em relação aos direitos civis e políticos e sustenta que quando se nega seu caráter fundamental o que se pretende dizer é que não contam com garantias ou mecanismos de proteção similares aos estabelecidos para os direitos fundamentais considerados clássicos (2007. p. 79).

(219) A OIT (2005a. p. 06), ao abordar o tema da criação de uma economia global com justiça social, afirma que "la comunidad internacional ha reconocido la necesidad de crear reglas básicas de juego para garantizar que la globalización brinde oportunidades justas de prosperidad para todos"(tradução livre: a comunidade internacional tem reconhecido a necessidade de criar regras básicas do jogo para garantir que a globalização represente oportunidades justas de prosperidade para todos).

compelidos a aceitar qualquer ocupação oferecida no mercado como forma de acesso, ainda que parcial, a meios de sobrevivência e de consumo.[220]

Em relação à efetividade do direito *ao* trabalho,[221] o Direito *do* Trabalho perde sua referência quando as decisões são condicionadas pelas (antigas, novas e/ou atuais) demandas da economia de mercado. De acordo com Campilongo, quando os tribunais deixam de lado a lógica do Direito e passam a interpretar, condicionar, alargar ou restringir a Constituição a partir de critérios de outros sistemas (como a política e a economia) "os riscos de que os Direitos Fundamentais se pervertam e se corrompam são extremamente elevados" (2000. p. 108).

Contrariamente à indisponibilidade das normas sociais protetivas, argumentos de senso comum apontam no sentido de que o reconhecimento dos direitos trabalhistas, ou a sua ampliação, são prejudiciais ao sistema da economia, daí porque dependeriam, para os respectivos reconhecimento e aplicação, das reações do mercado. Porém, há se recusar uma visão de que o direito representa uma variável dependente (que deve ser *adaptável*) do mercado (e dos seus agentes detentores de poder) (SILVA, 2008b. p. 122). O campo social permite pensar a posição de cada agente em todos os espaços de jogo possíveis, mas, segundo Bourdieu, é necessário entender que, "se cada campo tem a sua lógica própria e a sua hierarquia própria, a hierarquia que se estabelece entre as espécies do capital e a ligação estatística existente entre os diferentes haveres fazem com que o campo econômico tenda a impor a sua estrutura aos outros campos" (BOURDIEU, 2009. p. 135).

A terceirização trabalhista vem adquirindo considerável relevância desde as últimas décadas do século XX, e é "resultado do processo periódico, gradual e incisivo de inserção do modelo toyotista de organização e gestão do trabalho" (DELGADO, Gabriela Neves, 2006. p. 185). Nesse âmbito, o discurso da eficiência econômica aponta no sentido de que além dos benefícios internos para o empreendimento, porque haveria maior concentração, com melhor qualidade, nas tarefas vinculadas apenas à sua atividade-fim, também os consumidores seriam atingidos, na medida em que receberiam serviços e produtos oferecidos por alto grau de especialização. Todavia, tais benefícios são realmente viáveis e factíveis quando se observa que para a terceirização, tanto em sentido estrito (triangulação com empresa especializada em intermediação) como em sentido amplo (as mais variadas formas de subcontratações), o norte evidente é a negociação sobre a força de trabalho, numa ideia de redução dos custos dos direitos trabalhistas? Há melhoria real para quem quando o sistema de direitos fica a depender das

---

(220) Por isso mesmo, tanto a mundialização da economia quanto as reflexões acerca do adequado nível de representatividade dos sindicatos locais e por categoria permitem indagar sobre a possibilidade, e respectivos meios, de uma representação sindical mundial.
(221) Na questão do trabalho, o direito de acesso a um trabalho decente não pode ser traduzido apenas como o direito a ocupar-se.

necessidades econômicas? Como considerar preservado o preceito da liberdade quando o trabalhador não consegue exercitar, nesses novos modos flexíveis de organização do trabalho, o direito de escolha quanto ao tomador ao qual se pretende vincular e quanto à intensidade dessa vinculação?

Graça Druck (2011) se refere à terceirização como uma epidemia e traz à tona pesquisas que desde o início dos anos 90 apontam para mudanças qualitativas decorrentes de tal fenômeno em áreas nucleares, o que revela um processo de quádrupla precarização: do trabalho, da saúde, do emprego e dos sindicatos.

A despeito de todos os problemas relacionados à flexibilização que precariza, nas construções de permissões e limitações à intermediação de mão de obra, nota-se que a terceirização, que é um fenômeno que decorre desse processo de desregulamentação, se incorporou definitivamente ao vocabulário dos tribunais e aos discursos judiciários em geral, nos quais se observa, nos últimos trinta anos, a passagem de um tratamento refratário da prática para a sua aceitação como um modo diferente e novo de organização da força de trabalho.

A terceirização das atividades é não apenas uma das resultantes típicas dos novos modos de produção capitalista como também representa, embora acobertada pelos discursos de modernização e eficiência, as permanências em torno da ideia do trabalho como mercadoria, tanto que as questões a ela relacionadas não são resolvidas entre o empregador e os trabalhadores, mas, sim, no âmbito da relação mercantil protagonizada pelas empresas contratante e contratada. Essa mercantilização contribui para que, inclusive no âmbito das organizações formais, os discursos em torno do fenômeno não tenham como referência a pessoa do trabalhador. Trata-se de forma de intermediação de mão de obra que procura promover o distanciamento entre trabalhador e empresa tomadora e, ainda, criar uma categoria diferente, com redução de direitos, daquela identificada aos empregados efetivos da beneficiária final dos serviços.

A artificialidade na triangulação que procura representar a separação entre a contratação da pessoa da contratação do serviço por ela prestado, revela o deslocamento do centro de gravidade das normas protetivas, que deveria ser justamente a pessoa que trabalha.

Thébaud-Mony & Druck, refletindo sobre a legislação da subcontratação na França e acerca do fundamento do Direito do Trabalho centrado no assalariado como sujeito de direito na empresa,[222] afirmam que:

> É este o quadro que se encontra marginalizado nas relações de subcontratação, pois quem detém o poder — a empresa contratante —

---

(222) As autoras citam Alain Supiot (in: *Critique du Droit du Travail*) sobre o fundamento do Direito do Trabalho como sendo o contrato de trabalho e o assalariado como sujeito de direito na empresa.

o exerce não em relação aos direitos e obrigações contidas no contrato de trabalho, mas pelo viés de um contrato comercial entre empresas, contrato que não comporta cláusula social que tenha por objeto as condições de emprego e de trabalho dos assalariados. Na contabilidade das empresas contratantes, o trabalho subordinado desaparece dos "recursos humanos" para ser computado no setor de "compras" (2007. p. 45).

Também Silva trilha o mesmo raciocínio:

> O papel de definição das condições reais de contratação, de prestação, de remuneração etc., acabou sendo preestabelecido em um contrato mercantil entre empresas, e se o espaço de autonomia individual já era residual no contrato de trabalho, corretamente pela sua subordinação às normas convencionais e às normas legais de proteção (cf. Art. 444 da CLT), passa a ser inexistente pela sua subordinação ao marco contratual estabelecido nas relações mercantis entre empresas e, portanto, no mundo privado, e não mais no mundo da regulação pública em que se expressam a autonomia coletiva e a legislação estatal (2008b. p. 142).

Todavia, a integração do trabalhador, e com ela a possibilidade de melhoria da sua condição social, é que deveria definir a dimensão da responsabilidade do beneficiário dos serviços prestados, e não a existência de contratos privados de sublocação de mão de obra.

Os problemas relacionados à intermediação de trabalhadores não residem na constatação sobre a ruptura da fórmula bilateral de contratação, mas na adoção da triangulação em prejuízo dos trabalhadores.

Aliás, a terceirização de serviços no Brasil, primeiramente relacionada à concepção de trabalho temporário (Lei n. 6.019/74), foi se confirmando, inclusive em face das decisões produzidas pelas organizações formais, como possibilidade mesmo nos serviços considerados de necessidade permanente, tanto no caso da iniciativa privada como da Administração Pública. Em ambas, as regras de proteção social ficaram adstritas a parcelas trabalhistas e à responsabilidade subsidiária (patrimonial) do tomador. Não foi observado, enfim, que, em termos constitucionais, o trabalho precisa ser considerado na perspectiva de categoria de inclusão, para além, portanto, da questão do pagamento de parcelas trabalhistas típicas do cotidiano laboral.

Na jurisprudência firmada pelos tribunais trabalhistas, e especificamente pelo Tribunal Superior do Trabalho, a solidariedade entre os beneficiários dos serviços de determinado trabalhador saiu de cena, pelo que a responsabilidade ficou confinada à questão da garantia patrimonial, o que, na verdade, consolida a ruptura da fórmula binária do contrato de trabalho.

Entre subcontratados e trabalhadores efetivos de determinada beneficiária dos serviços, boa parte das condições de trabalho são partilhadas, mas a separação que a intermediação de mão de obra promove não possibilita que uns e outros desenvolvam objetivos comuns, endereçados aos empreendedores econômicos que definem e articulam a produção capitalista. As fissuras provocadas tanto no sentido tradicional de classe como nos laços de solidariedade próprios à concepção inicial de sindicalismo contribuem para que as pessoas que vivenciam modos precários de trabalho se traduzam em mão de obra não apenas barata e pouco qualificada, mas também dócil e fraca em termos de reivindicações em torno da afirmação e da ampliação de direitos.

A questão não envolve apenas refletir em torno do fenômeno da terceirização, e do seu significado para as relações de trabalho, mas sobremodo acerca de qual curso vem sendo conferido ao sentido constitucional da proteção, tendo como premissa a constatação de que as novas morfologias não eliminam, antes aprofundam, as assimetrias presentes nas relações de trabalho.

De fato, a terceirização é fenômeno que possui sentido mais amplo do que o ato de transferir para outra empresa especializada a realização de certos e determinados serviços, isso porque pode ser utilizada como possibilidade tanto de flexibilização do contrato de emprego como dos direitos trabalhistas.

A normatividade do princípio protetivo trabalhista não possui o mesmo significado de considerar os trabalhadores uma massa de necessitados que devem, por isso, receber do Estado tutela, por ele mesmo definida, como adequada para a superação de desigualdades materiais. Ao contrário, a proteção deve se conjugar com a autonomia dos trabalhadores.

Segundo Menelick de Carvalho Netto,

> ... se a todos devem ser asseguradas oportunidades mínimas para alcançarem as condições materiais necessárias ao pleno exercício dos seus direitos constitucionais fundamentais de liberdade e de igualdade, é precisamente porque *já* os reconhecemos como cidadãos iguais e livres, como membros da comunidade de princípios. Devem ser tratados, portanto, como cidadãos desde o início, livres e iguais, titulares dos direitos fundamentais, tendo a oportunidade de responder por suas opções e de com elas aprender. E essa cidadania necessariamente envolve a permanente reconstrução do que se entende por direitos fundamentais consonante uma dimensão de temporalidade que abarque as vivências e exigências constitucionais das gerações passadas, das presentes e das futuras (2006. p. 28).

Para Harvey, "é o trabalhador como *pessoa* o detentor da mercadoria força de trabalho, e essa pessoa é a sede de ideais e aspirações relativos, por exemplo, à dignidade do trabalho e ao anseio por ser tratado com respeito e consideração como um ser humano integral, bem como a tratar os outros dessa mesma maneira" (2006. p. 163).

Tal como o curso incessante da realidade contemporânea, que assola aqueles que vivenciam a consequência de se transformar o trabalho em mercadoria, deve se tornar permanente uma reflexão crítica sobre as possibilidades que podem ser construídas. A relação entre trabalho e cidadania foi transformada pela emergência de novos modos de acumulação capitalista. Afinal, nesse contexto, a fórmula até então adotada de trabalho protegido, na concepção tradicional vinculada a determinada classe, e assistência social aos desempregados representa solução eficiente e suficiente diante dos novos desafios?

Não há respostas definitivas, mas algumas alternativas podem ser indicadas. Nesta parte da obra parece importante resgatar algumas das que foram apresentadas.

A terceirização dos serviços não pode ser aceita como fator que impede a aplicação do princípio de integração do trabalhador na empresa, essencial à melhoria da sua condição social. Ainda em relação a este fenômeno, os direitos trabalhistas não podem se circunscrever a garantias patrimoniais de dívidas reconhecidas em juízo e, portanto, devem se situar para além do limite construído pela Súmula n. 331 do TST.

A assimetria presente no mercado de trabalho exige o resgate da indisponibilidade das normas trabalhistas, as quais se encontram em permanente contestação. Nesse mesmo sentido, o princípio protetivo, que possui especial relevância no plano constitucional para a conexão entre trabalho e cidadania, deve, como tal, ganhar dimensão normativa na prática judiciária, e por isso mesmo vinculante. Pensando na normatividade do princípio trabalhista da primazia da realidade, a igualdade no trabalho demanda a atribuição do significado concreto de reconhecimento do mesmo valor para as mesmas atividades desenvolvidas em favor do tomador, independentemente das formas escolhidas para a contratação das pessoas, isto é, se com ou sem intermediações.

Para os desafios do presente, é essencial uma concepção amplificada tanto do trabalho como da classe trabalhadora, e com eles da ideia de sindicato e de seu modo de atuação.

Em termos constitucionais, as operações que envolvem as questões relacionadas ao trabalho não podem estar condicionadas pela lógica própria do sistema da economia. Segundo Campilongo (2000. p. 114), os riscos para os direitos fundamentais se situam entre o excesso de confiança ingênua nos valores e a demasiada crença nos formalismos e, portanto, a discussão sobre eles passa necessariamente pelo equilíbrio entre as duas perspectivas, que, por sua vez, demanda uma clara separação entre os sistemas (da política, do direito e da economia).⁽²²³⁾ Além disso, como o valor do trabalho não deve estar relacionado exclusivamente ao valor econômico definido pelo mercado, há se repensar um sistema adequado de proteção em relação aos serviços realizados por trabalhadores de baixa qualificação.

Do mesmo modo, a garantia constitucional do pleno emprego, quando se pensa o trabalho como categoria de inclusão, deve estar posta para além das questões de criação de quantitativo de vagas e ocupações no mercado de trabalho. Especificamente quanto à automação, precisam ser construídas alternativas para que não represente apenas a perda de postos de trabalho. Trata-se de solidarizar os resultados dos avanços tecnológicos e não apenas de convertê-los em tensionamento e fragmentação para os trabalhadores.

A compreensão dos direitos sociais como fundamentais deve ser considerada nas reflexões sobre os limites ao poder de reforma constitucional e sobre os significados e o alcance da Constituição. Exatamente porque fundamentais, os direitos trabalhistas também condicionam a leitura acerca da dimensão da liberdade contratual, à qual, portanto, não pode ser atribuído estrito conteúdo privatístico. São necessários outros modelos de proteção trabalhista para além do *contexto da fábrica* e as implicações constitucionais a partir do art. 7º devem, por isso, superar as fronteiras do contrato de emprego, quando se pensa numa tutela laboral de inclusão.

Quando se destaca o eixo presente no art. 7º da Constituição, quanto à melhoria da condição social de todos os trabalhadores, isso não pode significar apenas a distribuição de parcelas trabalhistas como férias e 13º salários. Essa dimensão protetiva constitucional precisa ser conjugada, o tempo todo, concretamente, com os preceitos da liberdade e da igualdade daqueles que se ativam num mercado de trabalho intensamente assimétrico.

O clássico critério da subordinação jurídica celetista demanda novas leituras para potencializar a proteção sob a perspectiva da *dependência*. Isso possibilitaria amplificar os destinatários da proteção social trabalhista tendo como referencial o modo de atuação, abrangente e flexível, das grandes corporações.

De todo modo, como o sistema de mercado não viabiliza a inclusão indistinta de todas as pessoas que vivem do trabalho, o direito à subsistência não pode estar a ele exclusiva ou preponderantemente atrelado.

Ter como ponto central, considerando a sério, a pessoa que vive do trabalho para as decisões e opções estabelecidas em torno do dilema da proteção e dos desafios que se localizam na dinâmica do mundo do trabalho permanece como questão em aberto porque a contemporaneidade também é o tempo da

---

(223) Embora o autor se refira especificamente ao sistema jurídico e ao político, no caso do direito do trabalho, os intercâmbios evidentes ocorrem em relação aos três sistemas, incluindo-se, pois, a economia.

marginalidade, da exclusão, do individualismo, do consumo e do trabalho como mercadoria. Com apoio em Harvey, pode-se afirmar a necessidade de reflexão sobre nossa condição contemporânea, buscando um otimismo do intelecto que, adequadamente associado com um otimismo da vontade, possa engendrar um futuro melhor (2006. p. 32-33).

A consagração constitucional explícita de um direito social, no dizer de Pisarello, é um indício relevante do caráter fundamental dos bens e interesses nele compreendidos, mas, em todo caso, a existência da previsão sequer pode ser considerada como um requisito imprescindível para tal fundamentalidade. É que, em razão do próprio princípio de indivisibilidade e interdependência entre todos os direitos, qualquer sistema constitucional que inclua o princípio da igualdade em matéria de direitos civis e políticos básicos estará estipulando um mandato de generalização que obriga a incluir os direitos sociais a ele vinculados (2007. p. 82).

Nas reflexões sobre o Direito do Trabalho não pode ser ignorada sua ambiguidade constitutiva, isso porque não está apenas destinado a estabelecer marco civilizatório às relações de trabalho, mas também a legitimar as exclusões — daqueles que não forem reconhecidos como inseridos nos seus esquemas jurídicos de proteção — e as sujeições do trabalhador.

Não obstante, é importante resgatar a promessa de universalização dos direitos fundamentais em geral, o que, para o Direito do Trabalho, significa inclusão no sistema de proteção de todas as pessoas que vivem do trabalho, repensando o próprio conceito de classe trabalhadora para além da ideia de operário. E os riscos de se manter um sistema de proteção inadequado constitucionalmente são, ao mesmo tempo, de enfraquecimento da nossa prática constitucional, em termos de direitos fundamentais, mas também de um processo de marginalização dos trabalhadores, com todas as consequências de insegurança que a persistência no tratamento desigual pode representar. O desafio é repensar o trabalho como categoria constitucional de inclusão.

REFERÊNCIAS BIBLIOGRÁFICAS

Revistas, livros e artigos:

AGUADO, Ana. Ciudadanía, mujeres y democracia. In: *Revista Electrónica de Historia Constitucional*, n. 6, septiembre 2005, Universidad de Valencia, Espanha.

ALBUQUERQUE, Newton de Menezes. Neoliberalismo e desconstrução da razão democrática no Estado periférico brasileiro. In: *Diálogos constitucionais:* direito, neoliberalismo e desenvolvimento em países periféricos. Jacinto Nelson de Miranda Coutinho e Martorio Mont'Alverne Barreto Lima (orgs.). Rio de Janeiro: Renovar, 2006.

ANTUNES, Ricardo. Dimensões da precarização estrutural do trabalho. In: *A perda da razão social do trabalho:* terceirização e precarização. Organizadoras Graça Druck, Tânia Franco; autores Ângela Borges... [*et al.*]. São Paulo: Boitempo, 2007.

_____. *Adeus ao trabalho?:* ensaio sobre as metamorfoses e a centralidade do mundo do trabalho. 13. ed., rev. e ampl. São Paulo: Cortez, 2008.

_____. Trabalho e precarização numa ordem neoliberal. In: GENTILI, Pablo; FRIGOTTO, Gaudênio (org.). *A cidadania negada*. Cap. II, São Paulo: Cortez, 2004. p. 35-48. Disponível em: <http://168.96.200.17/ar/libros/educacion/antunes.pdf> Acesso em: 03 de set. 2009.

BARROS, Alice Monteiro de. *Curso de direito do trabalho*. São Paulo: LTr, 2005.

BEIRAS, Iñaki Rivera. Forma-Estado, mercado de trabajo y sistema penal ("nuevas" racionalidades punitivas y posibles escenarios penales). In: *Mitologias y discursos sobre el castigo*: historias del presente y posibles escenarios. Coord. Iñaki Rivera Beiras. 1. ed. Rubf (Barcelona): Anthopos Editorial; Barcelona: OSPDH, Universitat de Barcelona, 2004.

BONAVIDES, Paulo. *Curso de direito constitucional*. 10. ed. revista, atualizada e ampliada. São Paulo: Malheiros, 2000.

BOURDIEU, Pierre. *O poder simbólico*. Trad. de Fernando Tomaz. 12. ed. Rio de Janeiro: Bertrand Brasil, 2009.

_____. A precariedade está hoje por toda a parte. In: *Contrafogos*: táticas para enfrentar a invasão neoliberal. Trad. de Lucy Magalhães. Rio de Janeiro: Jorge Zahar, 1998.

BRASIL, Ministério da Justiça, Secretaria de Assuntos Legislativos. Universidade de Brasília — Unb/Universidade Federal do Rio de Janeiro — UFRJ. Série *Pensando o Direito — Observatório do Judiciário*, n. 15/2009.

CAMPILONGO, Celso Fernandes. Direito fundamentais e poder Judiciário. In: *O direito na sociedade complexa*. São Paulo: Max Limonad, 2000.

CARVALHO Netto, Menelick de. Prefácio. In: CATTONI, Marcelo. *Poder constituinte e patriotismo constitucional*. Belo Horizonte: Mandamentos, 2006.

_____. A contribuição do Direito Administrativo enfocado da ótica do administrado para uma reflexão acerca dos fundamentos do Controle de Constitucionalidade das Leis no Brasil: um pequeno exercício de Teoria da Constituição. In: *Fórum administrativo*. Belo Horizonte: Editora Fórum, ano I, n. 1, p. 11-20, mar. 2001.

CONSTITUIÇÕES BRASILEIRAS: 1934. POLETTI, Ronaldo. Brasília: Senado Federal e Ministério da Ciência e Tecnologia, Centro de Estudos Estratégicos, 2. ed. 2001.

CONSTITUIÇÕES BRASILEIRAS: 1967. CAVALCANTI, Themístoles Brandão; BRITO, Luiz Navarro de; BALEEIRO, Aliomar. Brasília: Senado Federal e Ministério da Ciência e Tecnologia, Centro de Estudos Estratégicos, 1999.

CORSI, Giancarlo. Sociologia da Constituição. In: *Revista da Faculdade de Direito da Universidade Federal de Minas Gerais* (Nova Fase), Belo Horizonte, n. 39, p. 169-189, jan./jun. de 2001.

COUTINHO, Aldacy Rachid. Anotados, assujeitados e controlados: manifesto pelo fim da carteira de trabalho e previdência social. In: *Diálogos constitucionais:* direito, neoliberalismo e desenvolvimento em países periféricos. Jacinto Nelson de Miranda Coutinho e Martorio Mont'Alverne Barreto Lima (orgs.). Rio de Janeiro: Renovar, 2006.

COUTINHO, Grijalbo Fernandes. *O direito do trabalho flexibilizado por FHC e Lula*. São Paulo: LTr, 2009.

_____; MELO FILHO, Hugo Cavalcanti. O ativismo judicial do TST como fator de flexibilização do direito do trabalho no Brasil. In: *O mundo do trabalho, volume I:* leituras críticas da jurisprudência do TST: em defesa do direito do trabalho. Hugo Cavalcanti Melo Filho [*et. al.*] coordenadores. São Paulo: LTr, 2009.

CUNHA, Carlos Roberto. *Flexibilização de direitos trabalhistas à luz da Constituição Federal*. Porto Alegre: Sergio Antonio Fabris, 2004.

DE GIORGI, R. *Direito, tempo e memória*. Trad. Guilherme Leite Gonçalves. Rev. Celso Fernandes Campilongo e Carolina Cadavid. São Paulo: Quartier Latin, 2006.

DELGADO, Gabriela Neves. *Direito fundamental ao trabalho digno*. São Paulo: LTr, 2006.

DELGADO, Mauricio Godinho. *Curso de direito do trabalho*. 7. ed. São Paulo: LTr, 2008a.

_____. *Direito coletivo do trabalho*. 3. ed. São Paulo: LTr, 2008b.

DERRIDA, Jacques. *A universidade sem condição*. Trad. de Evando Nascimento. São Paulo: Estação Liberdade, 2003.

DRUCK, Graça. O avanço da terceirização do trabalho: principais tendências nos últimos 20 anos no Brasil e na Bahia. In: *Revista Bahia Análise e Dados*, Salvador, v. 21, n. 2, abr./jun. 2011.

DWORKIN, Ronald. *A virtude soberana*: a teoria e a prática da igualdade. Tradução Jussara Simões; revisão técnica e da tradução Cícero Araújo, Luiz Moreira. São Paulo: Martins Fontes, 2005a.

_____. *Uma questão de princípio*. Tradução Luís Carlos Borges [revisão técnica Gildo Sá Leitão Rios; revisão da tradução Silvana Reis]. 2. ed. São Paulo: Martins Fontes, 2005b.

_____. *Levando os direitos a sério*. Tradução e notas Nelson Boeira. São Paulo: Martins Fontes, 2002.

_____. *O império do direito*. Trad. de Jefferson Luiz Camargo. São Paulo: Martins Fontes, 1999.

FARIA, José Eduardo. Pluralismo jurídico e regulação (oito tendências do direito contemporâneo). In: *O direito achado na rua:* introdução crítica ao direito à saúde. Alexandre Bernardino Costa ... [*et al.*](organizadores) — Brasília: CEAD/UnB, 2008.

_____. *O direito na economia globalizada*. 1. ed. 4. tir., São Paulo: Malheiros, 2004.

FUJITA, Fábio. Vidas paralisadas. In: *Revista Piauí*, ano 4, n. 38, Editora Abril, p. 20-22, nov. 2009.

GARLAND, David. *A cultura do controle:* crime e ordem social na sociedade contemporânea. Trad., apresentação e notas de André Nascimento. Rio de Janeiro: Revan, 2008.

GENRO, Tarso. Crise terminal do velho direito do trabalho. In: *Revista do Tribunal Regional do Trabalho da 9ª Região*. V. 21, n. 1, p. 49-53, jan./jul. 1996.

_____. Calor e humanismo para o direito do trabalho. In: *Revista do Tribunal Superior do Trabalho*, Brasília, ano 65, n. 1, p. 254-259, out./dez. 1999.

GOMES, Orlando; GOTTSCHALK, Elson. *Curso de direito do trabalho*. 16. ed. 4. tir., rev. e atual. por José Augusto Rodrigues Pinto. Rio de Janeiro: Forense, 2002.

GRAU, Antonio Baylos; PÉREZ REY, Joaquin. *A dispensa ou a violência do poder privado*. Trad. de Luciana Caplan. São Paulo: LTr, 2009.

HABERMAS, Jürgen. Sobre a coesão interna entre Estado de direito e democracia. In: *A inclusão do outro* — estudos de teoria política. São Paulo: Loyola, 2002.

HARVEY, David. *Condição pós-moderna*. Tradução de Adail Ubirajara Sobral e Maria Stela Gonçalves. 18. ed. São Paulo: Edições Loyola, 2009.

_____. *Espaços de esperança*. Tradução de Adail Ubirajara Sobral e Maria Stela Gonçalves. 2. ed. São Paulo: Edições Loyola, 2006.

INTERNATIONAL LABOUR ORGANIZATION (ILO). *Declaration on fundamental principles and rights at work and its follow-up*. Geneva: International Labor Organization, 1998.

LUHMANN, Niklas. A posição dos tribunais no sistema jurídico. In: *Revista Ajuris*, Porto Alegre: Ajuris, ano XV, n. 49, p. 149-168, jul. 1990.

MAIOR, Jorge Luiz Souto. *Curso de direito do trabalho:* a relação de emprego. V. II. São Paulo: LTr, 2008.

MARRAMAO, Giacomo. *Passado e futuro dos direitos humanos: da "ordem pós-hobbesiana" ao cosmopolitismo da diferença*. Trad. de Lorena Vasconcelos Porto e revisão técnica de Flaviane de Magalhães Barros e Marcelo Andrade Cattoni de Oliveira. Texto enviado por ocasião do XVI Congresso Nacional do Conselho Nacional de Pesquisa e Pós-graduação em Direito (Conpedi), com o tema "Pensar globalmente, agir localmente", em 15 de novembro de 2007(a), no Programa de Pós-graduação em Direito da PUC de Minas, Belo Horizonte-MG.

_____. *O mundo e o ocidente hoje:* o problema de uma esfera pública global. Trad. de Flaviane de Magalhães Barros e revisão técnica de Marcelo Andrade Cattoni de Oliveira e Menelick de Carvalho Netto. Texto apresentado no Seminário "Direito, política e tempo na era global", promovido pelo Programa de Pós-graduação em Direito da PUC Minas, nos dias 06 e 07 de junho de 2007 (b).

NEVES, Marcelo. *Entre Têmis e Leviatã:* uma relação difícil: o Estado Democrático de Direito a partir e além de Luhmann e Habermas. Tradução do autor. São Paulo: Martins Fontes, 2006.

ORGANIZAÇÃO INTERNACIONAL DO TRABALHO (OIT). *Las reglas del juego*: una breve introducción a las normas internacionales del trabajo. Ginebra: Oficina Internacional del Trabajo, 2005(a).

_____. *Manual de capacitação e informação sobre gênero, raça, pobreza e emprego:* guia para o leitor. Brasília: Organização Internacional do Trabalho, 2005(b).

PAIXÃO, Cristiano. *Modernidade, tempo e direito*. Belo Horizonte: Del Rey, 2002.

_____. Arqueologia de uma distinção — o público e o privado na experiência histórica do direito. In: OLIVEIRA PEREIRA, C. F. (org.). *O novo direito administrativo brasileiro* — o Estado, as agências e o terceiro setor. Belo Horizonte: Forum, 2003.

_____. A Constituição subtraída. In: *Observatório da Constituição e da Democracia*, n. 1, Brasília, p.5-6, fevereiro de 2006.

_____. Terceirização: o trabalho como mercadoria. In: *Observatório da Constituição e da Democracia*, n. 3, Brasília, p. 8-9, abril de 2006b.

_____. Entrevista. In: *Observatório da Constituição e da Democracia*, n. 26, Brasília, p. 12-13, outubro de 2008.

_____; LOURENÇO FILHO, Ricardo Machado. Entre a indisponibilidade e a negociação: as normas coletivas como fontes do direito do trabalho. In: *Caderno Jurídico*. Escola Judicial do TRT da 10ª Região. Brasília, ano 3, v. 3, n. 4, p. 9-33, julho/agosto de 2009.

PASTORE, José. Redução de jornada gera emprego? In: *Revista do Tribunal Superior do Trabalho*. Brasília, ano 75, n. 2, p. 85-112, abr./jun. 2009.

PORTO, Noemia A. G. A desconstitucionalização dos direitos trabalhistas e o problema da normatividade da constituição. In: LORENZETTI, Ari Pedro, et. al. Coordenadores. *Direito e processo do trabalho na atualidade:* estudos temáticos em homenagem aos 20 anos da Amatra 18. São Paulo: LTr, 2012.

_____; MARTINS, Tahinah Albuquerque. A proteção do direito ao trabalho: a necessidade de motivação das despedidas. In: *Observatório da Constituição e da Democracia*, n. 28, Brasília, p. 08-09, dezembro de 2008.

ROSA, Alexandre Morais da; MARCELLINO JÚNIOR, Julio Cesar. Law and Economics, neoliberalismo e eficiência: desvelando conexões. In: *Revista do Instituto de Hermenêutica Jurídica*. V. 1, n. 6, Belo Horizonte: Instituto de Hermenêutica Jurídica, 2009. p. 173-188.

ROSENFELD, Michel. *A identidade do sujeito constitucional*. Trad. de Menelick de Carvalho Netto. Belo Horizonte: Mandamentos, 2003.

SAMPAIO, José Adércio Leite. *A constituição reinventada pela jurisdição constitucional*. Belo Horizonte: Del Rey, 2002.

SCHWARTZ, Yves. Trabalho e valor. In: *Tempo social*. Rev. Sociol. USP, São Paulo, 8: 147-158, outubro de 1996.

SEELAENDER, Airton Cerqueira-Leite. Pondo os pobres no seu lugar — igualdade constitucional e intervencionismo segregador na Primeira República. In: *Diálogos constitucionais:* direito, neoliberalismo e desenvolvimento em países periféricos. Jacinto Nelson de Miranda Coutinho e Martorio Mont'Alverne Barreto Lima (orgs.). Rio de Janeiro: Renovar, 2006.

SILVA, Sayonara Grillo Coutinho Leonardo da. Cidadania, trabalho e democracia: um dos percursos possíveis para uma difícil, mas necessária, articulação na história. In: *Revista LTr*, São Paulo, ano 71, n. 11, p. 1355-1365, novembro de 2007.

_____. *Relações coletivas de trabalho*. São Paulo: LTr, 2008 (a).

_____. Duas notas sobre novas tutelas laborais no multifacetado desenho do mundo do trabalho contemporâneo. In: *Revista do Tribunal Superior do Trabalho*, Brasília, v. 74, n. 3, p. 121-148, jul./set. 2008 (b).

_____; HORN, Carlos Henrique. O princípio da proteção e a regulação não mercantil do mercado e das relações de trabalho. In: *Revista de Direito do Trabalho* (RDT), Editora Revista dos Tribunais, ano 34, v. 32, p. 185-205, out./dez. 2008.

SIQUEIRA, Germano. Terceirizado é desprovido e desnivelado socialmente. In: *Consultor Jurídico*. Disponível em: <http://www.conjur.com.br/2012-fev-16/caminho-china-terceirizado-desprovido-desnivelado-socialmente> Acesso em: 30 de abril de 2012.

SOUZA NETO, Cláudio Pereira de. O dilema constitucional contemporâneo entre o neoconstitucionalismo econômico e o constitucionalismo democrático. In: *Diálogos constitucionais:* direito, neoliberalismo e desenvolvimento em países periféricos. Jacinto Nelson de Miranda Coutinho e Martorio Mont'Alverne Barreto Lima (orgs.). Rio de Janeiro: Renovar, 2006.

THÉBAUD-MONY, Annie; DRUCK, Graça. Terceirização: a erosão dos direitos dos trabalhadores na França e no Brasil. In: *A perda da razão social do trabalho:* terceirização e precarização. Organização Graça Druck, Tânia Franco; autores ÂngelaBorges... [*et al.*]. São Paulo: Boitempo, 2007.

VIANA, Márcio Túlio. Terceirização e sindicato: um enfoque para além do jurídico. In: *Revista LTr*, São Paulo, ano 67, n. 7, p. 775-790, julho de 2003.

WACQUANT, Loïc. *As prisões da miséria*. Trad. de André Telles. Rio de Janeiro: Jorge Zahar, 2001.

_____. *Os condenados da cidade:* estudos sobre marginalidade avançada. Trad. de João Roberto Martins Filho... *et al*. 2. ed. Rio de Janeiro: Revan; FASE, 2005.

Pesquisa eletrônica, leis e documentos:

BRASIL, Associação Nacional dos Magistrados da Justiça do Trabalho (ANAMATRA), <http://ww1.anamatra.org.br/> Acesso em: 15 de dezembro de 2009.

BRASIL, Câmara dos Deputados, <http://www2.camara.gov.br/proposicoes> Acesso em: 1º de agosto de 2009 (a).

BRASIL, Câmara dos Deputados, <http://www.camara.gov.br/sileg/integras/656200.pdf> Acesso em: 1º de agosto de 2009 (b).

BRASIL, Câmara dos Deputados, PEC 341/2009, <http://www2.camara.gov.br/internet/proposicoes/chamadaExterna.html?link=http://www.camara.gov.br/sileg/Prop_Lista.asp?ass1=pec&co1= AND &Ass2=341&co2= AND Ass3=2009> Acesso em: 17 de novembro de 2009 (c).

BRASIL, Convenção n. 122 da OIT, <http://www.mte.gov.br/rel_internacionais/convencoesOIT.asp> Acesso em: 21 de dezembro de 2009.

BRASIL, PSD, <http://www.dcomercio.com.br/index.php/politica/sub-menu-politica/75222-psd-da-a-largada-para-rever-a-constituicao; e http://noticias.uol.com.br/politica/2011/09/28/em-manifesto-psd-critica-improvisacoes-oportunistas-e-defende-nova-constituinte-em-2014.jhtm> Acesso em: 17 de outubro de 2011.

BRASIL, Presidência da República, Consolidação das Leis do Trabalho (Decreto-lei n. 5452/43), <http://www.planalto.gov.br/ccivil_03/Decreto-Lei/Del5452.htm> Acesso em: 30 de julho de 2012.

BRASIL, Presidência da República, Lei do Trabalho Temporário, <http://www.planalto.gov.br/ccivil_03/Leis/L6019.htm> Acesso em: 17 de fevereiro de 2010.

DECLARAÇÃO UNIVERSAL DOS DIREITOS HUMANOS, <http://portal.mj.gov.br/sedh/ct/legis_intern/ddh_bib_inter_universal.htm> Acesso em: 06 de janeiro de 2010.

DEPARTAMENTO INTERSINDICAL DE ESTATÍSTICA E ESTUDOS SOCIOECONÔMICOS (DIEESE), <http://www.dieese.org.br/> Acesso em: 13 de janeiro de 2010.

INSTITUTO BRASILEIRO DE GEOGRAFIA E ESTATÍSTICA (IBGE). Disponível em: <http://www.ibge.gov.br/> Acesso em: 13 de janeiro de 2010.

INSTITUTO DE PESQUISA ECONÔMICA APLICADA (IPEA), <http://www.ipea.gov.br/default.jsp> Acesso em: 3 de fevereiro de 2010.

ORGANIZAÇÃO INTERNACIONAL DO TRABALHO, <http://www.oitbrasil.org.br/> Acesso em: 11 de janeiro de 2010.

ORGANIZAÇÃO INTERNACIONAL DO TRABALHO, Relatório Global de Acompanhamento da Declaração da OIT relativa aos Direitos e Princípios Fundamentais no Trabalho da 96ª Sessão da Conferência Internacional do Trabalho, ocorrida em 2007, em Genebra na Suíça, <http://www.ilo.org/public/portugue/region/eurpro/lisbon/pdf/igualdade_07.pdf> Acesso em: 12.01.2009.

PRESIDÊNCIA DA REPÚBLICA (PLANALTO — Governo Fernando Henrique Cardoso), PLANALTO, <http://www.planalto.gov.br/publi_04/COLECAO/MERC1.HTM> Acesso em: 13 de janeiro de 2010.

TRIBUNAL REGIONAL DO TRABALHO DA 10ª REGIÃO (TRT/10ª), <http://www.trt10.jus.br/> Acesso em: 14 de janeiro de 2010.

TRIBUNAL SUPERIOR DO TRABALHO (TST), <http://www.tst.gov.br/> Acesso em: 18 de dezembro de 2011.

Filme:

CARNE E OSSO. Ficha Técnica. *Duração:* 65 min. *Direção:* Caio Cavechini e Carlos Juliano Barros. *Roteiro e edição:* Caio Cavechini. *Fotografia:* Lucas Barreto. *Pesquisa:* André Campos e Carlos Juliano Barros. *Produção Executiva:* Maurício Hashizume. *Realização:* Repórter Brasil, 2011.

Decisões judiciais:

BRASIL. Tribunal Superior do Trabalho. RR n. 2150/74, Acórdão n. 1161/74 da 2ª Turma, Relator "ad hoc" Ministro Luiz Roberto de Rezende Puech, publicado no Diário de Justiça de 03 de outubro de 1974;

_____. RR n. 4137/78, Acórdão n. 596/79 da 1ª Turma, Relator Ministro Marcelo Pimentel, publicado no Diário de Justiça de 1º de junho de 1979;

_____. RR n. 138/79, Acórdão n. 2176/80 da 2ª Turma, Relator "ad hoc" Ministro Marcelo Pimentel, publicado no Diário de Justiça de 14 de novembro de 1980;

_____. RR n. 189/79, Acórdão n. 2177/80 da 2ª Turma, julgado em 1º de outubro de 1980, Relator "ad hoc" Ministro Marcelo Pimentel, publicado no Diário de Justiça em fevereiro de 1980;

_____. RR n. 5492/80, Acórdão n. 3694/81 da 1ª Turma, Relator "ad hoc" Ministro Guimarães Falcão, publicado no Diário de Justiça de 5 de março de 1982;

_____. RR n. 402/81, Acórdão n. 3874/81 da 3ª Turma, Relator Ministro Guimarães Falcão;

_____. RR n. 889/81, Acórdão n. 377/82 da 2ª Turma, Relator "ad hoc" Ministro Marcelo Pimentel, publicado no Diário de Justiça de 16 de abril de 1982;

_____. RR n. 1474/85, Acórdão n. 41/86 da 1ª Turma, Relator Ministro Marco Aurélio Mendes de Farias Melo, julgado em 06 de fevereiro de 1985, publicado no Diário de Justiça de 4 de abril de 1986. Disponível em: <http://www.tst.jus.br> Acesso em: setembro de 2009;

_____. RR n. 6713/83, Acórdão n. 1615/85 da 1ª Turma, Relator Ministro Marco Aurélio Mendes de Farias Mello, julgado em 08 de maio de 1985, publicado no Diário de Justiça de 23 de agosto de 1985. Disponível em: <http://www.tst.jus.br> Acesso em: setembro de 2009;

_____. RO-DC 535/83, Acórdão Tribunal Pleno n. 968/85, Relator Ministro Nelson Tapajós, julgado em 22 de maio de 1985. Disponível em: <http://www.tst.jus.br> Acesso em: setembro de 2009;

_____. RO-DC 203/84, Acórdão Tribunal Pleno n. 2488/85, Relator Ministro Fernando Franco, julgado em 13 de novembro de 1985. Disponível em: <http://www.tst.jus.br> Acesso em: setembro de 2009;

_____. IUJ-RR n. 3442/84, Acórdão do Tribunal Pleno n. 2208/86, Relator Ministro Marco Aurélio Mendes de Farias Mello, julgado em 04 de setembro de 1986, publicado no Diário de Justiça de 10 de outubro de 1986. Disponível em: <http://www.tst.jus.br.> Acesso em: setembro de 2009;

_____. RR-226/89.3, Acórdão n. 2608/89 da 1ª Turma, Relator Ministro convocado José Luiz Vasconcellos, publicado no Diário de Justiça de 8 de setembro de 1989. Disponível em: <http://www.tst.jus.br>. Acesso em: setembro de 2009;

_____. RR-24.086/91.7, Acórdão n. 806/92 da 2ª Turma, Relator Ministro Vantuil Abdala, publicado no Diário de Justiça de 8 de maio de 1992. Disponível em: <http://www.tst.jus.br>. Acesso em: setembro de 2009;

_____. RR-27.568/91.2, Acórdão n. 905/92 da 5ª Turma, Relator Ministro Antonio Amaral, publicado no Diário de Justiça de 19 de junho de 1992. Disponível em: <http://www.tst.jus.br>. Acesso em: setembro de 2009;

_____. RR-44058/92.6, Acórdão n. 3308/92 da 1ª Turma, Relator Ministro Afonso Celso, publicado no Diário de Justiça de 4 de dezembro de 1992. Disponível em: <http://www.tst.jus.br>. Acesso em: setembro de 2009;

_____. RR-45956/92.4, Acórdão n. 5251/92 da 3ª Turma, Relator Ministro Roberto Della Manna, publicado no Diário de Justiça de 6 de agosto de 1993. Disponível em: <http://www.tst.jus.br> Acesso em: setembro de 2009;

_____. RR-42286/91.9, Acórdão n. 2936/92 da 4ª Turma, Relator Ministro Leonaldo Silva, publicado no Diário de Justiça de 12 de fevereiro de 1993. Disponível em: <http://www.tst.jus.br>. Acesso em: setembro de 2009;

_____. RR-43279/92.2, Acórdão n. 631/93 da 2ª Turma, Relator Ministro João Tezza, publicado no Diário de Justiça de 18 de junho de 1993. Disponível em: <http://www.tst.jus.br>. Acesso em: setembro de 2009;

_____. RR-41974/91.0, Acórdão n. 1420/93 da 4ª Turma, Relator Ministro Marcelo Pimentel, publicado no Diário de Justiça de 18 de junho de 1993. Disponível em: <http://www.tst.jus.br>. Acesso em: setembro de 2009;

_____. RR-35.607/91.5, Acórdão n. 1275/93 da 5ª Turma, Redator Designado Ministro José Ajuricaba da Costa e Silva, publicado no Diário de Justiça de 25 de junho de 1993. Disponível em: <http://www.tst.jus.br>. Acesso em: setembro de 2009;

_____. E-RR 0211/90.6, Acórdão da SDI n. 2333/93, Relatora Ministra Cnéa Moreira, publicado no Diário de Justiça de 3 de setembro de 1993. Disponível em: <http://www.tst.jus.br>. Acesso em: setembro de 2009;

_____. RR-62.835/92.0, Acórdão n. 2340/93 da 1ª Turma, Relator Ministro Ursulino Santos, publicado no Diário de Justiça de 1º de outubro de 1993. Disponível em: <http://www.tst.jus.br>. Acesso em: setembro de 2009;

_____. ROAR-757909-21.2001.5.18.555, Acórdão da Subseção II Especializada em Dissídios Individuais, Relator Ministro José Simpliciano Fontes de F. Fernandes, julgado em 23 de maio de 2006, publicado no Diário de Justiça de 09 de junho de 2006. Disponível em: <http://www.tst.jus.br>. Acesso em: setembro de 2009;

_____. RR-330004-12.1996.5.17.555, Acórdão da 1ª Turma, Relator Ministro João Oreste Dalazen, julgado em 23 de fevereiro de 2005, publicado no Diário de Justiça de 1º de abril de 2005. Disponível em: <http://www.tst.jus.br>. Acesso em: setembro de 2009;

_____. E-RR 17.903/90.1, Acórdão n. 2300/95 da SDI, Relator Ministro Armando de Brito, publicado no Diário de Justiça de 1º de setembro de 1995. Disponível em: <http://www.tst.jus.br>. Acesso em: setembro de 2009;

_____. E-RR n. 96625/93.7, Acórdão n. 699/96 da SBDI-I, Relator Ministro Nelson Daiha, publicado no Diário de Justiça de 13 de setembro de 1996. Disponível em: <http://www.tst.jus.br>. Acesso em: setembro de 2009;

_____. E-RR-586.341/1999.4, Acórdão da SDI, Relator designado Ministro Vieira de Mello Filho, julgado em 29 de maio de 2009, publicado no Diário Eletrônico da Justiça do Trabalho em 16 de outubro de 2009. Disponível em: <http://www.tst.jus.br>. Acesso em: abril de 2010;

_____. E-RR-654.203/00.9, Acórdão da SBDI-1, Ministro Redator Designado João Oreste Dalazen, julgado em 12 de setembro de 2005, publicado no Diário de Justiça de 11 de novembro de 2005. Disponível em: <http://www.tst.jus.br>. Acesso em: abril de 2010;

_____. E-ED-RR-655028/2000.1, Acórdão da SDI-I, Relatora Ministra Rosa Maria Weber Candiota da Rosa, julgado em 21 de maio de 2007, publicado no Diário de Justiça de 25 de maio de 2007. Disponível em: <http://www.tst.jus.br>. Acesso em: maio de 2010;

_____. E-RR-1056/2006-075-03-00.1, Acórdão da SDI-I, Relatora Ministra Rosa Maria Weber Candiota da Rosa, julgado em 14 de abril de 2008. Disponível em: <http://www.tst.jus.br>. Acesso em: abril de 2010;

_____. E-RR-1400/2005-023-03-00, Acórdão da SDI-I, Relatora Ministra Maria de Assis Calsing, julgado em 27 de agosto de 2009. Disponível em: <http://www.tst.jus.br>. Acesso em: abril de 2010;

_____. RR-790123-55.2001.5.04.5555, Acórdão da SBDI-1, Relator Ministro Horácio Senna Pires, julgado em 04 de fevereiro de 2010. Disponível em: <http://www.tst.jus.br>. Acesso em: abril de 2010.